"十二五"职业教育国家规划教材
经全国职业教育教材审定委员会审定

修订版

汽车构造与拆装

（底盘部分）

第3版

主　编　蒋红枫
副主编　邢亚林
参　编　管婷婷　韩博砚　于志勇　朱　枫　张启森
主　审　李东江

机械工业出版社
CHINA MACHINE PRESS

本书是"十二五"职业教育国家规划教材的修订版，是根据《国家职业教育改革实施方案》中职业教育教材建设要求、教育部《中等职业学校汽车运用与维修专业教学标准（试行）》以及《关于在院校实施"学历证书+若干职业技能等级证书"制度试点方案》，同时参考 GB/T 18344—2016《汽车维护、检测、诊断技术规范》编写的。

本书以立德树人为根本任务、以能力培养为本位、以职业实践为主线、以工作项目为载体，从职业岗位工作过程的需要出发，培养学生的技术技能和职业素养。

本书主要内容包括汽车底盘总体构造与认知、离合器的构造与拆装、变速器的构造与拆装、万向传动装置的构造与拆装、驱动桥的构造与拆装、车轮和轮胎的构造与拆装、悬架的构造与拆装、转向装置的构造与拆装、制动器的构造与拆装、液压制动传动装置的构造与拆装，共十个项目，每个项目都配有工作页和二维码视频链接，工作页独立装订成册，方便教学使用。

本书可作为职业院校汽车类专业教材，也可作为汽车维修行业岗位培训教材。

为方便教学，本书配有电子课件、视频等资源，凡选用本书作为授课教材的教师均可以教师身份登录 www.cmpedu.com 免费下载，或来电咨询：010-88379865。

图书在版编目（CIP）数据

汽车构造与拆装. 底盘部分/蒋红枫主编. —3 版（修订本）. —北京：机械工业出版社，2021.4（2024.2 重印）
"十二五"职业教育国家规划教材
ISBN 978-7-111-67612-6

Ⅰ. ①汽… Ⅱ. ①蒋… Ⅲ. ①汽车-底盘-构造-高等职业教育-教材②汽车-底盘-装配（机械）-高等职业教育-教材 Ⅳ. ①U463②U472

中国版本图书馆 CIP 数据核字（2021）第 034856 号

机械工业出版社（北京市百万庄大街 22 号　邮政编码 100037）
策划编辑：曹新宇　责任编辑：曹新宇　谢熠萌
责任校对：肖　琳　封面设计：张　静
责任印制：郜　敏
中煤（北京）印务有限公司印刷
2024 年 2 月第 3 版第 4 次印刷
184mm×260mm · 15.5 印张 · 370 千字
标准书号：ISBN 978-7-111-67612-6
定价：49.50 元

电话服务　　　　　　　　　　网络服务
客服电话：010-88361066　　　机　工　官　网：www.cmpbook.com
　　　　　010-88379833　　　机　工　官　博：weibo.com/cmp1952
　　　　　010-68326294　　　金　书　网：www.golden-book.com
封底无防伪标均为盗版　　　机工教育服务网：www.cmpedu.com

第3版前言

本书以立德树人为根本任务、以能力培养为本位、以职业实践为主线、以工作项目为载体、以完成工作任务为主要学习方式组织教材内容。本书工作任务基于主要岗位群项目、职业技能等级证书项目和技能大赛项目，除理论知识储备外，着重描述设备、工量具和辅助材料的选用、操作步骤、质量保证及工作说明。本书旨在重点培养学生在实际工作中正确并规范拆卸、检查、更换和安装汽车零部件以及分析典型零部件的结构特点和常见故障的职业能力。本书编写过程中力求体现以下特色。

（1）融入课程思政　本书通过小资料展示大国工匠、国之重器和中华文化，弘扬劳动光荣、技能宝贵、创造伟大的时代风尚，发挥教材培根铸魂的作用。

（2）执行新标准　本书依据最新教学标准和1+X书证融通要求，对接职业标准和岗位需求，采用"项目—任务"的结构框架，以项目引领工作任务，以工作任务引领知识储备与任务实施，培养学生的专业能力。

（3）体现新模式　本书采用理实一体化的编写模式，加强教学过程与生产过程的对接，以工作现场为学习情境，强化工艺规范和节能环保；以工作页为引导，从能力要求、收集信息、计划决策、实施检查到评价反思，使学生亲身体验完整的工作过程，培养其方法能力和社会能力；适应"互联网+"发展需求，运用现代信息技术在相关技能点附近设置了二维码视频链接，推进线上线下混合式教学。

（4）拓展新知识　本书根据国内外汽车技术发展趋势和产业最新成果，注重职业教育与终身学习对接，合理拓展课程内容，前后排序符合学生认知规律，注重学生技能的培养，在获得经验性技能的基础上内化为策略性技术，提高方法能力。

（5）采用新组织　本书深化产教融合与校企合作，吸纳汽车维修行业企业专家参与工作任务分析以及教材编写和审定。

本书在内容处理上主要有以下几点说明：①教师能胜任理论与实践一体化教学；②采用项目教学方法，以小组学习形式为主；③配套使用工作页及数字化资源；④本书建议学时为100，学时分配建议见下表。

项　目	任　务	建议学时
项目一　汽车底盘总体构造与认知	任务　认识汽车底盘	4
项目二　离合器的构造与拆装	任务1　拆装离合器	6
	任务2　认识离合器操纵机构	2
项目三　变速器的构造与拆装	任务1　拆装手动变速器	10
	任务2　拆装自动变速器	10

(续)

项　　目	任　　务	建议学时
项目四　万向传动装置的构造与拆装	任务1　拆装球笼式万向传动装置	4
	任务2　拆装十字轴式万向传动装置	4
项目五　驱动桥的构造与拆装	任务1　拆装驱动桥	4
	任务2　拆装主减速器	4
	任务3　拆装差速器	2
项目六　车轮和轮胎的构造与拆装	任务1　拆装车轮总成	2
	任务2　拆装轮胎	4
	任务3　交换车轮位置	2
	任务4　车轮总成动平衡	4
项目七　悬架的构造与拆装	任务1　拆装悬架总成	4
	任务2　拆装非独立后悬架	2
	任务3　拆装独立前悬架	6
项目八　转向装置的构造与拆装	任务1　拆装齿轮齿条式转向器	4
	任务2　拆装循环球式转向器	4
	任务3　拆装转向操纵机构	2
项目九　制动器的构造与拆装	任务1　拆装盘式制动器	6
	任务2　维护盘式制动器	2
	任务3　拆装鼓式制动器	4
	任务4　调整驻车制动器	2
项目十　液压制动传动装置的构造与拆装	任　务　制动系统放空气	2
合　计		100

全书共十个项目，由蒋红枫任主编，邢亚林任副主编，管婷婷、韩博砚、于志勇、朱枫、张启森参加编写。具体分工如下：管婷婷编写项目一和项目二，韩博砚编写项目三之任务2、项目七和项目十，朱枫编写项目四和项目八之任务1和任务2，邢亚林编写项目五，蒋红枫编写项目六和项目九并负责全书的统稿，张启森编写项目八之任务3，企业专家于志勇高级技师编写项目三之任务1。本书由《汽车维护与修理》杂志社主编李东江担任主审。

在编写过程中，编者参阅了国内外出版的教材和资料，在此对相关人员表示衷心感谢！由于编者水平有限，书中难免有不妥之处，敬请广大读者批评指正。

编　者

目 录

第 3 版前言

项目一　汽车底盘总体构造与认知 ·· 1
  任　务　认识汽车底盘 ··· 1

项目二　离合器的构造与拆装 ··· 9
  任务 1　拆装离合器 ··· 9
  任务 2　认识离合器操纵机构 ·· 13

项目三　变速器的构造与拆装 ··· 17
  任务 1　拆装手动变速器 ·· 17
  任务 2　拆装自动变速器 ·· 33

项目四　万向传动装置的构造与拆装 ·· 49
  任务 1　拆装球笼式万向传动装置 ·· 49
  任务 2　拆装十字轴式万向传动装置 ··· 58

项目五　驱动桥的构造与拆装 ··· 66
  任务 1　拆装驱动桥 ·· 66
  任务 2　拆装主减速器 ··· 73
  任务 3　拆装差速器 ·· 78

项目六　车轮和轮胎的构造与拆装 ··· 86
  任务 1　拆装车轮总成 ··· 86
  任务 2　拆装轮胎 ··· 91
  任务 3　交换车轮位置 ··· 98
  任务 4　车轮总成动平衡 ·· 101

项目七　悬架的构造与拆装 ·· 106
  任务 1　拆装悬架总成 ··· 106
  任务 2　拆装非独立后悬架 ··· 114
  任务 3　拆装独立前悬架 ·· 118

项目八　转向装置的构造与拆装 ·· 124
  任务 1　拆装齿轮齿条式转向器 ··· 124

任务 2　拆装循环球式转向器 ……………………………………………………… 128
任务 3　拆装转向操纵机构 ………………………………………………………… 133

项目九　制动器的构造与拆装 …………………………………………………… 140

任务 1　拆装盘式制动器 …………………………………………………………… 140
任务 2　维护盘式制动器 …………………………………………………………… 147
任务 3　拆装鼓式制动器 …………………………………………………………… 151
任务 4　调整驻车制动器 …………………………………………………………… 162

项目十　液压制动传动装置的构造与拆装 ……………………………………… 167

任　务　制动系统放空气 …………………………………………………………… 167

参考文献 ……………………………………………………………………………… 173

项目一

汽车底盘总体构造与认知

项目描述

汽车主要由发动机、底盘、电气设备和车身四部分组成。发动机为车辆提供动力，底盘是汽车构造的基础，电气设备是汽车上的用电和供电设备，车身是乘员乘坐区域（也可用于安置货物）。

底盘是汽车的重要组成部分，其作用是支撑、安装汽车发动机及其各部件和总成，以构成汽车的整体造型，并接收发动机的动力，使汽车产生运动，保证正常行驶，其性能直接影响驾驶性能。汽车底盘由传动系统、行驶系统、转向系统和制动系统四部分组成。本项目主要围绕汽车底盘进行认知与学习。

任务　认识汽车底盘

 学习目标

1. 知识目标

认识汽车底盘各系统的作用、组成和分类。

2. 技能目标

能熟练寻找到汽车底盘的各个系统，能说出各个零部件的名称和作用。

3. 情感目标

遵守操作规则，保证认知全面。

任务描述

一辆汽车在长期行驶后，车辆的底盘需要进行检查维护以消除存在的隐患。因此，需要掌握汽车底盘相关的知识，制订工作计划，实施汽车底盘认知工作，并保证对汽车底盘各系统有全面的了解。

知识储备

一、传动系统

汽车发动机输出的动力靠传动系统传递到驱动车轮。传动系统具有减速、变速、倒车、中断动力、轮间差速和轴间差速等功能，与发动机配合工作，能保证汽车在各种工况条件下的正常行驶，并具有良好的动力性和经济性。

1. 传动系统的组成

传动系统一般由离合器、变速器、万向传动装置、主减速器、差速器和半轴等组成，如图1-1所示。

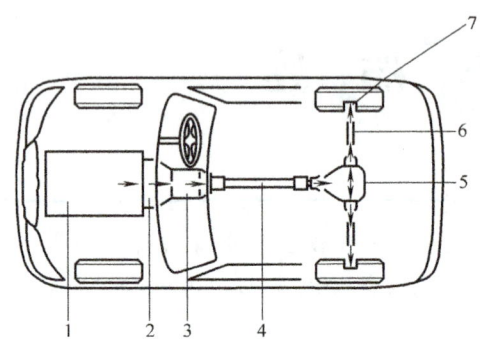

图1-1 传动系统的组成
1—发动机 2—离合器 3—变速器 4—万向传动装置
5—主减速器（含差速器） 6—半轴 7—车轮

（1）离合器 如图1-2所示，离合器位于发动机和变速器之间的飞轮壳内，用螺钉将离合器总成固定在飞轮的后平面上。在汽车行驶过程中，驾驶人可根据需要踩下或松开离合器踏板，使发动机与变速器暂时分离和逐渐接合，以切断或传递发动机向变速器输入的动力。

（2）变速器 通过改变传动比，改变发动机曲轴的转矩，适应在起步、加速、行驶以及克服各种道路阻碍等不同行驶条件下对驱动车轮牵引力及车速不同要求的需要。一般分为手动变速器（MT）、自动变速器（AT）、手动/自动变速器和无级式变速器，图1-3为手动变速器。

图1-2 离合器

图1-3 手动变速器

（3）万向传动装置　传动轴总成由内万向节、外万向节和花键轴组成，如图1-4所示。内万向节用螺栓与差速器传动轴凸缘相连接，外万向节通过外星轮端部的花键轴与前轮相连接。

（4）主减速器　主减速器是汽车传动系统中减小转速、增大转矩的主要部件。对发动机纵置的汽车来说，主减速器还利用锥齿轮传动以改变动力方向，如图1-5所示。

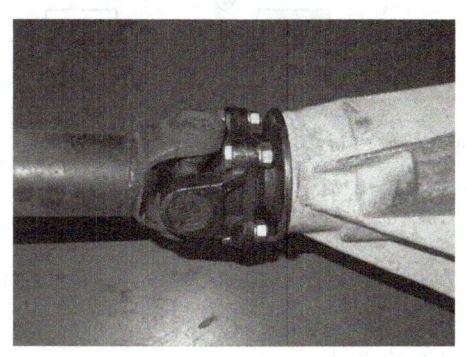
图1-4　万向传动装置

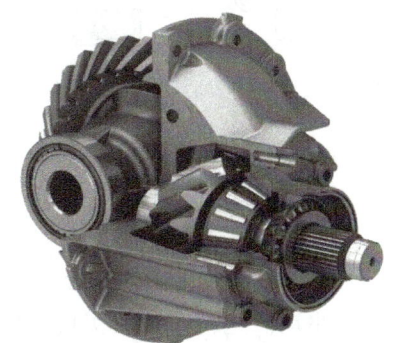
图1-5　主减速器

（5）差速器　当左右驱动轮存在转速差时，差速器分配给转速较慢的驱动轮的转矩大于转速较快的驱动轮的转矩。差速器的这种转矩均分特性能满足汽车在良好路面上正常行驶。差速器如图1-6所示。

（6）半轴　半轴是差速器与驱动轮之间传递动力的实心轴，其内端一般通过花键与半轴齿轮连接，外端与轮毂连接，如图1-7所示。

图1-6　差速器

图1-7　半轴

2. 传动系统的类型

1）按照结构和传动介质不同，传动系统可以分为机械式、液力机械式、静液式和电力式等。

2）按照驱动形式不同，传动系统可以分为单轴驱动式（如4×2、6×2）、多轴驱动式（如6×4、8×6）和全轮驱动式（如4×4、6×6）。

3. 常见的汽车传动系统的布置形式

（1）前置后驱　如图1-8所示，发动机前置后轮驱动是一种最传统的驱动形式。国内外大多数货车、部分轿车和部分客车都采用这种驱动形式，但采用该形式的小型车很少。

（2）前置前驱　如图1-9所示，发动机前置前驱即发动机前置前轮驱动。这是轿车和微型、经济型汽车上主要采用的驱动形式，但货车和大客车基本上不采用该形式。

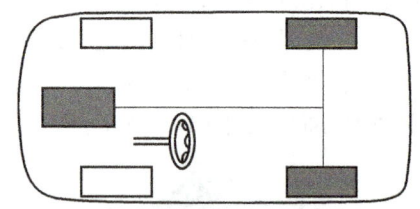

图1-8　发动机前置后轮驱动（FR型）

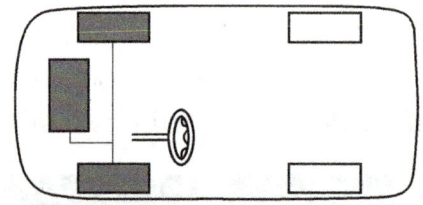

图1-9　发动机前置前轮驱动（FF型）

（3）后置后驱　如图1-10所示，发动机后置后驱，即发动机后置后轮驱动。后置后驱是目前大、中型客车流行的布置形式，少数微型或普通轿车也采用该形式，但货车很少采用该形式。

（4）中置后驱　如图1-11所示，发动机中置后驱是将发动机置于驾驶室后面的汽车中部，由后轮驱动。这种布置能实现前后轴载荷理想的分配，是赛车布置方案的首选。此外，某些大、中型客车也采用该形式，但采用该形式的货车很少。

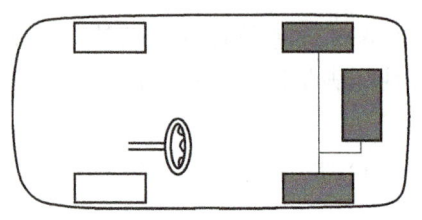

图1-10　发动机后置后轮驱动（RR型）

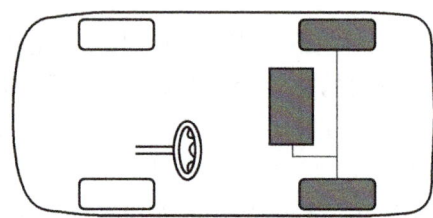

图1-11　发动机中置后轮驱动（MR型）

二、行驶系统

1. 组成与作用

行驶系统一般由汽车的车架、车桥、车轮和悬架等组成，其主要作用是安装部件、支撑汽车、缓和冲击、吸收振动、传递和承受汽车所受的外界力量和力矩，把来自传动系统的转速和转矩转为地面对车辆的牵引力，保证汽车正常行驶。

2. 类型

行驶系统的结构因车型和行驶条件的不同而有所差异，可分为轮式、全履带式、半履带式、车轮—履带式及水陆两用式等类型。

（1）轮式行驶系统　如图1-12所示，绝大多数汽车行驶在比较坚实的道路上，其行驶系统中直接与路面接触的部分是车轮，因而称为轮式行驶系统。

（2）全履带式行驶系统　如图1-13所示，履带可以减少汽车对地面的比压，控制汽车下陷。履带还能加强与地面的相互作用，增加汽车附着力，提高通过性，主要用于雪地或沼泽地带行驶的汽车。

（3）半履带式行驶系统　如图1-14所示，前桥装有滑橇或车轮，用来实现转向，后桥上装有履带，以减少对地面的单位压力，控制汽车下陷，同时履带也加强了附着作用，具有很高的通过能力，主要用在雪地或沼泽地带行驶。

（4）车轮—履带式行驶系统　如图1-15所示，行驶系统中直接与路面接触的部分有车轮和履带，根据需要可以将车轮与履带互换的车辆称为车轮—履带式行驶系统。

图1-12　轮式行驶系统

图1-13　全履带式行驶系统

图1-14　半履带式行驶系统

图1-15　车轮—履带式行驶系统

（5）水陆两用式行驶系统　如图1-16所示，它是结合了车与船的双重性能，既可像汽车一样在陆地上行驶穿梭，又可像船一样在水上泛水浮渡的特种车辆。多用于军事、救灾救难、探测等专业领域。

三、转向系统

1. 作用

汽车转向系统的功能就是按照驾驶人的意愿控制汽车的行驶方向，它对汽车的行驶安全起着至关重要的作用。

2. 类型

汽车转向系统分为机械转向系统和动力转向系统两大类。

（1）机械转向系统　完全靠驾驶人手力操纵的转向系统称为机械转向系统。根据传动的类型不同又分为齿轮齿条式、循环球曲柄指销式、蜗杆曲柄指销式、循环球—齿条齿扇式和蜗杆滚轮式等。图1-17为齿轮齿条式转向系统。

（2）动力转向系统　借助动力来操纵的转向系

图1-16　水陆两用式行驶系统

统称为动力转向系统。动力转向系统又可分为液压动力转向系统、电动助力动力转向系统和气压动力转向系统。图 1-18 为液压动力转向系统。

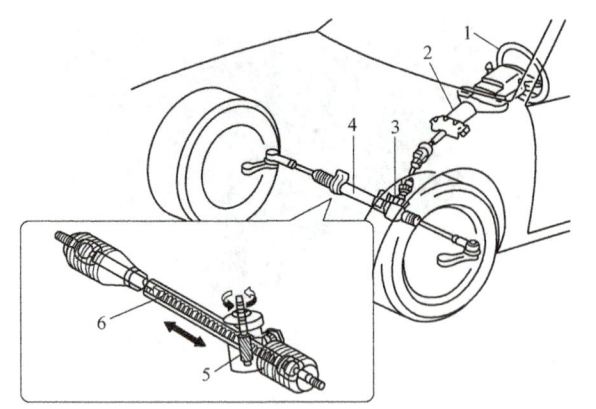

图 1-17　齿轮齿条式转向系统

1—转向盘　2—转向柱　3—转向机
4—转向齿轮壳体　5—齿轮　6—齿条

图 1-18　液压动力转向系统

四、制动系统

1. 作用

制动系统的作用是保证汽车行驶中能按驾驶人的要求减速停车，保证车辆可靠停放，保障汽车和驾驶人的安全。

2. 类型

制动系统按作用可以分为行车制动系统和驻车制动系统两种，按制动能量传输方式可分为机械式、液压式、气压式、电磁式和组合式，按制动回路多少可分为单回路制动系统和双回路制动系统，按制动能源可分为人力制动系统、动力制动系统和伺服制动系统。

（1）行车制动系统　行车制动系统由驾驶人用脚操纵，又称为脚制动系统。它的作用是使正在行驶中的汽车减速或在最短的距离内停车。行车制动系统如图 1-19 所示。

（2）驻车制动系统　驻车制动系统由驾驶人用手操纵，又称为手制动系统。它的作用是使已经停在各种路面上的汽车驻留在原地不动。驻车制动系统如图 1-20 所示。

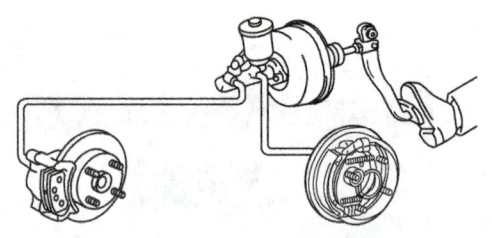

图 1-19　行车制动系统

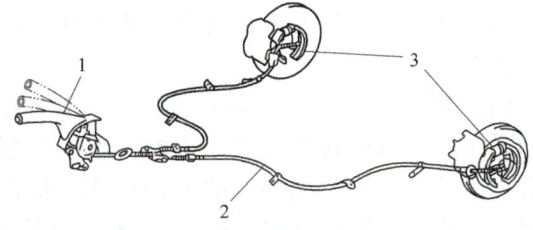

图 1-20　驻车制动系统

1—驻车制动手柄　2—驻车制动拉索　3—后制动器

项目一　汽车底盘总体构造与认知

任务实施

认识汽车底盘各系统

以桑塔纳 2000GSi 型轿车和轻型载货汽车为例，介绍汽车底盘各系统。

一、设备与工具

桑塔纳 2000GSi 轿车、轻型载货汽车和三角挡块若干。

二、结构参数和技术参数

桑塔纳 2000GSi 型轿车，四缸二气门电子控制多点喷射汽油发动机，前置前驱，五速手动变速器，前轮麦弗逊式独立悬架。

三、认知步骤

图 1-21　观察桑塔纳 2000GSi 型轿车底盘各系统构造

1. 轿车底盘

按照汽车底盘的组成依次查找桑塔纳 2000GSi 型轿车的传动系统、行驶系统、转向系统和制动系统，如图 1-21 所示。

轿车底盘

图 1-22　观察轻型载货汽车底盘各系统构造

2. 轻型载货汽车底盘

按照汽车底盘的组成依次查找轻型载货汽车的传动系统、行驶系统、转向系统和制动系统，如图 1-22 所示。

将桑塔纳 2000GSi 型轿车的底盘与轻型载货汽车的底盘相比较，从而更进一步加深对汽车底盘各系统的认知。

四、质量保证

围绕汽车认真观察底盘组成各部件，了解各系统的组成及安装位置等信息。观察结束后，清洁车辆上留下的污痕，清洁、整理工具，清扫工作场地。

工作说明

1）认知汽车底盘结构时，注意多角度仔细观察各系统部件的组成及安装位置，描述各元件和部件的作用。

2）若光线昏暗，可借助灯光照明，以便观察便捷及清楚。观察时请勿随意爬上汽车，注意安全。

拓展与提高

智能汽车底盘

Volvo 汽车公司推出的新款 Volvo S60 R 型轿跑车是在性能概念车 PCC1 基础上开发成功的生产车型，采用 4-C 技术。这款智能化高性能轿跑车具有世界上最先进的可操控性底盘、输出功率达 220.8kW 的强劲发动机和电控全驱动系统。底盘可采用"舒适型""运动型"和"超级运动型"三种操控模式，驾驶人只需按动按钮就可随心所欲地调节行驶状态。

一、4C 技术

4C 技术即持续操控底盘理念，它能收集大量有关车辆行驶的信息，并极其迅速地对节气门调节做出相应调整，同时也通过电控方式调整减振器和全轮驱动系统。4-C 系统可根据不断获得的有关车速、车轮和底盘的运行状态等方面的信息，以 500 次/s 的速度作用于节气门。

二、智能底盘

仪表板上有三个控制底盘运行模式的按钮。当选择中间档"运动型"模式时，就可在正常行驶状态下感受到最佳的性能，同时又不失驾驶运动车时所具有的乐趣；当选择"舒适型"模式时，轿车采用"空中悬架"技术，使车身处于最佳隔离状态，不受坎坷路面的影响；当选择"超级运动型"模式时，轿跑车就成为一辆完美绝伦的跑车。

【小资料】

线控底盘

线控（Drive-By-Wire 或 X-By-Wire），即用线（电信号）的形式来取代机械、液压或气动等形式的连接，从而不需要依赖驾驶人的力或者力矩的输入。

线控底盘主要有五大系统，分别为线控转向、线控制动、线控换档、线控加速、线控悬架，线控转向和线控制动则是面向自动驾驶执行端方向最核心的产品。

线控底盘是新能源汽车关键零部件，也是自动驾驶汽车重要控制执行端。目前各类搭载 L2 及以上级别的先进驾驶辅助系统（ADAS）都采用了线控底盘。智能网联汽车通过车辆上所搭载的各式各样的传感器，在汽车行驶过程中随时来感应周围的环境，收集数据，进行静态、动态物体的辨识、侦测与追踪，并结合导航地图数据，进行系统的运算与分析，得出决策，通过总线将信号传至线控底盘的各系统，执行前后方向的加速及制动控制和左右方向的转向控制，从而实现驾驶辅助及自动驾驶功能。

随着国内新能源汽车及智能网联汽车行业的迅猛发展，目前国内也涌现出一批线控底盘制造企业，即将突破技术壁垒，生产出优秀的线控底盘产品。

项目二

离合器的构造与拆装

项目描述

离合器是手动变速器车辆传动系统的重要组成部分，它位于发动机和变速器之间的飞轮壳体内，用螺钉将离合器总成固定在飞轮的后平面上。在车辆从静止到起步的过程中，在切换变速器档位时均需要操作离合器。离合器是既能传递动力，又能切断动力的传动机构。本项目主要介绍有关离合器的基本构造和拆装过程，通过学习了解离合器及操纵机构的相关知识，掌握离合器的拆装技能。

任务1　拆装离合器

学习目标

1. 知识目标
1) 掌握离合器的作用、组成和工作过程。
2) 能识别离合器的类型。
2. 技能目标
能熟练使用设备和工具，按流程规范拆装离合器。
3. 情感目标
遵守操作规则，保证质量。

任务描述

一辆桑塔纳2000GSi型轿车离合器打滑要拆检。因此，需要掌握离合器的相关知识，制订工作计划，实施拆装离合器任务，并保证工作质量。

知识储备

一、离合器的作用

离合器是传递或切断发动机至变速器动力的重要部件。驾驶人可根据需要踩下或松开离合器踏板，使发动机与变速器暂时分离和逐渐接合，以切断或传递发动机向变速器输入的动力。离合器还能保证汽车平稳起步，变速换档时减轻变速齿轮的冲击载荷并防止传动系统过载。

离合器应能满足以下基本要求：
1) 保证能传递发动机发出的最大转矩和转速。
2) 保证分离时，能彻底分离；接合时，平顺柔和，并具有良好的散热能力。

二、离合器的组成及工作过程

离合器主要由摩擦片、压盘、离合器盖及压紧装置、分离机构和操纵机构组成。

1. 离合器的工作过程

驾驶人踩下离合器踏板时，通过操纵机构将运动传递给分离机构，分离机构使弹簧压缩，减小摩擦片上的压力，使压盘与摩擦片分离，切断动力传递。车辆正常行驶时，压盘受压紧装置驱动，使摩擦片与飞轮紧密接触，动力进行传递，如图 2-1 所示。

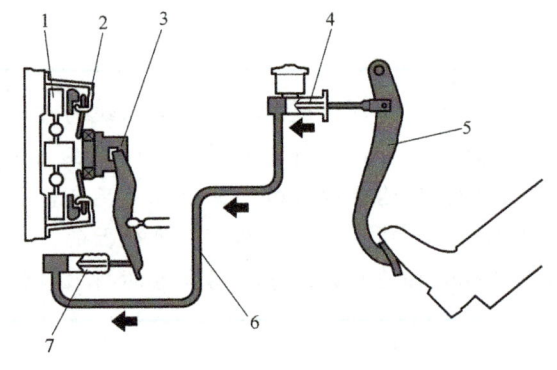

图 2-1 离合器的工作过程
1—摩擦片 2—离合器 3—分离机构 4—离合器主缸
5—离合器踏板 6—液压管路 7—离合器轮缸

2. 摩擦片

摩擦片是离合器的主要组成元件，中间有减振弹簧，如图 2-2 所示。其对工作表面材料的要求主要是：摩擦系数大而且稳定，强度高，能承受冲击；耐磨、耐高温、耐腐蚀和导热性能好，热变形小。此外，还要求使用寿命长，容易加工，价格低廉等。

三、离合器的类型

离合器的类型较多，分类如下：
1) 按摩擦片的数目可分为单片式、双片式和多片式。
2) 按压紧弹簧的形式及布置形式可分为膜片弹簧式和周布弹簧式。
3) 按操纵机构可分为机械式（杆式和绳式）、液压式和空气助力式等。

1. 膜片弹簧式离合器

膜片弹簧式离合器（图 2-3）是以膜片弹簧作为压紧弹簧的，采用优质弹簧钢板制成，形状为碟形，开有径向切槽，切槽内端连通，外端为圆孔。两个切槽之间钢板形成一个弹性杠杆，既是压紧弹簧又是分离杠杆。

2. 周布弹簧式离合器

周布弹簧式离合器（图2-4）采用若干个螺旋弹簧作为压紧弹簧，并沿摩擦盘圆周分布。

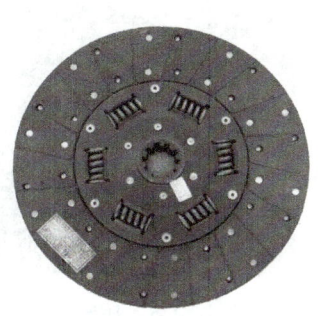

图2-2　离合器摩擦片

图2-3　膜片弹簧式离合器

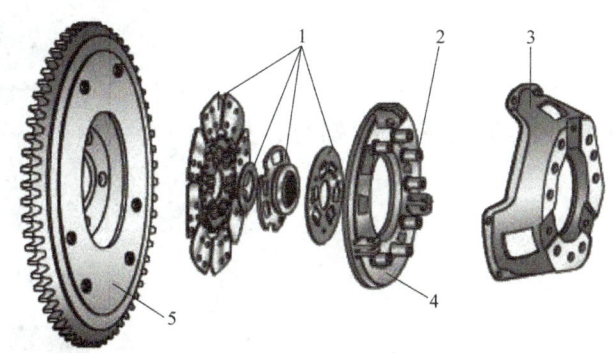

图2-4　周布弹簧式离合器

1—离合器摩擦片　2—螺旋弹簧　3—离合器盖　4—压盘　5—飞轮

周布弹簧式离合器的结构简单，制造方便。但其弹簧直接与压盘接触，易受热退火。当发动机的转速很高时，周布弹簧将受离心力的作用而严重鼓出而影响工作。

任务实施

拆装离合器

以周布弹簧式离合器为例，介绍离合器的拆装。

一、设备与工具

周布弹簧式离合器、扭力扳手、成套套筒扳手、棘轮扳手和工具车。

二、辅助材料

螺旋压杆和抹布。

三、拆装步骤

1. 拆卸周布弹簧式离合器

1）用螺旋压杆将离合器壳体与压盘固定好，如图2-5所示。

图2-5 压紧离合器壳体

离合器壳体的压紧

2）使用快速棘轮扳手拆卸弹簧压紧螺母，如图2-6所示。

图2-6 拆卸弹簧压紧螺母

3）取下离合器壳，露出弹簧，按顺序放置零部件，如图2-7所示。

图2-7 分解离合器

离合器的拆卸

4）检查各零部件是否有异常磨损或裂缝，如图2-8所示。

图2-8 检查各零部件

项目二 离合器的构造与拆装

图 2-9 装配离合器

2. 安装离合器

按照后拆先装的顺序，装配离合器，如图 2-9 所示。

离合器的装配

四、质量保证

1）在离合器拆卸前必须做好装配标记。拆卸并检查压盘是否有异常磨损；检查各弹簧自由长度、分离杠杆有无损伤。拆装过程中避免在离合器工作表面沾上油污。

2）清洁工作时留下的污痕，清洁、整理工具，清扫工作场地。

工作说明

1）拆卸离合器弹簧时，一定要用压杆压缩离合器外壳和压盘，切勿直接旋松固定螺母，避免因弹簧弹力而引起固定螺母滑牙。

2）装复离合器外壳时，用压杆压紧后检查弹簧是否都安装到位，避免弹簧在内部弯曲受振动后弹出伤人。

任务 2　认识离合器操纵机构

学习目标

1. 知识目标

1）叙述离合器操纵机构的作用和特点。

2）判别离合器操纵机构的类型和结构。

2. 技能目标

能辨别离合器操纵机构的构造，会测量离合器踏板的高度。

3. 情感目标

遵守操作规则，保证质量。

任务描述

一辆桑塔纳 2000GSi 型轿车离合器踏板位置偏高。因此，需要掌握离合器操纵机构的相关知识，制订工作计划，实施测量及调整离合器踏板高度任务，并保证工作质量。

知识储备

离合器操纵机构是驾驶人借以使摩擦片与飞轮和压盘分离，而后又接合在一起的机构。

13

按传动方式，其可分为机械式（杆式和绳索式）、液压式和空气助力式等。

一、机械式操纵机构

下面以绳索式操纵机构为例介绍机械式操纵机构。

绳索式操纵机构主要由离合器踏板、弹簧、绳索总成、绳索自动调整装置、离合器操纵臂和离合器分离臂等组成，如图 2-10 所示。桑塔纳和捷达等轿车离合器采用绳索式操纵机构。

当踩下离合器踏板时，绳索被拉紧并将踏板的作用力传递到离合器分离操纵臂和分离臂上，再通过分离轴承推动离合器分离推杆，从而推动离合器的膜片式弹簧或周布式弹簧。

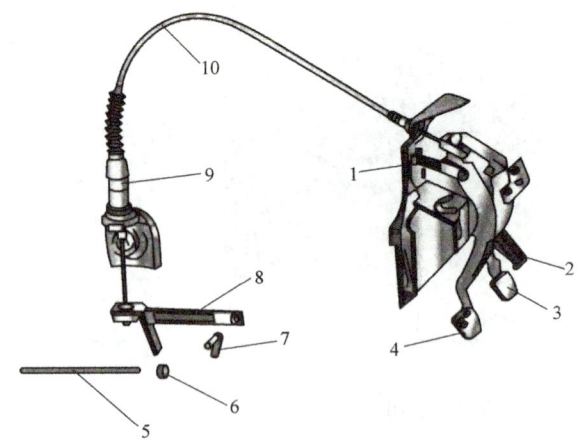

图 2-10　桑塔纳 2000GSi 型轿车离合器绳索式操纵机构
1—弹簧　2—加速踏板　3—制动踏板　4—离合器踏板
5—离合器分离推杆　6—分离轴承　7—离合器分离臂
8—离合器操纵臂　9—绳索自动调整装置　10—绳索总成

绳索式操纵机构可消除位移和变形等缺点，且可在一些杆式操纵机构布置比较困难的情况下采用。但是绳索总成寿命较短，拉伸刚度较小，因此适用于轻型和微型汽车。

二、液压式操纵机构

液压式操纵机构主要由主缸、工作缸、推杆、离合器踏板及管路系统组成，如图 2-11 所示。液压操纵机构具有摩擦阻力小、质量小、布置方便以及接合柔和等优点，并且不受车身车架变形的影响，因此得到广泛的应用。桑塔纳 2000GSi 型轿车离合器采用液压式操纵机构。

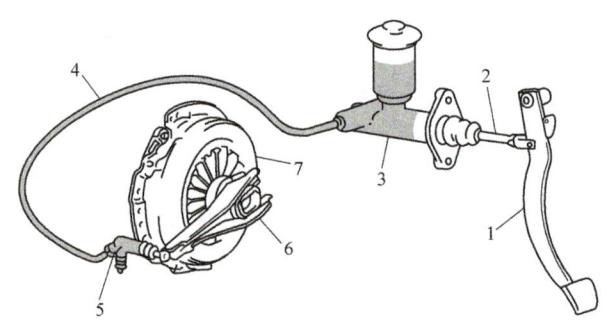

图 2-11　液压式操纵机构
1—离合器踏板　2—推杆　3—主缸　4—液压软管
5—工作缸　6—分离叉　7—离合器壳体

主缸的作用是将踏板上的作用力通过推杆转换成压力，使油液通过管路流至离合器轮缸。

工作缸内的活塞承受管路内的油液压力，推动分离拨叉工作，使得离合器弹簧片压缩，从而实现离合器压盘与摩擦片分离,切断动力的传递。

工作缸上有放气螺栓,有需要时可以拧松,放出管路内部的空气。

任务实施

测量离合器踏板高度

以桑塔纳2000GSi型轿车为例,介绍离合器踏板高度的测量。

一、设备与工具

桑塔纳2000GSi型轿车一辆、钢直尺一把、抹布若干。

二、结构参数和技术参数

1)桑塔纳2000GSi型轿车离合器踏板行程为131.8~139.1mm。
2)桑塔纳2000GSi型轿车离合器踏板最大踏板力为122.2N。

三、测量步骤

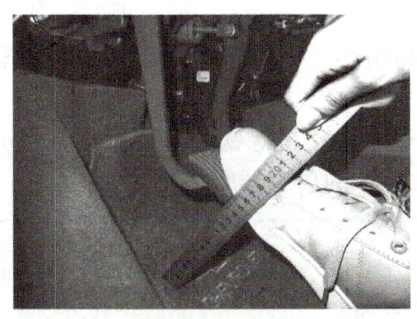

图2-12 测量离合器踏板高度

1. 测量离合器踏板的高度

使用一把钢直尺,测量从车底面到离合器踏板上表面的距离。如果必须要从地毯表面开始测量,则从标准值中扣除地毯的厚度,或者地毯和沥青纸毡的厚度,如图2-12所示。

若测得的高度值超出规定范围,需要调整踏板高度。

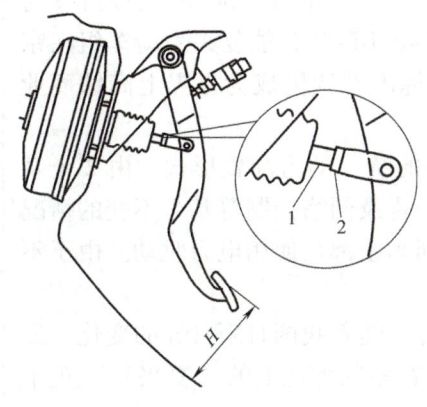

图2-13 调整离合器踏板高度
1—踏板推杆 2—锁止螺母

2. 调整离合器踏板的高度

调整前,先松开锁止螺母,转动踏板推杆直到踏板高度符合标准值后上紧锁止螺母,如图2-13所示。

四、质量保证

1) 刻度读取要准确,避免误差过大而影响使用。调整后需要进行测量,直到检验调整后的高度值符合标准要求。
2) 清洁工作时留下的污痕,清洁、整理工具,清扫工作场地。

工作说明

1) 读取离合器踏板高度时,若光线偏暗可借助手电筒的灯光。
2) 读取刻度时,请注意目光与钢直尺刻度线表面垂直,避免读数误差。

拓展与提高

离合器摩擦片的材质

离合器摩擦片的主要材质是摩擦材料,摩擦材料必须具有良好的摩擦系数和耐磨损性能,且具有一定的耐热性和机械强度,能满足汽车传动的性能要求。摩擦材料按材质可以分为石棉摩擦材料和无石棉摩擦材料。汽车上广泛使用无石棉摩擦材料,其主要分类为:

(1) 粉末冶金材料 粉末冶金材料又称为烧结摩擦材料,适用于较高温度下的制动与传动工况。

(2) 碳纤维材料 碳纤维材料具有高模量、导热好和耐热等特点,适用于某些高档轿车的离合器摩擦片。

(3) 半金属材料 半金属材料由钢纤维、还原铁粉和泡沫铁粉等铁质金属物组成,是最早取代石棉而发展起来的一种无石棉材料,适用于普通轿车的离合器摩擦片。

【小资料】

复兴号动车组列车——国之大器

复兴号动车组列车是由中国国家铁路集团有限公司(China Railway,CR)牵头组织研制、具有完全自主知识产权、达到世界先进水平的动车组列车。

动车组采用CR200/300/400命名,分别对应160km、250km和350km三种持续时速等级,数字代表最高时速。2019年12月30日,CR400BF-C智能复兴号动车组在京张高铁实现时速350km自动驾驶。复兴号动车组列车标志着我国成为世界上高铁商业运营速度最高的国家。

复兴号动车组列车采用8辆车编组,"4动4拖"的统一动力配置形式,由2个基本动力单元组成。通过调整电机特性,可在动力单元配置及网络控制等基本不变的情况下,满足不同速度目标值对牵引能力的需求。目前的列车组都是使用电力驱动。由于不使用机械传动,现在的列车组都运行得非常平稳。

装备制造业水平的提升,反映了一个国家的竞争力。随着我国日新月异的变化,发展在提速,列车在提速,百姓的幸福感也在"提速"。在中国大地上的"复兴号"正不断地赢得世界的惊叹和赞赏。

项目三

变速器的构造与拆装

项目描述

　　变速器是汽车传动系统的一个重要组成部分，位于汽车发动机后部。汽车需要在不同行驶状态下行驶，一个固定传动比是无法满足要求的。为此，汽车采用了两种不同的技术解决方案。一种方案是手动变速器，在这种变速器中换档时，由驾驶人通过离合器中断作用力传递，再通过变速杆改变传动比；另一种方案是自动变速器，由控制系统自动控制变速。本项目主要介绍变速器的基本构造与拆装过程，学习手动变速器的各档位动力传递路线及自动变速器的工作过程。

任务1　拆装手动变速器

 学习目标

1. 知识目标
1) 了解手动变速器的基本结构、作用及工作过程。
2) 区分手动变速器各档位的动力传递路线。
2. 技能目标
熟练使用设备和专用工具，按流程规范拆装手动变速器。
3. 情感目标
遵守操作规则，保证质量。

任务描述

　　一辆桑塔纳2000GSi型轿车需更换一档齿轮。因此，需要掌握手动变速器的相关知识，制订工作计划，实施拆装手动变速器任务，并保证工作质量。

知识储备

桑塔纳 2000GSi 型轿车采用五档手动变速器，由传动机构、操纵机构和变速器壳体等组成，其结构紧凑、噪声低、操作灵活可靠。当驾驶人挂上某一档位时，动力由输入轴传入变速器，通过相啮合的齿轮副将动力由输出轴传至主减速器，在变速器中实现了变速、变扭的作用。变速器设置有超速档（传动比小于1），主要用于在良好路面或空车行驶时，提高汽车的经济性。

一、变速器的作用

变速器主要具有以下作用：

1）以扩大发动机输出转矩和转速的变动范围，满足汽车行驶中各种条件下对牵引力和车速的要求，同时使发动机在较为经济的工况下工作。

2）在发动机旋转方向不变的情况下，使汽车实现倒向行驶。

3）利用空档，中断发动机向驱动桥的动力传递，以使发动机能够起动、怠速运转和滑行等，满足汽车暂时停车需要。另外，变速器还可以作为动力输出装置，驱动某些附属装置，如举升及起吊装置等。

二、手动变速器的工作原理

1. 变速原理

手动变速器是利用不同齿数的齿轮啮合传动，实现转速和转矩的改变。由齿轮传动的原理可知，一对齿数不同的齿轮啮合传动时，可以变速，而且两齿轮的转速与其齿数成反比。

如图 3-1a 所示，当小齿轮 1 带动大齿轮 2 转动时，从动轴 Ⅱ 转速降低，转矩增大，实现降速增矩。

如图 3-1b 所示，当大齿轮 1 带动小齿轮 2 转动时，从动轴 Ⅱ 转速升高，转矩降低，实现升速降矩。

汽车变速器根据这一原理，利用若干对大小不同的齿轮副传动来进一步实现变速变矩。

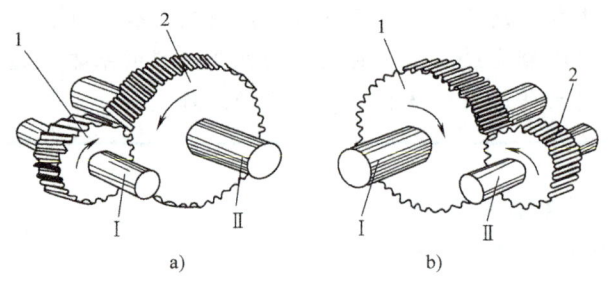

图 3-1 齿轮传动的变速原理
a）减速传动 b）增速传动
1—主动齿轮 2—从动齿轮
Ⅰ—输入轴 Ⅱ—输出轴

2. 换档原理

图 3-2 为双级齿轮传动式变速器示意图，一对齿轮传动只能得到一个固定的传动比，从而得到一种输出转速，并构成一个档位。

1）第一级齿轮传动中，小齿轮 1 为主动齿轮，其转速为 n_1，齿数为 Z_1；大齿轮 2 为从动齿轮，转速为 n_2，齿数为 Z_2，这对齿轮的传动比为：$i_{12}=n_1/n_2=Z_2/Z_1$，$n_1=(Z_2/Z_1)n_2$。

2）第二级齿轮传动中，齿轮 3 为主动齿轮，转速为 n_3，齿数为 Z_3；齿轮 4 为从动齿轮，转速为 n_4，齿数为 Z_4，这对齿轮的传动比为：$i_{34}=n_3/n_4=Z_4/Z_3$，$n_4=(Z_3/Z_4)n_3$。

3）经过两对齿轮传动，总传动比为：$i_k=i_{14}=n_1/n_4=(Z_2/Z_1)n_2/(Z_3/Z_4)n_3$。因为

齿轮 2 和齿轮 3 在同一根轴上，故 $n_2 = n_3$，上式变为：$i_k = Z_2 Z_4/Z_1 Z_3$。因此，多级齿轮传动比为：i = 所有从动齿轮齿数的乘积/所有主动齿轮齿数的乘积 = 各级齿轮传动比的连乘积。

4）对于变速器，其各档位的传动比 i_k 就是变速器输入轴转速 $n_入$（或输出轴转矩 $M_出$）与输出轴转速 $n_出$（或输入轴转矩 $M_入$）之比。

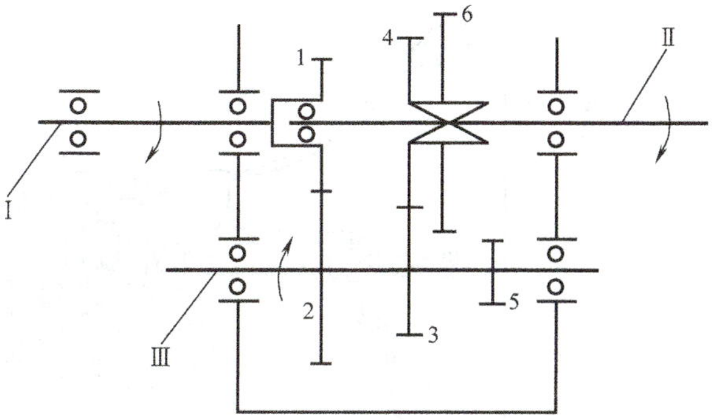

由此可知，传动比既是变速比又是变扭比，且降速则增矩，增速则降矩。

汽车变速器利用这一关系，在输入、输出功率不变的前提下，通过改变不同齿数齿轮副的啮合来改变输出轴的转矩和转速的关系。

图 3-2 双级齿轮传动式变速器示意图
Ⅰ—输入轴　Ⅱ—输出轴　Ⅲ—中间轴
1—输入轴主动齿轮　2—中间轴从动齿轮
3、5—中间轴主动齿轮　4、6—输出轴从动齿轮

三、手动变速器结构

手动变速器包括变速传动机构和操纵机构两部分。变速传动机构由壳体、第一轴、第二轴、中间轴、倒档轴、各轴上的齿轮、轴承及同步器等组成。变速操纵机构由变速杆、换档轴、拨叉轴及拨叉等组成。为了保证变速器正常工作，操纵机构中设置了自锁、互锁及倒档锁等锁止装置。按变速器轴的数目分，有两轴式变速器和三轴式变速器两种。

1. 两轴式变速器

桑塔纳 2000GSi 型轿车两轴式变速器如图 3-3 所示。该变速器的变速传动机构有输入轴和输出轴，两轴平行布置，输入轴也是离合器的从动轴，输出轴也是主减速器的主动锥齿轮轴。该变速器具有五个前进档和一个倒档，全部采用锁环式惯性同步器换档。输入轴上有一至五档主动齿轮，其中一、二档主动齿轮与轴制成一体，三、四、五档主动齿轮通过滚针轴承空套在轴上。输入轴上还有倒档主动齿轮，它与轴制成一体。三、四档同步器和五档同步器也装在输入轴上。输出轴上有一至五档从动齿轮，其中一、二档从动齿轮通过滚针轴承空套在轴上，三、四、五档齿轮通过花键套装在轴上。一、二档同步器也装在输出轴上。在变速器壳体的右端还装有倒档轴，上面通过滚针轴承套装有倒档中间齿轮。

2. 三轴式变速器

图 3-4 是典型的三轴式五档变速器，它有第一轴、第二轴和中间轴，故称三轴式，另外还有倒档轴。

1）第一轴前后端通过轴承分别支撑在曲轴后端中心孔及变速器壳体的前壁，花键部分装离合器从动盘，后部有常啮合齿轮及其接合齿圈。

2）中间轴前后由轴承支承在变速器壳体上，有与第一轴齿轮常啮合的齿轮，二、三、四档齿轮分别用半圆键装在轴上，一档和倒档齿轮与轴制成一体。

3）第二轴前端用轴承支撑在第一轴中心孔内，后端用轴承支撑在变速器壳体上。一档和倒档齿轮可轴向滑动，二、三、四档齿轮分别通过滚针轴承与轴配合，并与中间轴齿轮常啮合，其上均有传力齿圈。前端花键上套装四、五档花键毂，用卡环轴向定位，接合套可以

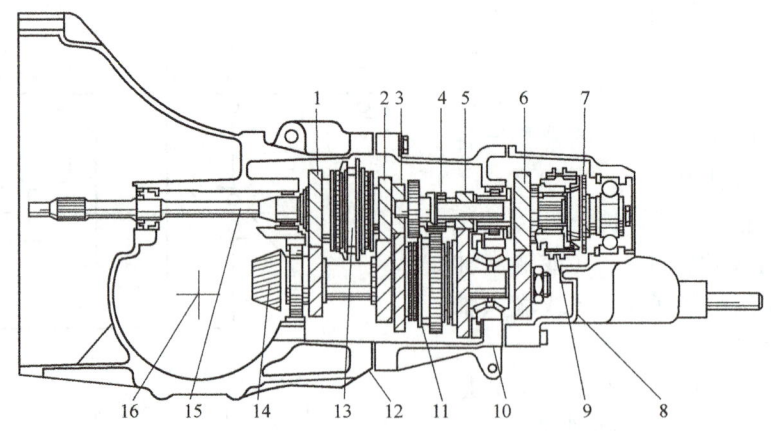

图3-3 桑塔纳2000GSi型轿车手动变速器的结构图

1—四档齿轮 2—三档齿轮 3—二档齿轮 4—倒档齿轮 5——档齿轮 6—五档齿轮 7—五档齿环
8—后壳体 9—五档同步器 10—变速器壳体 11—接合套 12—变速器前壳体 13—三四档接合套
14—主减速器主动锥齿轮 15—输入轴 16—差速器

在花键毂上轴向滑动,实现档位转换。在二、三档齿轮之间套装二、三档花键毂,接合套可以在花键毂上轴向滑动,实现换档。

4)倒档轴安装在变速器壳体上,两个倒档齿轮制成一体并通过滚针轴承套装在倒档轴上,其中一个齿轮与中间轴一档和倒档齿轮常啮合。

3. 变速操纵机构

1)变速操纵机构的作用是保证驾驶人根据使用条件,将变速器换入某个档位。

2)技术要求。

① 防止变速器自动换档和自动脱档。

② 保证变速器不会同时换入两个档位。

③ 防止误挂倒档。

3)桑塔纳2000GSi型轿车五档变速器的操纵机构属于远距离操纵机构,主要由内、外操纵机构两部分组成。

四、桑塔纳2000GSi型轿车五档变速器动力传递分析

如图3-5所示,桑塔纳2000GSi型轿车采用发动机前置前轮驱动,主减速器齿轮和差速器齿轮布置在离合器和变速器之间,主减速器齿轮为一对锥齿轮。

1)空档时,各同步器的滑套位于中间位置,不传递动力,如图3-6所示。

2)一档时,变速杆从空档向左、向前移动,一、二档同步器的滑套位于右位置,动力传递路线如图3-7所示。实现:动力→输入轴→输入轴一档齿轮→输出轴一档齿轮→输出轴上一、二档同步器(接合套右移)→输出轴→动力输出。传动比为 $i=3.455$。

3)二档时,变速杆从空档向左、向后移动,一、二档同步器的滑套位于左位置,动力传递路线如图3-8所示。实现:动力→输入轴→输入轴二档齿轮→输出轴二档齿轮→输出轴上一、二档同步器(接合套左移)→输出轴→动力输出。传动比为 $i=1.944$。

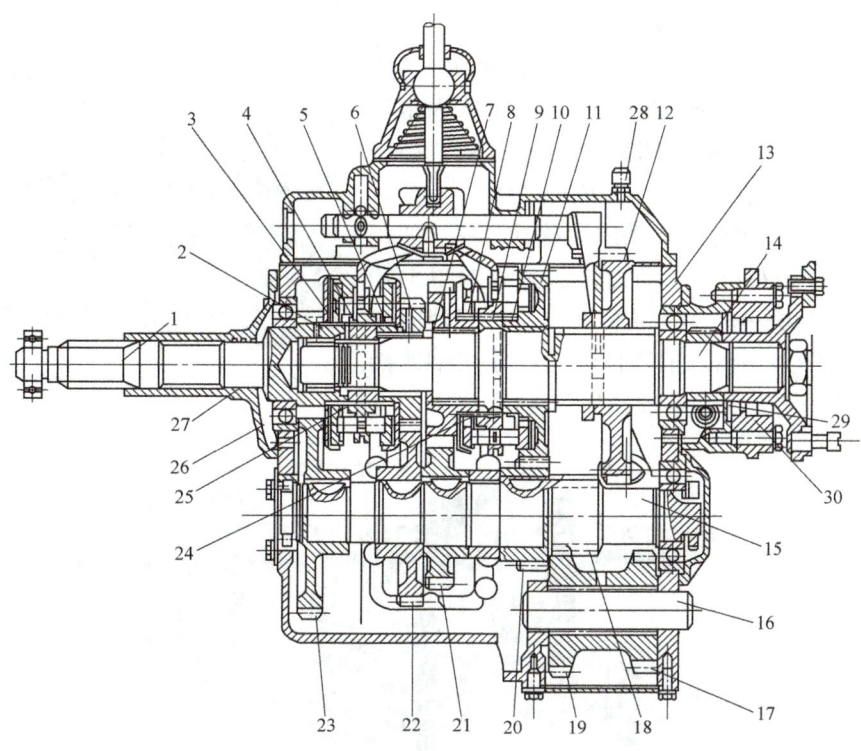

图 3-4 三轴式变速器结构

1—第一轴 2—第一轴常啮合传动齿轮 3—第一轴齿轮接合齿圈 4、9—接合套 5—四档齿轮接合齿圈 6—第二轴四档齿轮 7—第二轴三档齿轮 8—三档齿轮接合齿圈 10—二档齿轮接合齿圈 11—第二轴二档齿轮 12—第二轴一档和倒档滑动齿轮 13—变速器壳体 14—第二轴 15—中间轴 16—倒档轴 17、19—倒档中间齿轮 18—中间轴一档和倒档齿轮 20—中间轴二档齿轮 21—中间轴三档齿轮 22—中间轴四档齿轮 23—中间轴常啮合传动齿轮 24、25—花键毂 26—第一轴承盖 27—轴承盖回油螺纹 28—通气孔 29—里程表传动齿轮 30—中央制动器底座

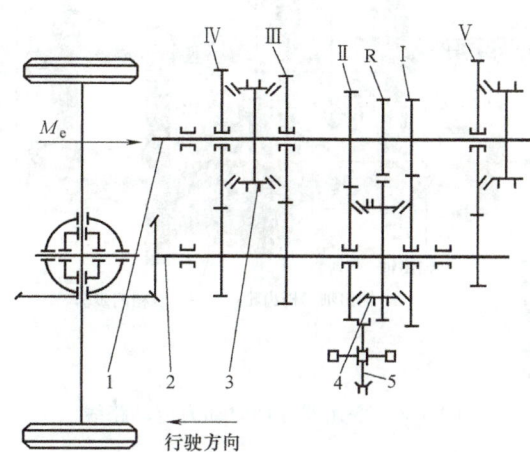

图 3-5 桑塔纳 2000GSi 型轿车五档变速器传动机构示意图

1—输入轴 2—输出轴 3—三、四档同步器 4—一、二档同步器 5—倒档轴倒档齿轮
Ⅰ—一档齿轮 Ⅱ—二档齿轮 Ⅲ—三档齿轮 Ⅳ—四档齿轮 Ⅴ—五档齿轮 R—倒档齿轮

4）三档时，变速杆从空档向前移动，三、四档同步器的滑套位于右位置，动力传递路线如图3-9所示。实现：动力→输入轴→输入轴三、四档同步器（接合套右移）→输入轴三档齿轮→输出轴三档齿轮→输出轴→动力输出。传动比为$i=1.286$。

5）四档时，变速杆从空档向后移动，三、四档同步器的滑套位于左位置，动力传递路线如图3-10所示。实现：动力→输入轴→输入轴三、四档同步器（接合套左移）→输入轴四档齿轮→输出轴四档齿轮→输出轴→动力输出。传动比为$i=0.969$。

图3-6 变速器空档时各零件的位置

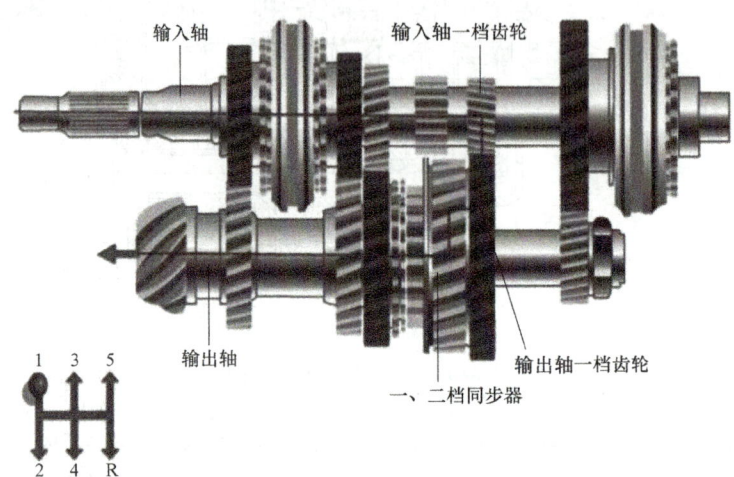

图3-7 变速器一档时动力传动路线

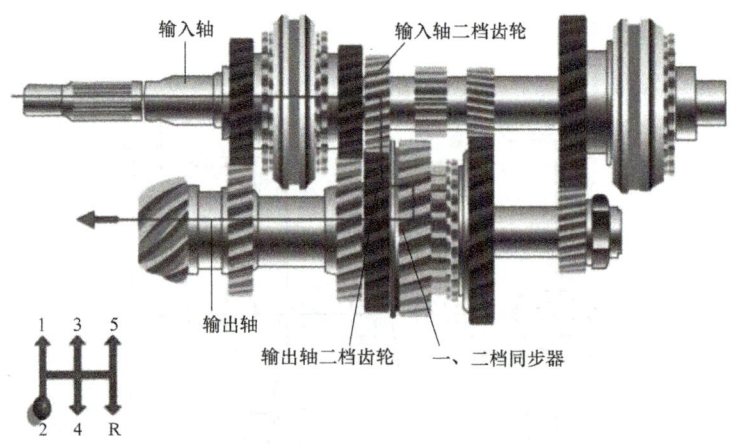

图3-8 变速器二档时动力传动路线

6）五档时，变速杆从空档向右、向前移动，五档同步器的滑套位于右位置，动力传递路线如图3-11所示。实现：动力→输入轴→输入轴五档同步器（接合套右移）→输入轴五档齿轮→输出轴五档齿轮→输出轴→动力输出。传动比为$i=0.800$。

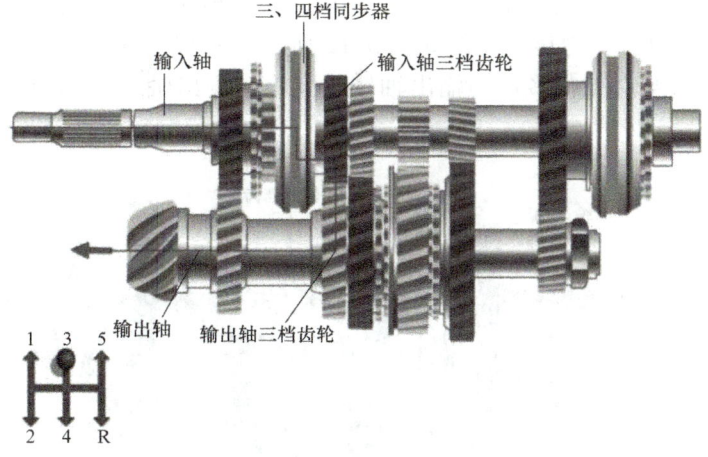

图 3-9　变速器三档时动力传动路线

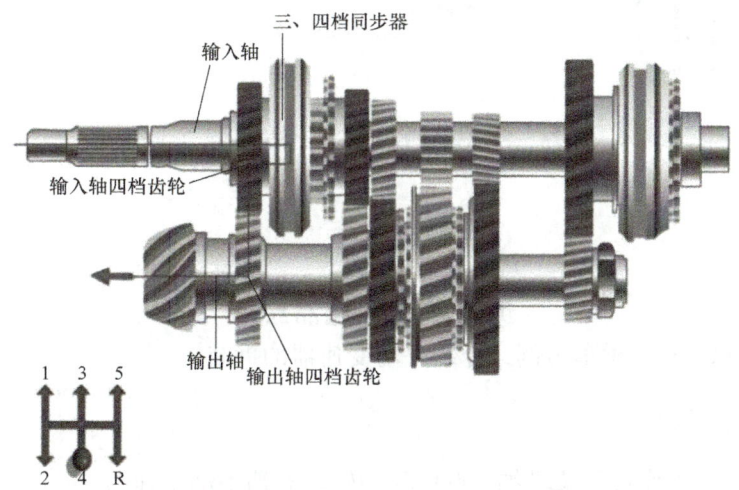

图 3-10　变速器四档时动力传动路线

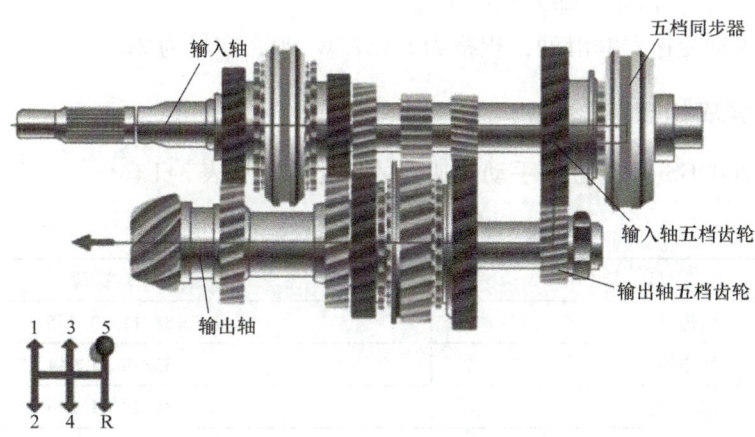

图 3-11　变速器五档时动力传动路线

7）**换倒档时**，变速杆从空档向右、向后移动，倒档轴倒档齿轮与输入轴倒档齿轮及输出轴倒档齿轮同时啮合，动力传递路线如图 3-12 所示。实现：动力→输入轴→输入轴倒档齿轮→倒档轴上倒档齿轮（右移）→输出轴倒档齿轮→输出轴→动力反向输出。传动比为 $i = 3.167$。

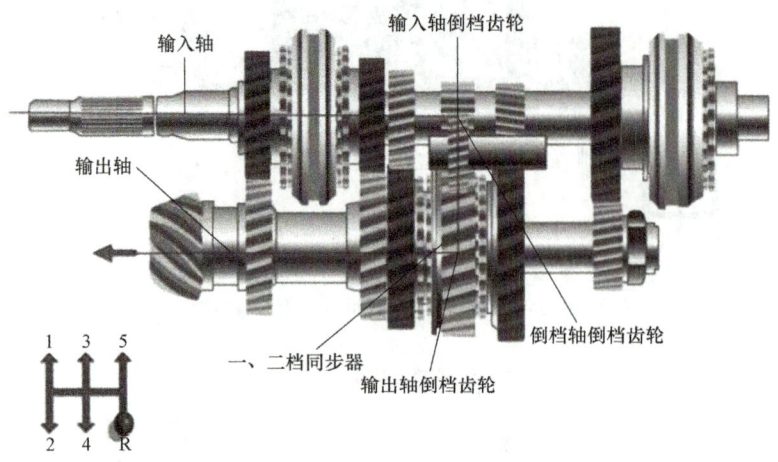

图 3-12　变速器倒档时动力传动路线

任务实施

拆装手动变速器总成

以桑塔纳 2000GSi 型轿车为例，介绍手动变速器的拆装。

一、设备与工具

1）设备：钳工工作台及桑塔纳 2000GSi 型轿车五档手动变速器。
2）工具：预置式扭力扳手，手动变速器成套专用工具，套筒扳手，拉拔器，工具车，内、外卡环钳各一套，铜棒，锉刀和锤子等。
3）辅料：手动变速器润滑油，规格为 SAE75W-90，容量为 2L。

二、结构参数和技术参数

1）桑塔纳 2000GSi 轿车五档手动变速器的性能参数见表 3-1。

表 3-1　手动变速器的性能参数

项　　目	技 术 参 数
一档传动比	$i = 38/11 = 3.455$
二档传动比	$i = 35/18 = 1.944$
三档传动比	$i = 36/28 = 1.286$
四档传动比	$i = 31/32 = 0.969$
五档传动比	$i = 28/35 = 0.800$

(续)

项 目	技 术 参 数
倒档传动比	$i = 38/12 = 3.167$
润滑油规格	SAE75W-90，MIL-L-2105，API/GL-5
润滑油容量	2.0L

2) 手动变速器有关螺栓或螺母拧紧力矩见表3-2。

表 3-2 拧紧力矩

项 目	拧紧力矩/N·m
放油螺塞	25
注油螺塞	25
输入轴固定螺栓	45
轴承支座和后盖的连接螺栓	25
输出轴螺母	100
输出轴轴承支座的紧固螺栓	25

三、拆装步骤

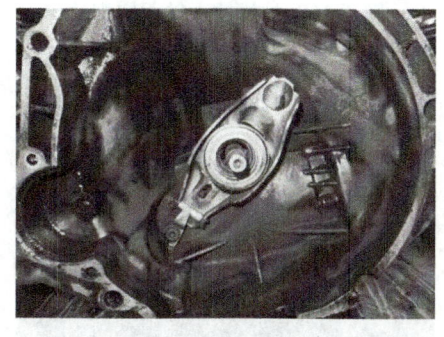

图3-13 排油、拆卸离合器分离叉轴

1. 拆卸手动变速器总成

1) 将变速器置于工作台上，排放变速器润滑油。拆下分离套筒和分离轴承，拆下离合器分离叉轴，如图3-13所示。

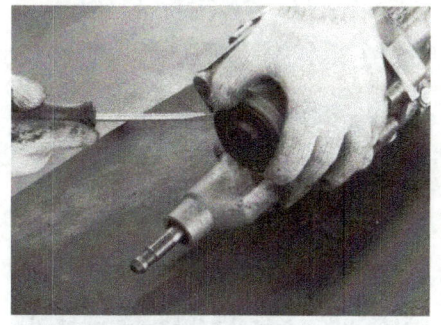

图3-14 拆卸变速器后轴承盖

2) 拆下变速器后轴承盖（一经拆卸就应更换），如图3-14所示。

3）用冲头或5mm 螺栓冲出三、四档拨叉的弹性销，如图 3-15 所示，换成四档，同时挂上除四档之外任一档位，锁住输入、输出轴。

图 3-15　冲出三、四档拨叉弹性销

4）拆下输入轴的固定螺栓，取下固定螺栓，如图 3-16 所示。

图 3-16　拧松输入轴固定螺栓

5）对角均匀拧松变速器后盖的固定螺栓，用铜棒对称冲击变速器后壳体，使变速器前后壳体分离，如图 3-17 所示。

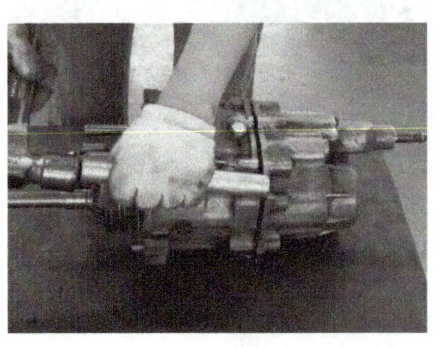

图 3-17　分离变速器后壳体

6）取下后盖，用螺钉旋具拨回三、四档拨叉至中间位置，如图 3-18 所示。

图 3-18　调整三、四档拨叉位置

图 3-19 冲出弹性销,并取下五档拨叉

7)用冲头或 5mm 螺栓冲出五档拨叉的弹性销,从拨叉轴上取下五档拨叉,如图 3-19 所示。

图 3-20 取下内变速杆

8)用螺钉旋具挑开内变速杆的两端弹簧,一边旋转一边将内变速杆从轴支座取下,如图 3-20 所示。

图 3-21 取下五档同步器和五档齿轮

9)取下五档同步器和输入轴的五档齿轮,拆下五档齿轮滚针轴承内圈和固定垫圈,如图 3-21 所示。

五档齿轮的拆卸

图 3-22 冲出弹性销,并取出一、二档拨叉

10)用冲头或 5mm 螺栓冲出一、二档拨叉的弹性销,并取出一、二档拨叉,如图 3-22 所示。

11）用套筒扳手拧松和取出倒档的自锁装置，如图 3-23 所示。

图 3-23　拧松和取出倒档的自锁装置

12）拆下倒档传动臂的固定螺栓，如图 3-24 所示。

图 3-24　拆下倒档传动臂的固定螺栓

13）用尖嘴钳取出倒档传动臂，取下倒档轴和倒档齿轮，如图 3-25 所示。

图 3-25　取出倒档传动臂及倒档轴和倒档齿轮

14）用冲头向变速器后部方向顶出，取下三、四档拨叉轴，如图 3-26 所示。

图 3-26　拆下三、四档拨叉轴

图 3-27 拆卸卡环

15）如图 3-27 所示，用内卡簧钳取出输入轴中间轴承的卡环。

图 3-28 拆卸输出轴轴承保持架固定
　　　　螺栓和输出轴螺母

16）拆下输出轴轴承保持架固定螺栓，用錾子錾开输出轴螺母，再用套筒扳手拧松输出轴螺母，如图 3-28 所示。

图 3-29 拆卸轴承，拉出输入轴

17）用冲头冲出输入轴中间轴承，并从变速器壳体拉出输入轴总成，如图 3-29 所示。

图 3-30 分解输入轴

18）如图 3-30 所示，用外卡簧钳拆下锁环，从输入轴上依次取下四档齿轮及其滚针轴承，三、四档同步器总成，三档齿轮及其滚针轴承。

19）用铜棒冲出输出轴总成，注意一、二档拨叉及一、二档接合套在同步器中间位置。输出轴连同一、二档拨叉及轴一起取出，如图3-31所示。

图 3-31 取出输出轴，取出一、二档拨叉及轴

20）用拉拔器拉出输出轴的五档齿轮，如图3-32所示。从输出轴上依次取下输出轴内、外后轴承，垫片，轴承保持架，一档齿轮及其滚针轴承，轴承内圈，一、二档同步器总成，二档齿轮及其滚针轴承，三档齿轮，四档齿轮及其各自档环。

图 3-32 用拉拔器分解输出轴

2. 安装变速器总成

1）如图3-33所示为自制拨叉轴导向杆。

图 3-33 自制工具

2）将拨叉轴导向杆放入一、二档拨叉轴孔内，将组装好的一、二档换档拨叉及变速叉轴与输出轴总成一起装入变速器后壳体中，如图3-34所示，待拨叉轴压下自锁装置后，取下叉轴导向杆，并拧紧输出轴轴承支座螺栓，拧紧力矩为25N·m。

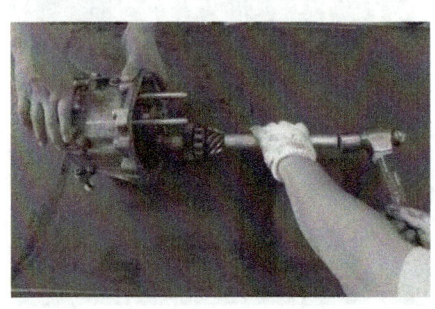

图 3-34 安装输出轴总成

项目三 变速器的构造与拆装

图3-35 安装倒档齿轮、轴及传动臂

3）装上倒档齿轮、轴及传动臂，如图3-35所示，再装上垫圈和倒档传动臂的固定螺栓。将传动臂往下压，并插入螺栓，直至碰到传动臂，将传动臂朝螺栓压去，旋入螺栓，直至听到螺栓旋入的声音。用35N·m的力矩旋紧螺栓，换倒档几次，并证实在各个位置上操作灵活（如果操作不灵活，换倒档就不可能，重复前述的操作）。

图3-36 安装输入轴总成和轴承

4）首先向后拉动三、四档拨叉轴，将组装完成的输入轴总成和三、四档变速拨叉一起装入后壳体中，将变速拨叉轴推到空档位置，并用弹性销固定好拨叉，装入输入轴中间轴承，如图3-36所示，并在输入轴后端装上锁环。

图3-37 安装五档齿轮和同步器

5）装上固定垫圈和五档齿轮滚针轴承的内圈，将五档齿轮装在输出轴上，将五档同步器和五档拨叉轴装在输入轴上，如图3-37所示，再将套管装在输入轴上，锁住输入轴，装上输出轴螺母，并用100N·m的力矩旋紧。

五档齿轮的安装

图3-38 安装内变速杆

6）在拨叉轴上装上一档和二档拨叉，将内变速杆装在轴支座上，将弹簧的两端放在三档和四档的拨叉轴上，将凸缘部分与拨叉轴的凹槽对齐（成直线），将内变速杆朝逆时针方向转动，如图3-38所示，用锁销固定一档和二档拨叉，再用锁销固定五档的拨叉。

31

7）在变速器轴承支座和后盖之间装上新的衬垫，装上变速器的后盖，如图 3-39 所示，将罩盖放在适当位置，插进带螺母的螺旋销，旋紧螺母，直至罩盖完全顶在变速器上，拆下螺旋销，装上输入轴的固定螺栓，用 45N·m 的力矩旋紧。装上轴承支座和后盖的连接螺栓，用 25N·m 的力矩旋紧螺栓。

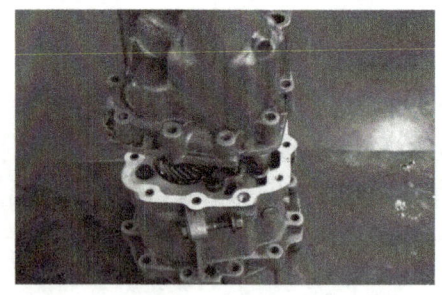

图 3-39　安装变速器后盖

8）加注变速器润滑油，如图 3-40 所示，旋紧放油螺塞和注油螺塞，拧紧力矩为 25N·m。

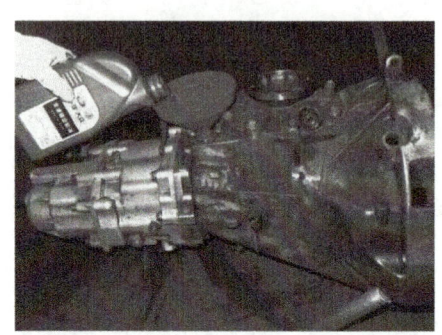

图 3-40　加注变速器润滑油

四、质量保证

1）拆装前应熟悉变速器的构造，严格按照正确的操作规程进行拆装，并注意操作安全。

2）合理选用和正确使用工具、设备，分解变速器时不能用锤子直接敲击零部件，必须采用铜棒或硬木垫进行敲击。

3）注意拆卸时零部件的放置，各零部件的清洁和润滑。

4）凡有规定拧紧力矩要求的螺栓、螺母，应按规定力矩拧紧。

5）装配后变速器总成应符合相关技术标准。

工作说明

1）考虑到变速器要反复拆装，有些工序（如放油、加油，零部件的润滑，轴承盖及变速器盖等部位的涂胶等）没有列入。

2）注意压装设备的安全操作。

拓展与提高

双离合变速器

大众公司的双离合变速器（Direct Shift Gearbox，DSG）是一种具有颠覆性设计的新型变速器，它不仅继承了手动变速器传动效率高的特点，并且比手动变速器换档更快。DSG

双离合变速器与传统变速器相比，最大的区别就是它有一个由两组离合器片集合而成的双离合器装置，同时有一个由实心轴及其外部套筒组合而成的双传动轴机构，并由 Mechatronic 电子控制及液压装置同时控制两组离合器及齿轮组的动作。在某一档位时，离合器 1 结合，一组齿轮啮合，输出动力，在接近换档时，下一组档位的齿轮已被预选，而与之相联的离合器 2 仍处于分离状态；在换入下一档位时，处于工作状态的离合器 1 分离，将啮合中的齿轮脱离动力，同时离合器 2 啮合已被预选的齿轮，进入下一档位。在整个换档期间，能确保最少有一组齿轮在输出动力，使动力没有出现间断的状况。

任务 2　拆装自动变速器

学习目标

1. 知识目标
1) 掌握自动变速器的构造及原理。
2) 判别自动变速器的类型。
2. 技能目标
熟练使用设备和工具，按流程规范拆装自动变速器。
3. 情感目标
遵守操作规则，保证质量。

任务描述

一辆桑塔纳 2000GSi 型轿车自动变速器需解体检查。因此，需要掌握相关技术资料，制订工作计划，实施拆装自动变速器任务，并保证装配质量。

知识储备

带有普通机械式手动变速器的车辆需要经常性的人工换档，以适应各种行驶条件及不同的车速。由于每次换档时都需要操作离合器，对于驾驶人的体力和精神是一种负担，因而影响行驶安全。随着汽车工业的发展，传动系统中广泛应用自动变速器，以提高车辆行驶的稳定性和安全性。

一、自动变速器的分类

不同汽车上装备的自动变速器在形式、结构和功能上有很大的不同，常见的分类如下：

1. 按照自动变速器的传动原理分类

按照传动原理的不同可以分为三种：液力自动变速器（Automatic Transmission，AT）、无级变速器（Continuously Variable Transmission，CVT）和双离合变速器（Double Clutch Transmission，DCT），如图 3-41 所示。三种自动变速器的结构原理完全不同，性能特征也各具优势。

2. 按照自动变速器驱动方式分类

自动变速器按照驱动方式不同可以分为后驱动自动变速器和前驱动自动变速器。

 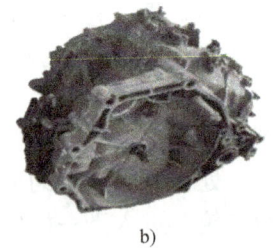 

图 3-41　自动变速的三种形式

a）AT　b）CVT　c）DCT

后驱动自动变速器的液力变矩器和齿轮变速机构的输入轴和输出轴是在同一轴线上，相对尺寸较大，如图 3-42 所示。

前驱动自动变速器，如图 3-43 所示。除了具有与后驱动自动变速器相同的组成部分外，一般在自动变速器的壳体内部还装有差速器，前驱动汽车的发动机有纵置和横置两种，相应各配有纵置和横置的自动变速器。

图 3-42　后驱自动变速器　　　　　　图 3-43　前驱自动变速器

3. 按照自动变速器前进档档位数分类

自动变速器的档位如图 3-44 所示。自动变速器按照前进档的档位数的不同，可分为 4 个、5 个、6 个、7 个和 8 个前进档等。早期的自动变速器的档位数通常为 2 个或 3 个前进档，现已不能满足汽车行驶的需求。目前，汽车上所采用的自动变速器基本上都是 4 个或 5 个前进档，设有超速档。新型的高级乘用车采用 6 个、7 个或 8 个前进档。虽然这么多的档位设计会使自动变速器的机构更加复杂，但同时档位数的增加会使档位间传动比变化减小，大大地改善了汽车换档的平顺性和经济性。

4. 按照齿轮变速机构的类型分类

自动变速器按其齿轮变速器的类型不同，可分为普通齿轮式和行星齿轮式两种。

普通齿轮式自动变速器体积相对较大，最大传动比较小。新型 DCT 双离合自动变速器采用的就是普通斜齿轮的平行轴式结构，此结构传动效率较高、工艺简单、维修方便。

行星齿轮式自动变速器的结构紧凑，如图 3-45 所示，能获得较大的传动比，目前采用也比较广泛。

5. 按照自动变速器控制方式分类

另外，自动变速器按照控制方式的不同可以分为液压控制自动变速器和电子控制自动变速器两种。

图 3-44 自动变速器档位

图 3-45 行星齿轮机构

二、自动变速器的基本组成

自动变速器的品牌和型号很多,外部形状和内部结构也有所不同,但它们的组成基本相似。下面以液力自动变速器为例介绍自动变速器的组成。液力自动变速器一般由液力变矩器、齿轮变速机构、控制系统和供油系统四大部分组成,如图 3-46 所示。

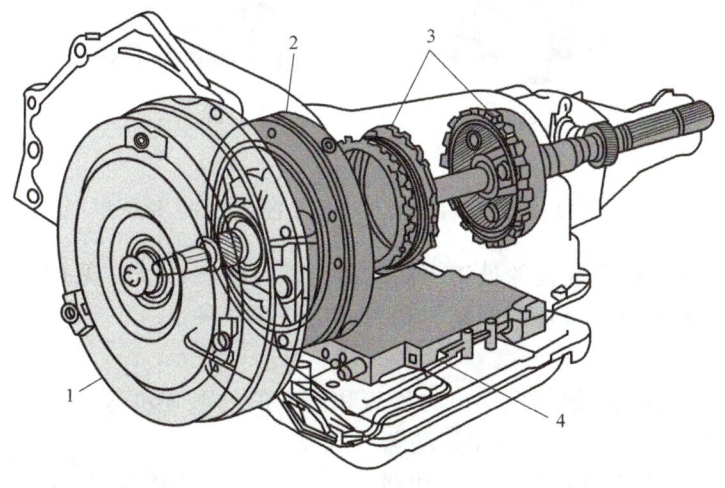

图 3-46 液力自动变速器的组成

1—液力变矩器 2—供油系统 3—齿轮变速机构 4—控制系统

1. 液力变矩器

液力变矩器位于自动变速器的最前端,安装在发动机的飞轮上,如图 3-47 所示,其作用与采用手动变速器的车辆中的离合器相似。液力变矩器利用自动变速器油液为工作介质,利用油液循环流动过程中动能的变化将发动机的动力传递给自动变速器的输入轴,并根据汽车行驶阻力的变化,在一定范围内自动地改变传动比和转矩,具有一定的变速增矩的作用。液力变矩器的工作完全自动化,无须人工操作。因为有了液力变矩器,所以驾驶舱里也就少了离合器踏板。

图 3-47 液力变矩器

2. 齿轮变速机构

齿轮变速机构主要包括变速齿轮部分和换档执行元件两部分。

变速齿轮部分是自动变速器的主要组成部分，不同车型的自动变速器采用不同的变速齿轮组合形式，如图 3-48 所示。目前应用较多的有辛普森式、拉维娜式、平行轴式、串联式和组合式等形式。变速齿轮部分所采用的齿轮一般有普通齿轮和行星齿轮。

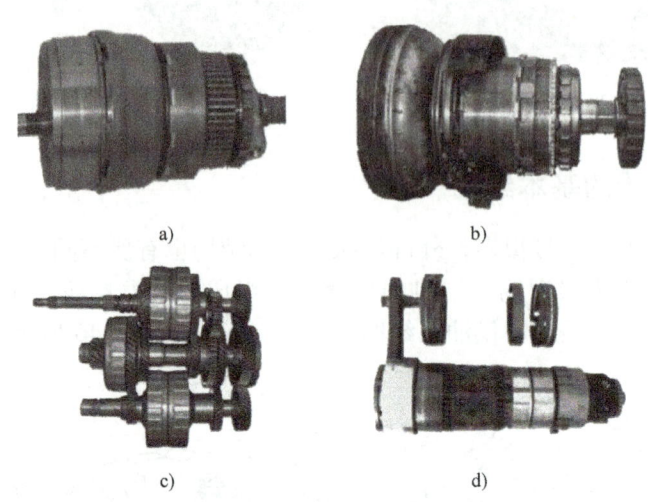

图 3-48 变速齿轮的组合形式
a）辛普森式 b）拉维娜式 c）平行轴式 d）串联式

换档执行元件可以使变速齿轮处于不同的组合档位状态，以实现不同的传动比和传动方向。换档执行元件通常有离合器、制动器和单向离合器三种。

3. 控制系统

自动变速器控制系统能根据发动机的负荷和汽车的行驶速度等，按照预设的换档规律，自动地接通或切断某些换档离合器和制动器的供油油路，使离合器接合或分离、制动器制动或释放，从而改变齿轮变速机构的传动关系，改变传动比，实现自动换档。

自动变速器的自动换档控制系统控制方式分为液压控制和电液控制两种。液压控制系统是由各种控制阀及油路组成，阀体和油路设置在一个板块内，称为阀体总成，如图 3-49 所示。目前，完全的液压控制系统已经被电液控制系统所取代，电液控制系统在液压控制系统的基础上增加了电子控制阀等计算机控制部分。

图 3-49 控制系统阀体总成

驾驶人通过自动变速器的变速杆，改变阀体内手控阀的位置，控制系统根据手控阀的位置以及节气门开度、车速和控制开关等信号，按照预设的控制规律控制齿轮变速机构中的控制元件动作，实现自动换档。

4. 供油系统

自动变速器的供油系统主要由液压泵、油箱、滤清器、调压阀及管路组成。液压泵是自动变速器最重要的总成之一，它通常安装在变矩器的后方，由变矩器壳后端的轴套驱动。在发动机运转时，不论汽车是否行驶，液压泵始终都在运转，为自动变速器中的变矩器和换档执行机构等部件提供稳定油压的液压油。

三、自动变速器的工作原理

自动变速器之所以能够实现自动换档是因为自动变速器控制系统能根据节气门的位置或发动机进气歧管的真空度和汽车行驶速度等作出判断，从而控制自动换档系统中各控制阀不同的工作状态，控制变速齿轮机构中离合器的分离与接合和制动器的制动与释放，并改变变速齿轮机构的动力传递路线，实现变速器档位的变换。

液力自动变速器根据汽车的行驶速度和节气门开度的变化自动改变档位，其换档控制方式是通过机械方式将车速和节气门开度信号转换成控制油压，并将该油压加到换档阀的两端，以控制换档阀的位置，从而改变换档执行元件（离合器或制动器等）的油路。当自动变速器压力油液进入相应的执行元件时，使离合器接合或分离，制动器制动或松开，控制齿轮变速器的升档或降档，实现自动变速。

电控液力自动变速器是在液力自动变速器基础上增设电子控制系统而形成的。它通过传感器和开关监测汽车和发动机的运行状态，接受驾驶人的指令，并将所获得的信息转换成电信号输入到电控单元。电控单元根据这些信号作出判断，通过电磁阀控制液压控制装置的换档阀，使其打开或关闭通往换档离合器和制动器的油路，从而改变换档时刻和档位的变换，实现自动变速。

四、自动变速器的优缺点

1. 优点
1）大大提高发动机和传动系统的使用寿命。
2）提高汽车通过性。
3）具有良好的自适应性。
4）操纵轻便。

2. 缺点
1）结构复杂。
2）制造成本较高。
3）传动效率相对较低。

任务实施

拆装自动变速器

以桑塔纳 2000GSi 型轿车 01M/N 自动变速器为例，介绍自动变速器的拆装。

一、设备与工具

自动变速器、自动变速器拆装台、成套套筒扳手、一字螺钉旋具、十字螺钉旋具和内外卡簧钳。

二、结构参数和技术参数

拆装自动变速器过程中需要注意的参数见表 3-3。

表 3-3　结构参数和技术参数

项　目	参　数
自动变速器液压泵螺栓拧紧力矩	10N·m，螺栓拧紧后再拧 45°
自动变速器液压泵与壳体的固定螺栓拧紧力矩	8N·m，螺栓拧紧后再拧 90°

三、拆装步骤

1. 分解自动变速器

1）如图 3-50 所示，从自动变速器总成中取下液力变矩器。

自动变速器的分解

图 3-50　取下液力变矩器

2）如图 3-51 所示，将取下的液力变矩器平放，检视液力变矩器外观。

图 3-51　取下的液力变矩器

3）如图 3-52 所示，用工具对称交叉旋松自动变速器液压泵的固定螺栓，取下螺栓。

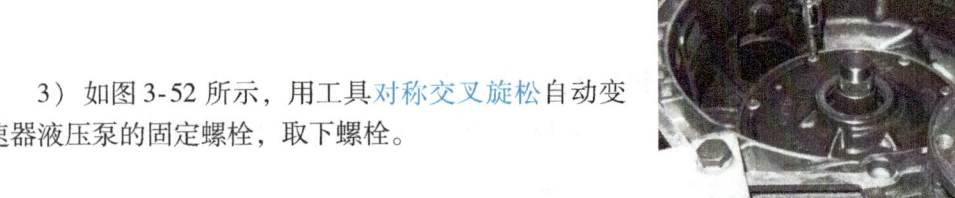

图 3-52　旋松自动变速器液压泵固定螺栓

图 3-53　自动变速器液压泵的固定螺栓

4）如图 3-53 所示，自动变速器液压泵的固定螺栓孔位置为非对称结构。

图 3-54　找出带螺纹的孔

5）在所有螺栓孔中找出相对的两个带有螺纹的孔，如图 3-54 所示。

图 3-55　旋入拆装用螺栓

6）在相对的两个带有螺纹的孔中旋入两只拆装用长螺栓（M8），如图 3-55 所示。

图 3-56　松动自动变速器液压泵

7）利用两只拆装螺栓使自动变速器液压泵松动，如图 3-56 所示。

8）从自动变速器壳体里取出自动变速器液压泵总成，如图 3-57 所示。

图 3-57　取出自动变速器液压泵

9）放置好自动变速器液压泵，拆下拆装用螺栓，如图 3-58 所示。

图 3-58　拆下拆装用螺栓

10）将液压泵反向，找到五颗固定液压泵的螺栓，如图 3-59 所示。

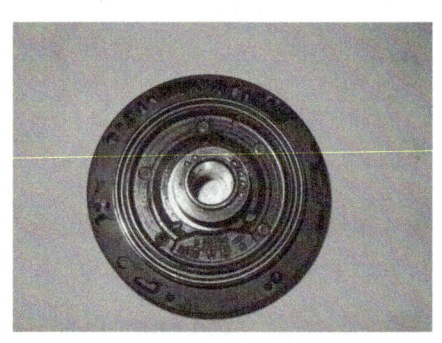

图 3-59　五颗自动变速器液压泵螺栓

11）握紧并托住自动变速器液压泵壳体，用工具旋下固定螺栓，如图 3-60 所示。

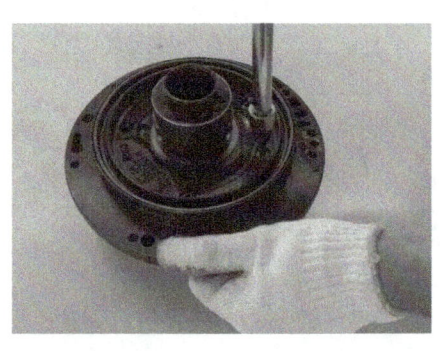

图 3-60　旋下自动变速器液压泵螺栓

液压泵的拆卸

图 3-61　拆开自动变速器液压泵

12）小心拆开自动变速器液压泵，如图 3-61 所示。

图 3-62　齿轮泵内、外啮合齿轮和月牙台

13）检视齿轮泵内、外啮合齿轮和月牙台，如图 3-62 所示。

图 3-63　自动变速器液压泵进、出油道

14）检视自动变速器液压泵进、出油道，如图 3-63 所示。

图 3-64　拆装齿轮变速机构

15）准备拆装齿轮变速机构，如图 3-64 所示。

16）如图 3-65 所示，取出活塞挡圈。

图 3-65　取出活塞挡圈

17）如图 3-66 所示，取出钢片。

图 3-66　取出钢片

18）如图 3-67 所示，取出外钢片。

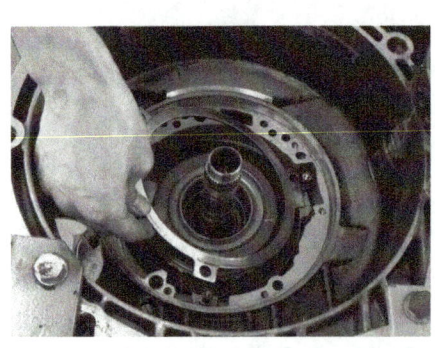

图 3-67　取出外钢片

19）如图 3-68 所示，取出弹簧盖及弹簧。

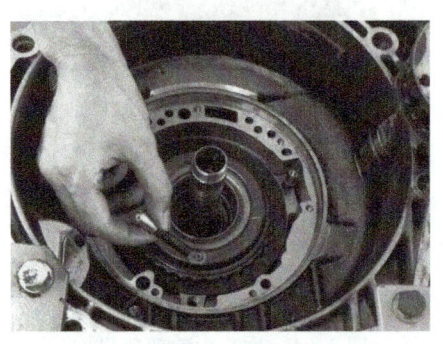

图 3-68　取出弹簧盖及弹簧

图 3-69　取出内摩擦片

20）如图 3-69 所示，取出内摩擦片。

图 3-70　取出外钢片

21）如图 3-70 所示，取出外钢片。

图 3-71　取出内摩擦片

22）如图 3-71 所示，取出内摩擦片。

图 3-72　依次取出外钢片

23）如图 3-72 所示，依次取出外钢片。

24）如图 3-73 所示，依次取出内摩擦片，取出弹簧盖。

图 3-73　依次取出内摩擦片

25）取出的钢片和摩擦片，按照原来的位置平放好，如图 3-74 所示。

图 3-74　取出的钢片和摩擦片

26）握住中间轴，取出所有齿轮变速机构制动器和离合器，如图 3-75 所示。

图 3-75　取出齿轮变速机构制动器和离合器

27）取出的自动变速器齿轮变速机构的制动器和离合器，如图 3-76 所示。

图 3-76　取出齿轮变速机构的制动器和离合器

项目三 变速器的构造与拆装

图 3-77 拆下制动器片组隔离管

28）拆下制动器片组隔离管，如图 3-77 所示。

图 3-78 检视齿轮变速机构离合器

29）检视齿轮变速机构离合器，如图 3-78 所示。

图 3-79 拆下油底壳固定螺栓

30）用套筒工具拆下油底壳一圈的固定螺栓，如图 3-79 所示。

图 3-80 拆下油底壳和自动变速器油滤器

31）拆下油底壳和自动变速器油滤器，如图 3-80 所示。

32）摘下油底壳密封垫，如图 3-81 所示。

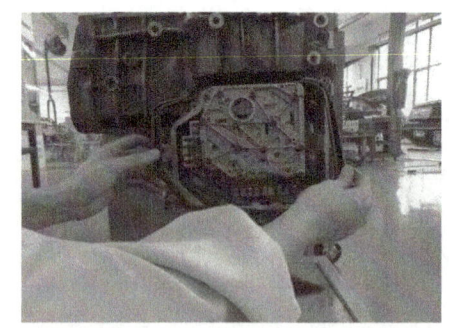

图 3-81　摘下油底壳密封垫

33）检视自动变速器控制阀体总成，如图 3-82 所示。

图 3-82　检视自动变速器控制阀体总成

2. 组装自动变速器

1）按照拆解自动变速器相反的顺序，依次安装上油滤器、密封垫及油底壳，均匀旋紧油底壳固定螺栓，如图 3-83 所示。

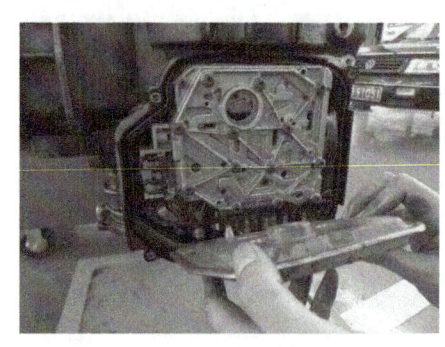

图 3-83　安装油底壳

2）按照拆解自动变速器齿轮变速机构的相反顺序，将齿轮变速机构的制动器、离合器和相应的摩擦片、钢片装入自动变速器壳体内，如图 3-84 所示。

图 3-84　安装齿轮变速机构

图 3-85　安装自动变速器液压泵

3）用工具按照螺栓拧紧力矩（10N·m）拧紧螺栓，螺栓拧紧后再拧 45°，组装自动变速器液压泵，将组装好的液压泵装入自动变速器壳体内，并用工具拧紧自动变速器液压泵固定螺栓。固定螺栓拧紧力矩为 8N·m，螺栓拧紧后再拧 90°，如图 3-85 所示。

图 3-86　安装完整

4）将液力变矩器装入自动变速器壳体内，自动变速器安装完整，如图 3-86 所示。工具归位，清洁场地。

四、质量保证

1）检查自动变速器壳体是否完整。
2）检查齿轮变速部分齿轮有无缺损、齿轮变速部分以及自动变速器液压泵是否安装到位。
3）清洁自动变速器壳体上的污痕，清洁、整理工具，清扫工作场地。

工作说明

1）自动变速器内 O 形密封圈一旦拆下，需要更换新件。
2）自动变速器更换新的摩擦片，在安装之前应该在自动变速器油液中浸泡15min 以上。

拓展与提高

无级自动变速器

自动变速器是为了简便操作，降低驾驶疲劳而应用的。按传动比的变化方式可分为有级自动变速器和无级自动变速器。无级自动变速器（Continuously Variable Transmission，CVT）是自动变速器的一种，但比常见的自动变速器要复杂，技术上也更为先进。

无级自动变速器内部并没有常见自动变速器的齿轮传动结构，而是以两个可改变直径的锥形传动带轮，中间套上传动带来传动，带轮的外径大小靠油压大小进行无级连续变化，从而自由改变传动比来实现无级变速。采用无级自动变速器可以使车速变化更为平稳，没有传统自动变速器换挡时那种顿挫感。

【小资料】

树匠心　筑匠梦

大国工匠，既平凡又杰出，他们以自己的聪明才智，敬业勤勉，一念执着，一生坚守，书写着一线劳动者的伟大故事，他们为社会做出了非凡的贡献，让人折服其高超技能和点赞其为人处事之功。

高凤林是航天科技集团的一名焊工，也是国家特级技师。他心怀梦想，心平手稳，承担着焊接"飞天神箭"的重任。多年来，高凤林同志共攻克难关96项之多，1994年以最佳焊缝成型第一个完成美国ABS焊接取证认可，受到美国船检官员的称赞，该试件被首推为工艺评定试件。高凤林多次作为厂、院、北京市焊接教练和集团公司命题组长，并参加全国比赛，取得好成绩。

工匠们掌握着专业技术技能，在平凡的岗位上默默奉献、孜孜以求、不断创新，追求职业技能的完美和极致，用坚持、专注的工匠精神成就了中国速度、中国精度。他们用持之以恒的态度，弘扬了工匠精神！

项目四
万向传动装置的构造与拆装

项目描述

在运行过程中，随着汽车的颠簸，车辆行驶系统相对于车架要发生位置的变化，驱动轴的位置也会发生移动。万向传动装置就是一种能相对运动的元件，从而保证了传动轴在传递动力的同时，位置也可以发生变化。

任务1　拆装球笼式万向传动装置

 学习目标

1. 知识目标
1）掌握万向传动装置的组成和作用。
2）掌握常见的万向传动装置的位置和万向节的类型。
2. 技能目标
1）能够独立和正确地拆装球笼式万向传动装置。
2）在拆装过程中，能正确使用工具。
3. 情感目标
1）团队合作，遵守操作规则，保证质量。
2）保持严谨、细致、认真的职业态度和职业素养。

任务描述

一辆桑塔纳2000GSi型轿车在行驶过程中经常会发出不同的响声，经检查发现万向传动装置的连接处磨损松旷。因此，需掌握万向传动装置相关知识，制订工作计划，实施球笼式万向传动装置拆装任务，并保证工作质量。

知识储备

一、万向传动装置的组成和作用

万向传动装置一般由万向节和传动轴组成，如图4-1所示。在一些传动轴需分设两段的车辆上，还需加设中间支承，以保证传动的平稳性。

万向传动装置的作用是能在汽车上任何一对轴间夹角和相对位置经常发生变化的转轴之间传递动力。

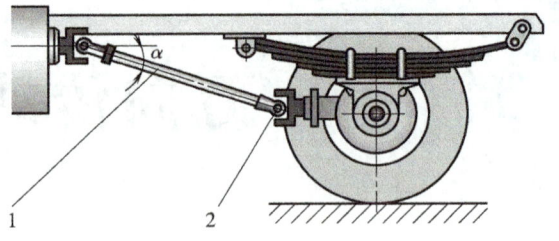

图4-1 发动机前置后驱动式万向传动装置

1—传动轴　2—万向节

二、万向传动装置的位置

万向传动装置通常的安装位置见表4-1。

表4-1 常见的万向传动装置的安装位置

图　　例	安装位置	常见运用
	变速器与驱动桥之间	常见的发动机前置后轮驱动的车辆上
	变速器与分动器之间	一些四轮驱动的越野车上
	发动机和变速器之间	有些发动机和变速器位置不在一个平面上的车辆上
	断开式驱动桥的半轴	发动机前置前轮驱动的车辆上
	转向操纵机构	保证转向轴可按照不同驾驶人的要求自由调节方向

三、万向节的类型

常见的万向节主要有十字轴式万向节、自由三销轴等速万向节和球笼式等速万向节三种。

1. 十字轴式万向节

十字轴式万向节是汽车上广泛使用的不等速万向节，允许相邻两轴的最大交角为15°~20°。该万向节具有结构简单，传动效率高的优点，但在两轴夹角不为零的情况下，不能实现等角速传动。

如图4-2所示，十字轴式万向节叉上的孔分别套在十字轴的四个轴颈上，用卡环来进行轴向定位。为给轴承润滑，在十字轴内钻有油道用来储存润滑脂，并有油封保证润滑脂不泄漏。有些十字轴装有溢流阀，油压过高时润滑脂可以从溢流阀溢出，确保油封不损坏。

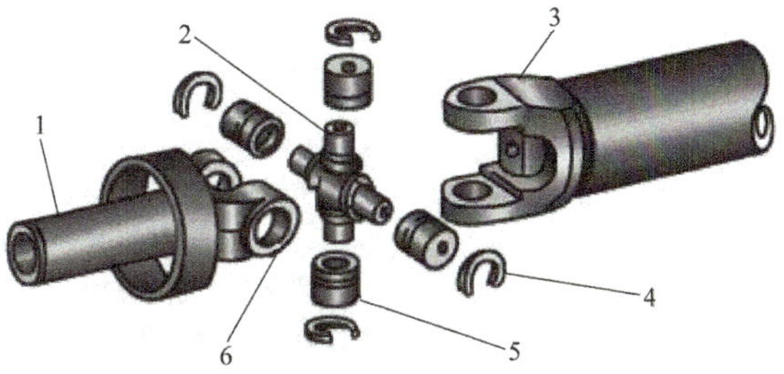

图4-2 十字轴式万向节的组成
1—套筒 2—十字轴 3—万向节叉 4—卡环
5—轴承外圈 6—套筒叉

2. 自由三销轴等速万向节

当万向节主动轴与从动轴之间传力点一直处于主动轴轴线和从动轴轴线的夹角平分线上（或者传力点距这两轴线的距离相等）时，必然能实现等角速传动。

如图4-3所示，自由三销轴等速万向节主要由三销轴总成和保护罩组成。三销轴总成的花键与传动轴内花键配合，三个销轴上均装有轴承，以减小磨损。为防止润滑脂外露，万向节由保护罩封护，并用卡箍紧固。自由三销轴式等速万向节结构简单，磨损小，并且可以轴向伸缩，在轿车中的应用逐渐增多。

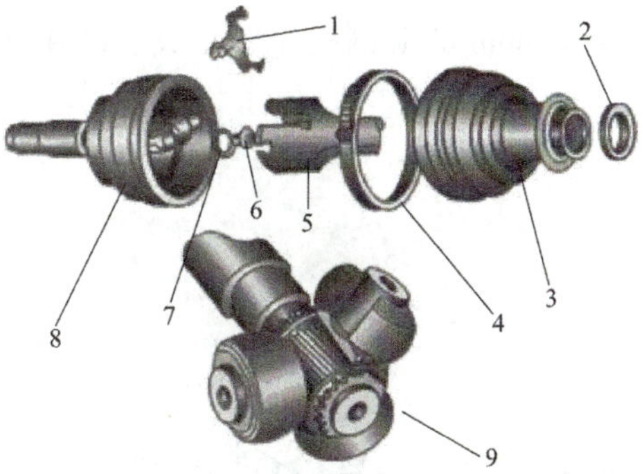

3. 球笼式等速万向节

球笼式等速万向节如图4-4所示。当中段半轴（主动轴）和外星轮轴（从动轴）之间的夹角发生变化时，传力钢球的中心始终位于两轴交角的平分线上，并且到两轴线的距离相等，从而保证了主、从动轴以相等的角速度旋转。

图4-3 自由三销轴等速万向节的组成
1—锁定三脚架 2—橡胶紧固件 3—防护罩
4—保护罩卡箍 5—漏斗形轴 6—止推块
7—垫圈 8—外座圈 9—三销轴总成

球笼式等速万向节的特点是正反转时六个钢球全部参加工作，因而磨损小，寿命长，承载能力强。它允许相邻两轴的最大夹角是42°~47°，灵活性好，广泛用于转向驱动桥上。

四、传动轴

传动轴是万向传动装置中主要的传递动力的部件，通常用来连接变速器（或分动器）和驱动桥，在转向驱动桥和断开式驱动桥中，则用来连接差速器和驱动车轮。

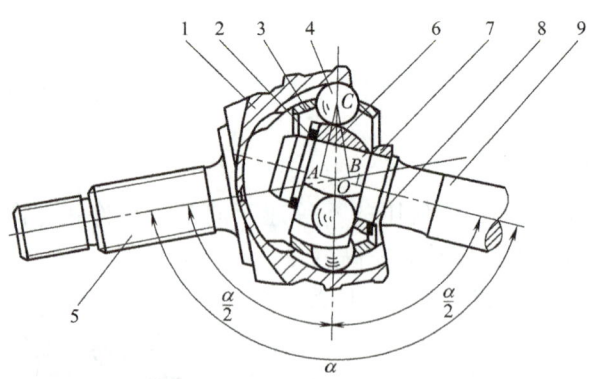

图 4-4 球笼式等速万向节
1—外星轮 2—卡环 3—球笼 4—钢球 5—外星轮轴
6—内星轮 7—隔套 8—碟形垫圈 9—中段半轴

如图 4-5 所示,在有一定距离的两部件之间采用万向传动装置传递动力时,需要在万向节之间安装传动轴。若两部件之间的距离会发生变化,而万向节又没有伸缩功能时,则还要将传动轴做成两段,用滑动花键相联接。

1. 轻型货车的传动轴

轻型货车的传动轴采用低碳钢板卷制焊接,有质量均匀的特点。为减小传动轴的质量,节省材料,提高轴的刚度和强度,在轻型或中型货车上,传动轴多为空心轴,一般用厚度为 1.5～3.0mm 的薄钢板卷焊而成。图 4-6 所示的传动轴上加工有花键。

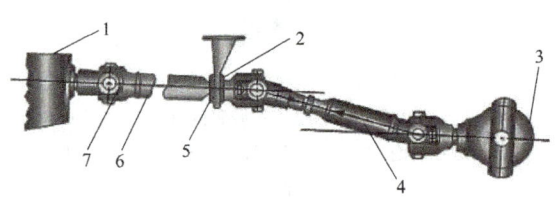

图 4-5 传动轴和中间支承的结构
1—变速器 2—中间支承 3—后驱动桥 4—后传动轴
5—球轴承 6—前传动轴 7—万向节

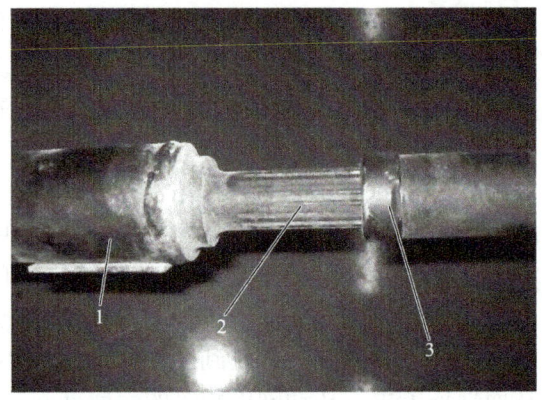

图 4-6 传动轴的滑动花键联接
1—花键轴 2—花键 3—花键套管

2. 中重型货车的传动轴

中重型货车的传动轴直接采用无缝钢管,断开式驱动桥采用实心的传动轴,这样能传递很大的转矩,以满足载货多的要求。

为保证传动轴在运转过程中的动平衡，在出厂前对每一根传动轴都要进行动平衡试验，对动不平衡的传动轴要加上平衡块以保证其运转的平衡性，如图4-7所示。

传动轴和万向节装配后也要经过动平衡试验。故在传动轴上焊有平衡块，平衡块应按标记安装。

五、中间支承

对于传动距离较远的分段式传动轴，还需设置中间支承，如图4-8所示。

中间支承是一个通过支承座和缓冲垫安装在车架上的轴承，用来支承传动轴的一端。橡胶缓冲垫作为轴向和角度误差的补偿元件，可以补偿车架变形和发动机振动对传动轴位置的影响。

图4-7 加平衡块的传动轴
1—万向节 2—平衡块

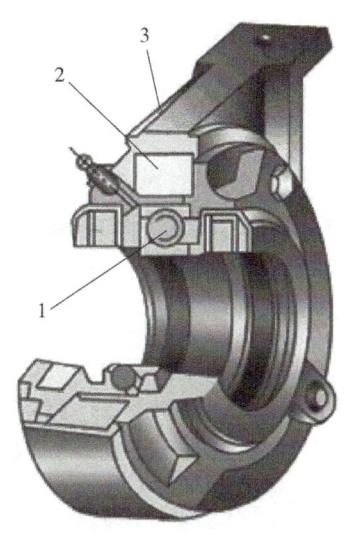

图4-8 中间支承
1—轴承 2—橡胶缓冲垫 3—支承座

任务实施

拆装桑塔纳轿车万向传动装置

以桑塔纳2000GSi型轿车为例，介绍万向传动装置的拆装。

一、设备与工具

桑塔纳2000GSi型轿车万向节与传动轴一套。
常用工具一套，黄铜棒和橡胶锤。

二、辅助材料

油盆一只，干布、汽油、清洗剂和润滑脂若干。

三、拆装步骤

1. 拆卸万向节

1）如图 4-9 所示，在车上将传动轴和球笼固定住，将花键轴以及防尘罩上的油污和灰尘擦除干净，以便于拆卸，并且做好装配记号，便于装配时保持原来的平衡。

图 4-9 清洁花键轴及防尘罩

2）用一字螺钉旋具将卡箍上的紧固螺栓松开，取出卡箍，将防尘罩退出，如图 4-10 所示。

图 4-10 取出卡箍

3）用黄铜棒用力敲击外万向节，使它从传动轴上脱出，然后拆出球笼，如图 4-11 所示。

图 4-11 拆下外万向节

4）如图 4-12 所示，拆卸内万向节时，先拆卸弹簧卡环，再从传动轴上敲出内万向节。

图 4-12 拆卸内万向节

项目四　万向传动装置的构造与拆装

图 4-13　解体内万向节

5）如图 4-13 所示，解体内万向节时，先用力转动球笼，使其两个方孔与球笼垂直，然后取出球笼壳，再取出钢球和球笼。

钢球和球笼的拆卸

图 4-14　解体外万向节

6）如图 4-14 所示，解体外万向节时，旋转球笼与内星轮，先将一个钢球压出来，再依次取出每一个钢球，共 6 个。

图 4-15　从球笼内取出球笼壳

7）如图 4-15 所示，从球笼内取出球笼壳，并予以清洁。

图 4-16　清洁各零部件

8）取出钢球，清洁各零部件，去除油泥，如图 4-16 所示。

9）按顺序放好各零部件，如图4-17所示。

图4-17　放好各零部件

10）内星轮内表面是花键结构，如图4-18所示。

图4-18　内星轮

2. 组装内万向节

1）如图4-19所示，对准凹槽将内星轮嵌入球笼，内星轮在球笼内的位置不重要。

图4-19　将内星轮嵌入球笼

2）将球笼和内星轮装入壳体，如图4-20所示。

图4-20　将球笼和内星轮装入壳体

项目四　万向传动装置的构造与拆装

图 4-21　安装钢球

3）如图 4-21 所示，将钢球一个一个安装回去，安装时注意旋转之后，外球道上的宽间隔应对准内星轮上的窄间隔，转动球笼，使钢球嵌入到位。内星轮内径上的倒角必须对准外星轮的大直径端。

图 4-22　调整钢球与球槽的配合间隙

4）如图 4-22 所示，扭转内星轮，这样内星轮就能转出球笼，应使钢球在与壳体中的球槽相配合时有足够的间隙。

图 4-23　使内星轮转入外星轮内

5）用力按压球笼，使装有钢球的内星轮完全转入外星轮内，如图 4-23 所示。

图 4-24　检查内星轮安装是否正确

6）安装完成后，用手将内星轮在轴向范围内来回推动，应灵活，如图 4-24 所示。

57

3. 组装外万向节

1）用汽油清洗各部件，将润滑脂注入万向节。
2）将球笼连同内星轮一起装入外星轮。
3）对角交替压入钢球，必须保持内星轮在球笼以及外星轮内的原来位置。
4）将弹簧卡环装入内星轮，将润滑脂压入万向节。
5）用手将内星轮在轴向范围内来回推动，检查安装是否正确。

四、质量保证

1）所有钢球安装进球笼后，应保证能运转自如、无卡滞现象。
2）应保证运转过程中钢球不会从球笼中脱落。

工作说明

拆装时的注意事项：
1）将拆下的零部件用汽油清洗并吹干。
2）核对零部件的装配标记，保证装配关系正确。
3）钢球安装后要运转灵活。
4）为保证润滑良好，应加注润滑脂。

万向节的检查：
1）检查内万向节、外万向节、球笼及钢球有无凹陷与磨损。
2）检查各卡箍有无松动、内外防尘罩有无裂纹和损坏。
3）各球节处的 6 个钢球要求一定的配合公差，并与内星轮一起成为一组配合件。
4）如果万向节间隙已经明显过大，万向节必须更换。如果万向节呈光滑无损，或者能看到钢球在运转，则不必更换万向节。

任务 2　拆装十字轴式万向传动装置

学习目标

1. 知识目标
掌握十字轴式万向传动装置的组成及应用。
2. 技能目标
1）能够独立拆装十字轴式万向传动装置。
2）在拆装过程中，能正确使用各种工具。
3. 情感目标
团队合作，操作规范，保证质量。

任务描述

一辆轻型货车中速行驶时出现车身抖动，经检查发现万向节装配标记不对。因此，需掌握万向传动装置的相关知识，制订工作计划，实施十字轴式万向传动装置拆装任务，并保证工作质量。

知识储备

典型的十字轴式万向节主要由十字轴、万向节叉及套筒叉等组成，如图 4-2 所示。现代汽车上广泛采用双十字轴式万向节。

任务实施

拆装十字轴式万向传动装置

以轻型货车为例，介绍十字轴式万向传动装置的拆装。

一、设备与工具

轻型货车一辆。
套筒扳手、梅花扳手、呆扳手、卡环钳、一字螺钉旋具和锤子。

二、辅助材料

干布、润滑脂、汽油、清洗剂若干。

三、拆装步骤

图 4-25　拆卸传动轴和主减速器
主动轴凸缘的联接螺母

1. 拆卸十字轴式万向节

1）如图 4-25 所示，用梅花扳手（如果梅花扳手实在放不下，就改用呆扳手，但要注意用力的大小和方向）松开传动轴和主减速器主动轴凸缘的联接螺母。扳手空间不够时可移动一下车辆，以方便拆除全部螺母。取下弹簧垫片，取出螺栓。

2）将螺母、弹簧垫片和取出的螺栓放好，如图 4-26 所示。

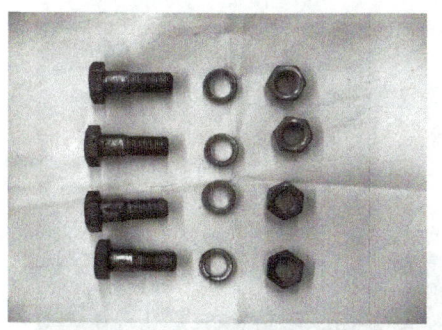

图 4-26　放好各零部件

3）如图 4-27 所示，先取下传动轴的后半段和后万向节总成，注意会有润滑脂流出，要做好清洁工作。

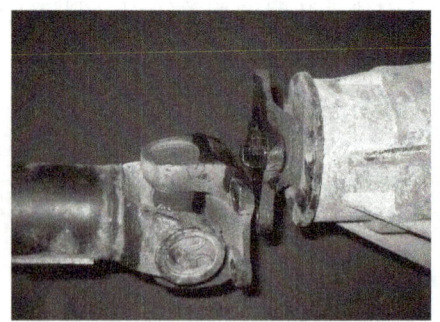

图 4-27　取下传动轴的后半段和后万向节总成

4）如图 4-28 所示，抽出传动轴，注意观察好两侧轴上的对准记号，以便于装配时保持原来的平衡。

图 4-28　抽出传动轴

5）如图 4-29 所示，拆卸前万向节和变速器的联接螺母。下面的螺母不好拆时，可移动一下车辆，转动传动轴将螺母转到容易拆卸的位置，便于将全部螺母拆除。

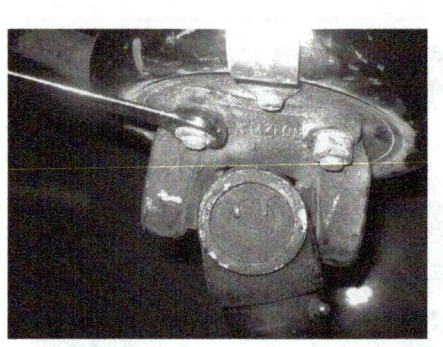

图 4-29　拆卸前万向节和变速器的联接螺母

6）如图 4-30 所示，拆卸前万向节。如果连接比较紧，可用锤子敲击前万向节的根部，将前万向节拆下。

图 4-30　拆卸前万向节

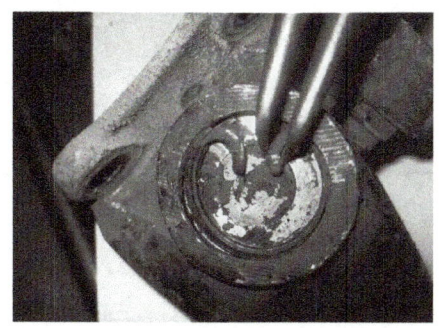

图 4-31 拆除十字轴卡环

7）如图 4-31 所示，用卡环钳拆除固定十字轴的卡环，共有 4 个。

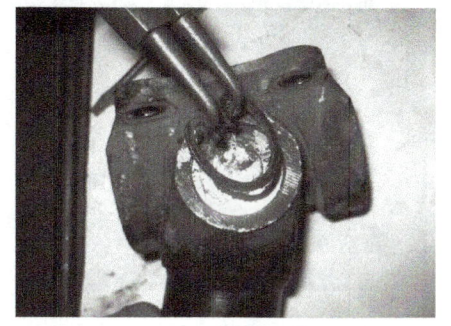

图 4-32 拆除全部卡环

8）如图 4-32 所示，将 4 个卡环全部拆除，取下，放好。

卡环的拆卸

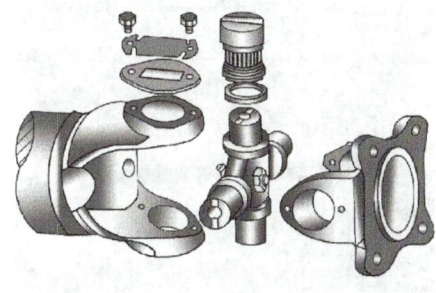

图 4-33 分解万向节

9）用锤子敲出十字轴，分解万向节，如图 4-33 所示。

图 4-34 准备安装十字轴

2. 安装十字轴式万向节

1）准备安装十字轴，安装好油封、套筒和卡箍，并加注润滑脂，如图 4-34 所示。

2）如图4-35所示，安装十字轴外端的卡环，安装完后用一字螺钉旋具将卡环的各个边再推紧、检查，防止卡环脱落。

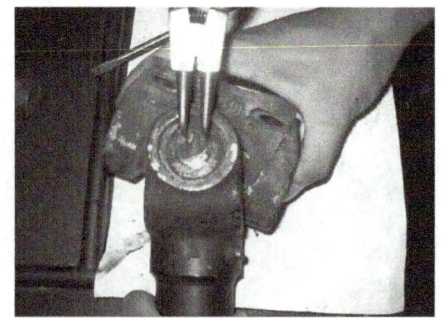

图4-35　安装十字轴卡环

3）安装前万向节，将万向节对准后用锤子敲实，再将弹簧垫和螺母上紧，如图4-36所示。

图4-36　安装前万向节螺母

4）如图4-37所示，安装传动轴，注意传动轴上的箭头记号要和前万向节上的箭头记号对准，这是动平衡的记号，不对准会造成传动轴运转不平衡。花键要对准花键孔。

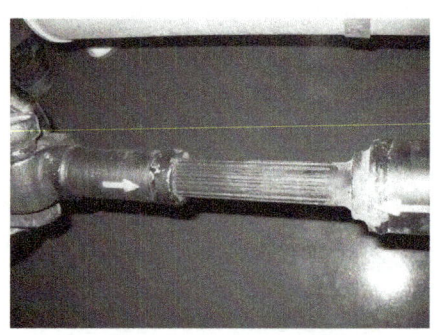

图4-37　安装传动轴

5）如图4-38所示，安装后万向节，将凸缘上的四个螺栓孔对准，并将四个螺栓都装上，装上弹簧垫片后将螺母先用手旋几圈，把所有螺母全部装好后再拧紧，以防止空间小而使后面的螺母位置不够用。

图4-38　安装后万向节

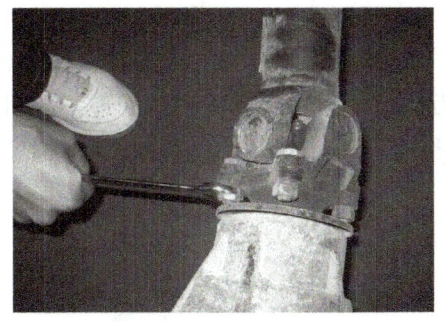

图 4-39 拧紧后万向节螺母

6）如图 4-39 所示，上紧后万向节螺母，套筒扳手和梅花扳手的位置不够时就用呆扳手，但要注意用力的方向和位置，力矩为 75N·m（实际的车型要查询相关的维修手册），不能过大，防止螺母损坏。

四、质量保证

1）万向节安装好后应能运转自如，无卡滞的现象。
2）保证各个部位的润滑，溢流阀工作应正常。

工作说明

1）清洗零部件：将拆下的零部件用汽油清洗并吹干。
2）核对零部件的装配标记。
3）十字轴安装：润滑脂嘴应朝向传动轴，且相隔 180°。
4）中间支承：安装时，边转边紧固。
5）加注润滑脂。
6）检查前、后万向节凸缘盘螺栓联接应无松动。
7）万向节主、从动部分的游动角度检查，如果太大则需要更换。

拓展与提高

十字轴式刚性万向节的等角速传动

一、单个十字轴式刚性万向节的速度特性

1）如图 4-40 所示，当主动叉在垂直位置时，$V_A = \omega_1 r = \omega_2 r\cos\alpha$

$$\omega_1 = \omega_2 \cos\alpha$$

$$\omega_2 > \omega_1$$

从动轴转速大于主动轴转速。

2）如图 4-41 所示，当主动叉在水平位置时，$V_B = \omega_2 r = \omega_1 r\cos\alpha$

$$\omega_2 = \omega_1 \cos\alpha$$

$$\omega_2 < \omega_1$$

从动轴转速小于主动轴转速。

单个十字轴式刚性万向节的不等速性，会使从动轴及与其相连的传动部件产生扭转振动，产生附加的交变载荷及振动噪声，影响零部件的使用寿命。

二、实现两轴间等角速传动的措施

为避免上述缺陷,在汽车上均采用两个十字轴式万向节,且中间以传动轴相连,利用第二个万向节的不等速效应来抵消第一个万向节的不等速效应,从而实现输入轴与输出轴之间的等角速传动。

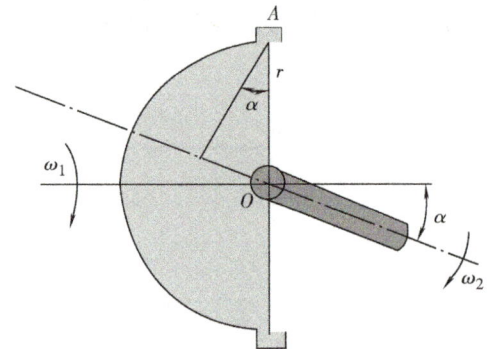

图 4-40　十字轴式万向节的速度特性 1

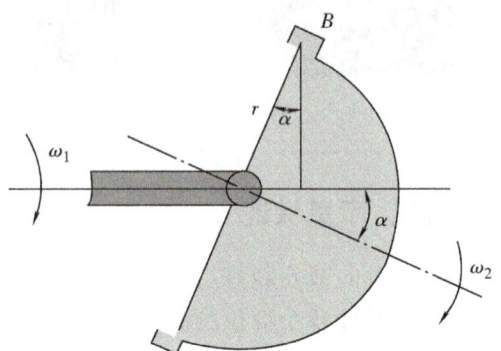

图 4-41　十字轴式万向节的速度特性 2

1. 两轴间等角速传动必须满足两个条件

1)第一个万向节的两轴间的夹角与第二个万向节的两轴间的夹角相等。

2)传动轴两端的万向节叉处于同一平面内。

2. 双万向节的排列方式

(1)平行式排列　输入轴和输出轴轴线平行,如图 4-42 所示。

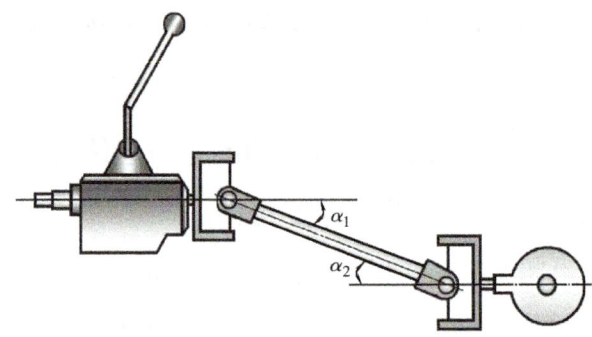

图 4-42　平行式排列的双万向节

(2)三角形排列　输入轴、输出轴和传动轴三轴线构成等腰三角形。

【小资料】

坚持传承与创新相统一

万向集团的创始人兼董事长鲁冠球从事汽车零部件行业几十年,持之以恒,保持着对汽车行业的自信和企业的诚信经营。在他的带领下,万向集团从一个小作坊发展为第一个进入美国市场的中国汽车零部件企业，并开创了乡镇企业收购海外上市公司的先河，向世界展示了中国人民勇于改革实践的智慧和担当。

万向集团创建于1969年，以汽车零部件制造和销售为主业，是中国汽车零部件制造代表企业之一。1999年，万向集团就开始布局清洁能源，大力发展电池、电动汽车、天然气发电、风力发电等产业，累计投入数十亿元，成功组建起一个包含汽车、新能源、农业、地产、金融等行业在内的庞大商业帝国。为了激励自己达成雄伟目标，鲁冠球在工厂墙上写下一行字："一天做一件实事，一月做一件新事，一年做一件大事，一生做一件有意义的事"。

纵览万向集团的发展史，从汽车零部件行业到农业、新能源产业，万向集团的创新创业之路始终未停，这种创新创业精神正在新时代奔涌传承，激励着一代又一代有志青年砥砺奋进、挺立潮头。

项目五

驱动桥的构造与拆装

项目描述

驱动桥是汽车传动系统的重要零部件，它将变速器传来的驱动力矩进行减速增转调整方向后，传递给驱动轴，从而带动车轮转动，实现车辆的行驶。它包括驱动桥壳、主减速器、差速器以及连接车轮的半轴或驱动轴。

本项目主要讲解有关驱动桥的基本构造和拆装过程，通过学习了解驱动桥的相关理论知识，并掌握有关拆装驱动桥的技能。

任务1　拆装驱动桥

学习目标

1. 知识目标
1）掌握驱动桥的作用和组成。
2）掌握驱动桥的类型。
2. 技能目标
1）安全规范地拆卸驱动桥，观察驱动桥的结构。
2）检查驱动桥的工作情况。
3. 情感目标
遵守操作规则，保证质量。

任务描述

一辆桑塔纳2000GSi型轿车由于行驶道路恶劣，驱动桥壳体被石块撞变形。因此，需要掌握驱动桥的相关知识，制订工作计划，实施拆装驱动桥壳体任务，并保证工作质量。

知识储备

一、驱动桥的作用

驱动桥一般由主减速器、差速器、半轴、驱动桥壳（万向传动装置）和轮毂等组成。它将万向传动装置输入的动力降低转速、增加转矩。对发动机纵置式汽车而言，它还将改变动力传递方向，再把动力分配给左右两根半轴，最后通过半轴外端的凸缘盘传给驱动车轮。

二、驱动桥的类型和构造

驱动桥一般可分为非断开式和断开式两种。

（1）非断开式驱动桥 这种驱动桥壳由中间的主减速器壳和两边与之刚性连接的半轴套管组成，如图5-1所示。整个驱动桥通过悬架与车架相连接。两侧车轮安装在此刚性桥壳上，半轴与车轮不可能在横向平面内做相对运动，例如东风货车的后驱动桥。

（2）断开式驱动桥 为了与独立悬架相适应，驱动桥壳分为用铰链连接的几段。主减速器壳固定在车架上，两侧驱动轮分别用弹性悬架与车架相连接，如图5-2所示。为了适应驱动轮独立上下跳动的需要，差速器与车轮之间的半轴也要分段，各段之间用万向节连接。

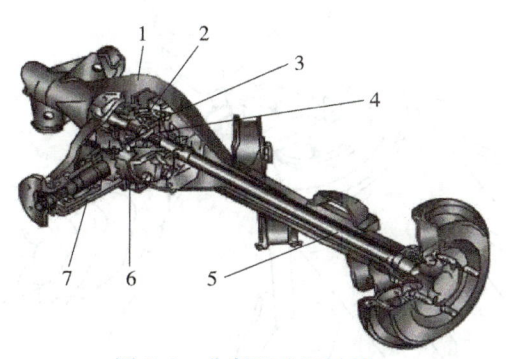

图5-1 非断开式驱动桥
1—后桥壳 2—差速器壳 3—差速器行星齿轮
4—差速器半轴齿轮 5—半轴
6—主减速器从动齿轮齿圈 7—主动小齿轮

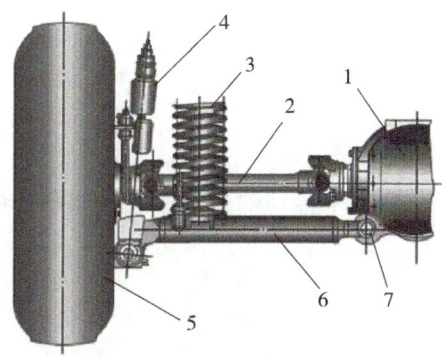

图5-2 断开式驱动桥
1—主减速器 2—半轴 3—弹性元件
4—减振器 5—车轮 6—摆臂 7—摆臂轴

任务实施

拆装驱动桥

以桑塔纳2000GSi型轿车和东风6140型货车为例，介绍驱动桥的拆装。

一、设备与工具

桑塔纳2000GSi型轿车前驱动桥四只、东风6140型货车后驱动桥四只。
世达维修工具09421四套，铁锤，扭力扳手、组合工具一套。

二、辅助材料

汽油、柴油或清洗剂若干，棉布若干。

三、拆装步骤

1. 拆卸东风 6140 型货车后驱动桥

1）拆卸差速器油排放塞，排放差速器油，如图 5-3 所示。

图 5-3　拆卸差速器油排放塞

2）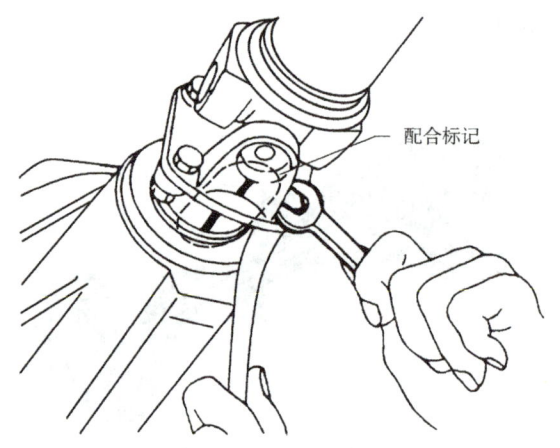拆下传动轴并做标记，如图 5-4 所示。

图 5-4　拆下传动轴

3）断开驻车制动拉索和制动管，如图 5-5 所示。

图 5-5　断开驻车制动拉索和制动管

图 5-6　拉出半轴

4）用专用维修工具拉出半轴，如图 5-6 所示。

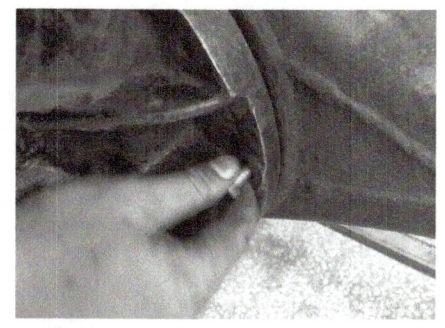

图 5-7　拆下主减速器总成

5）从桥壳上拆下主减速器总成，如图 5-7 所示。

图 5-8　清洁主减速器和车轿的配合面

2. 安装东风 6140 型货车后驱动桥

1）清洁主减速器和车桥的配合面并在后桥壳体上安装新的衬垫，如图 5-8 所示。

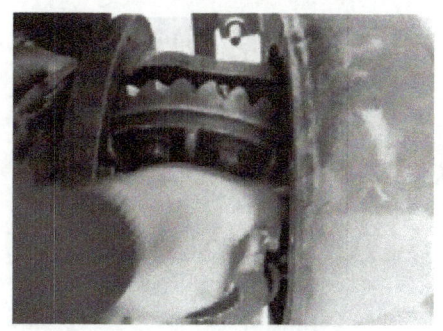

图 5-9　安装主减速器总成

2）将主减速器总成安装到后桥壳体中，如图 5-9 所示。

3）按要求拧紧主减速器壳的固定螺母，如图5-10所示。

图 5-10　拧紧主减速器壳的固定螺母

4）更换新的半轴油封，如图5-11所示。

图 5-11　半轴油封

5）将后桥半轴插入桥壳中，如图5-12所示。

图 5-12　插入后桥半轴

6）安装制动管路，紧固制动器管接头螺母，如图5-13所示。

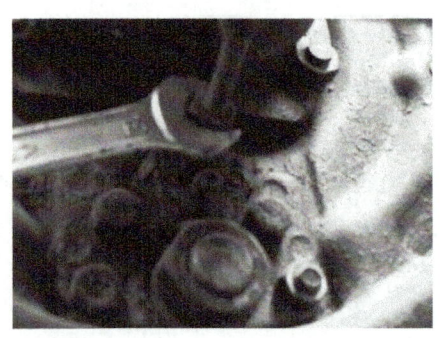

图 5-13　紧固制动器管接头螺母

图 5-14　加注差速器油

7）排放后部制动管路中的空气。

8）加注差速器油，如图 5-14 所示。

3. 桑塔纳 2000GSi 型轿车前驱动桥的拆装

1）取下变速器总成，如图 5-15 所示。

图 5-15　取下变速器总成

图 5-16　取下半轴联接螺栓

2）取下半轴联接螺栓，如图 5-16 所示。

图 5-17　取出半轴

3）取出半轴，如图 5-17 所示。

4）拆卸差速器法兰盘，如图5-18所示。

图5-18　拆卸差速器法兰盘

5）取出主减速器及差速器总成，如图5-19所示。
6）按拆卸的相反步骤进行装配。

图5-19　取出主减速器及差速器总成

四、质量保证

操作前明确操作步骤，做到按计划进行，不盲目操作。拆卸和装配时选择正确的工具，拆装的方法要得当，不野蛮操作。工作中随时注意5S（整理SEIRI、整顿SEITON、清扫SEISO、清洁SETKETSU、素养SHITSUKE）的实施，保证操作的质量。

1）拉出后桥总成后，要防止灰尘进入车桥的花键部分，小心不要弯曲或损坏桥壳端部的垫片。
2）确保根据维修手册中的要求加注正确等级的差速器油。

工作说明

1）注意操作安全，避免零部件砸落造成人员伤害。
2）仔细研究驱动桥的动力传输路径和方向。
3）驱动桥内含有较多的齿轮油，注意清洁工作。
4）在拆卸传动轴之前，在传动轴和法兰叉管上做上配合标记，以避免重新安装之后产生噪声和振动。如果某些传动轴螺栓在头部有特殊的标识，为其做上标记。
5）如是鼓式制动器将从制动轮缸断开制动管连接，若为盘式制动器则断开从软管至管路接头的制动管软管。断开后，在管路和软管端部堵上塞子。
6）衬垫有时黏结过紧，留下一个安装螺母向主减速器的前部施加作用力，并将其拆卸，此拆卸应该由两个人完成。

7）在插入半轴时，小心不要损坏油封。如果有后桥半轴导向装置，用它保护油封。

任务 2　拆装主减速器

学习目标

1. 知识目标
1）掌握主减速器的作用和组成。
2）掌握主动齿轮与从动齿轮啮合的调整方法。
2. 技能目标
安全规范地拆卸主减速器；检测主减速器的压痕位置，判断其工作情况，调整主减速器压痕。
3. 情感目标
遵守操作规则，保证质量。

任务描述

一辆桑塔纳 2000GSi 型轿车由于车主未定期维护导致主减速器工作不良。因此，需要掌握主减速器的相关知识，制订工作计划，实施拆装主减速器任务，并保证工作质量。

知识储备

一、主减速器的作用

主减速器可以改变来自变速器的转矩的传递方向，并降低速度、增大转矩传递给差速器。主减速器实物如图 5-20 所示。

图 5-20　主减速器

二、主减速器的类型

按参加减速传动的齿轮副数目，主减速器分为单级式主减速器和双级式主减速器，如图 5-21 所示。
按传动比档数，主减速器分为单速式和双速式。
按齿轮副的结构形式，主减速器分为圆柱齿轮式、锥齿轮式和准双曲面齿轮式三种。

三、单级主减速器的构造及工作特性

图 5-22 所示为准双曲面齿轮式主减速器。桑塔纳、奥迪 100、切诺基等发动机纵置的汽车上，都采用了这种类型的主减速器。
与锥齿轮相比，准双曲面齿轮工作平稳性更好，弯曲强度和接触强度更高，还可以使主动齿轮轴线相对于从动齿轮轴线偏移。当主动齿轮轴线向下偏移时，可以降低传动轴的位置，从而有利于降低车身及整车的重心高度，提高汽车的行驶稳定性。

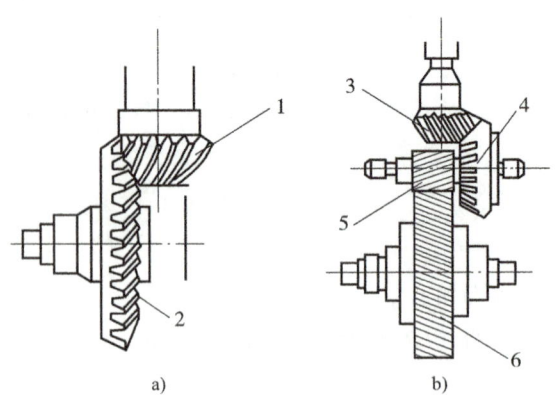

图 5-21 单级、双级主减速器
a) 单级 b) 双级
1—主动齿轮 2—从动锥齿轮 3—第一级主动齿轮
4—第一级从动齿轮 5—第二级主动齿轮
6—第二级从动齿轮

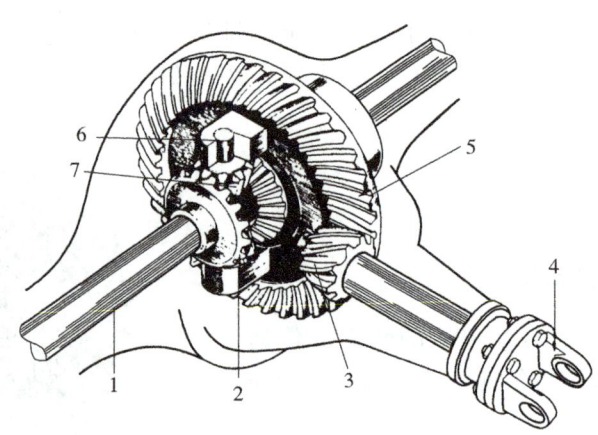

图 5-22 准双曲面齿轮式主减速器
1—半轴 2—半轴齿轮 3—主减速器主动齿轮 4—万向节 5—主减速器从动齿轮 6—行星齿轮轴 7—行星齿轮

（1）主动齿轮 主动齿轮由圆锥滚子轴承支承并封闭在主减速器壳中。

（2）从动锥齿轮 从动锥齿轮用螺栓联接到差速器壳上，将转速通过半轴齿轮传递到半轴。

任务实施

拆装主减速器

以桑塔纳 2000GSi 型轿车和东风 6140 型货车为例，介绍主减速器的拆装。

一、设备与工具

桑塔纳 2000GSi 型轿车前驱动桥四只、东风 6140 型货车后驱动桥四只。

世达维修工具 09421 四套，铁锤，扭力扳手、组合工具一套。

二、辅助材料

汽油、柴油或清洗剂若干，棉布若干。

三、拆装步骤

图 5-23　取出主减速器

1. 桑塔纳 2000GSi 型轿车主减速器的拆卸

1）从驱动桥中取出主减速器，如图 5-23 所示。

桑塔纳车主减速器的拆卸

图 5-24　旋松螺栓

2）按顺序对角旋松螺栓，并取下来，如图 5-24 所示。

图 5-25　给减速器从动锥齿轮做记号

3）给减速器从动锥齿轮做好记号，然后取下，如图 5-25 所示。

2. 东风 6140 型货车后驱动桥主减速器的拆卸

1）拆卸主减速器固定螺栓并取下，如图 5-26 所示。

图 5-26　拆卸主减速器固定螺栓

2）拆卸主减速器轴承，如图 5-27 所示。

图 5-27　拆卸主减速器轴承

东风车主减速器的拆卸

3）取下主减速器从动锥齿轮及差速器总成，如图 5-28 所示。

3. 装配

按拆卸的相反步骤进行装配。

图 5-28　取下主减速器从动锥齿轮及差速器总成

四、质量保证

拆装主减速器时，各调整部位的调整垫片要注意清点并放置好，做好记号以防搞混乱。检查主从动锥齿轮齿面啮合印痕的压痕位置，调整到规定位置内。注意安装前清洁好各零部件，确保安装到位。

工作说明

1）主减速器比较重，操作时必须注意操作安全，谨防人员伤害。

2）对调整部位的螺栓、螺母要按要求紧固，不可凭感觉用蛮力。

3）要严格按要求拆卸主减速器，以防损伤零部件。

4）主减速器解体前，应在差速器的左、右轴承盖上做出标记，以免装配时装错。

拓展与提高

主减速器主从动锥齿轮啮合调整

锥齿轮啮合调整是指对主动锥齿轮和从动锥齿轮之间轮齿接触区的偏移进行调整。锥齿轮的轮齿各部分名称与变速器齿轮相同，大端代表大端一侧，小端代表小端一侧。

主减速器齿轮各部位名称如图 5-29 所示。

表 5-1 所示为不同情况的锥齿轮副啮合状态的调整方法。

齿面接触情况调整方法为：先在主动锥齿轮轮齿上涂以红色颜料（红丹粉与机油的混合物），然后使主动锥齿轮往复转动，于是从动锥齿轮轮齿的两工作面上便出现红色印迹。通过调整主动锥齿轮的前后位置和从动锥齿轮的左右位置，可以调节齿面接触情况。应使从动齿轮轮齿正转和逆转工作面上的印迹均位于齿高的中间，并偏于小端，且应占齿面宽度的 60% 以上。

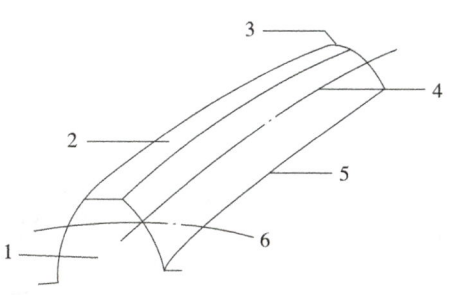

图 5-29　主减速器齿轮各部位名称

1—大端　2—齿顶　3—小端
4—节线　5—齿根　6—节圆

表 5-1　锥齿轮副啮合状态调整

锥齿轮副啮合	啮合印痕	调　整
正确的轮齿接触 轮齿接触略偏向小端一侧，沿齿长方向 1/2～2/3 处，距齿顶 0.8～1.5mm 处接触		正确，无须调整
偏齿顶接触 在齿顶侧接触。当齿隙过大时会出现这种情况，出现噪声，齿顶缺失		更换主动齿轮调整垫片，使主动齿轮移近从动齿轮
偏齿根接触 在齿根侧接触。当齿隙过小时会出现这种情况，出现噪声，齿根阶梯状磨损		更换主动齿轮调整垫片，使主动齿轮离开从动齿轮

（续）

锥齿轮副啮合	啮合印痕	调　整
偏小端接触 在小端侧接触。接触面小，会损坏小端		使从动锥齿轮移开主动齿轮
偏大端接触 在大端侧接触。接触面小，会损坏大端		使从动锥齿轮移近主动齿轮

任务3　拆装差速器

学习目标

1. 知识目标
1）掌握差速器的作用和组成。
2）掌握差速器的装配调整方法。
2. 技能目标
安全规范拆卸差速器；检测差速器位置，判断其工作情况。
3. 情感目标
遵守操作规则，保证质量。

任务描述

一辆桑塔纳2000GSi型轿车由于车主未定期维护导致差速器工作不良。因此，需要掌握差速器的相关知识，制订工作计划，实施拆装差速器任务，并保证工作质量。

知识储备

一、差速器的作用

当汽车在高低不平路面上转向或运行时，一个车轮必须比另一车轮行驶更多的里程。如果在转向时两个车轮以相同的速度转动，转过较小距离的车轮将打滑，造成车辆控制问题。

若两侧车轮固定在一刚性轴上,则车轮必然存在边滚边滑移的现象。车轮对路面的滑移,不仅会加速轮胎磨损,增加汽车的动力消耗,还可能导致转向和制动性能的恶化。另外,两驱动桥之间若刚性连接,也会发生各桥驱动轮的滑转现象。

为了保证两侧驱动轮处于纯滚动状态,就必须改用两根半轴分别连接两侧车轮,然后由主减速器从动齿轮通过差速器分别驱动两侧半轴和车轮,使它们可以以不同的角速度旋转。这种装在同一驱动桥两侧驱动轮之间的差速器,称为轮间差速器。

二、差速器的类型和构造

差速器可分为普通差速器和防滑差速器两大类。一般常见的为普通差速器,它又可分为普通锥齿轮式差速器(又称为普通锥齿轮差速器)、摩擦片式差速器和强制锁止式差速器等。防滑差速器分为强制锁止式差速器、高摩擦自锁式差速器(有摩擦片式、滑块凸轮式等结构形式)、牙嵌式自由轮差速器和托森差速器等。

目前,国产轿车及其他类型汽车基本都采用普通锥齿轮差速器。锥齿轮差速器由行星齿轮、半轴齿轮、行星齿轮轴(十字轴或一根直销轴)和差速器壳等组成,如图5-30所示。

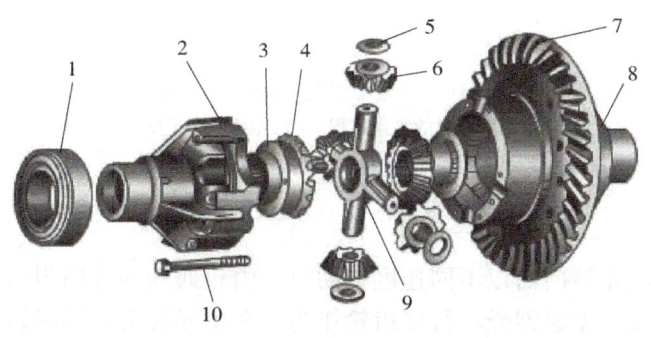

图 5-30 锥齿轮差速器的组成
1—轴承 2—左外壳 3—垫片 4—半轴齿轮 5—垫圈
6—行星齿轮 7—从动齿轮 8—右外壳 9—十字轴 10—螺栓

主减速器的从动齿轮7用螺栓(或铆钉)固定在差速器壳右半部8的凸缘上。十字形行星齿轮轴(十字轴9)安装在差速器壳接合面处的圆孔内,每个轴颈上套有一个带有滑动轴承(衬套)的直齿圆锥行星齿轮6,四个行星齿轮的左右两侧各与一个直齿圆锥半轴齿轮4相啮合。半轴齿轮的轴颈支承在差速器壳左右相应的孔中,其内花键与半轴相连。差速器工作时,与差速器壳一起转动(公转)的行星齿轮拨动两侧的半轴齿轮转动,当两侧车轮所受阻力不同时,行星齿轮还要绕自身轴线转动,即自转,实现对两侧车轮的差速驱动。

三、普通锥齿轮差速器的工作过程

1. 汽车直线行驶

当来自发动机的转矩通过传动轴传递到主动齿轮时,从动齿轮转动,使差速器壳转动。当汽车在平直道路上行驶时，两个驱动轮所受的阻力相等，行星齿轮不自转，而是与差速器壳作为一个单元一起转动，半轴齿轮也与差速器壳转动速度相同，从而使两个驱动轮以相同的速度转动。利用这种方式，从动齿轮的转动通过行星齿轮均匀地分配到左右半轴齿轮，使得与半轴齿轮相连的半轴转动，汽车直线向前行驶，差速器不起作用，如图 5-31a 所示。

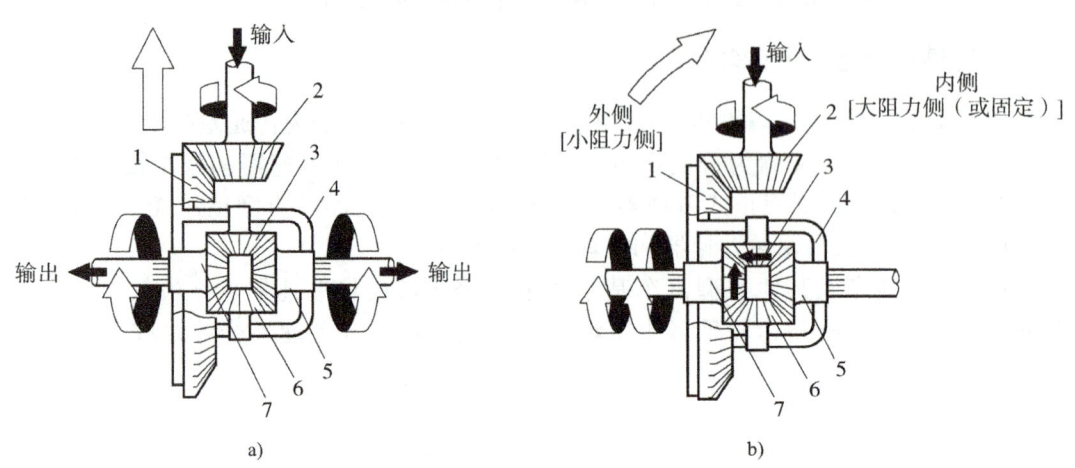

图 5-31　普通锥齿轮差速器的工作过程
a）直线行驶时的工作过程　b）差速状态下的工作过程
1—从动齿轮　2—主动齿轮　3、6—行星齿轮　4—差速器壳　5、7—半轴齿轮

2. 汽车转向

当驱动轮由于汽车转向而以不同速度转动时，内轮遇到的道路阻力比外轮更大，所以内轮比外轮转动得更慢。差速器壳和行星齿轮作为一个单元转动，同时行星齿轮沿半轴齿轮转动。因此，外侧车轮半轴上的半轴齿轮比内侧车轮半轴上的半轴齿轮转动得更快，外侧车轮比内侧车轮转动得更快，如图 5-31b 所示。

道路不平引起车轮以不同速度转动时，其工作过程与此相同。

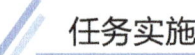 **任务实施**

拆装差速器

以桑塔纳 2000GSi 型轿车和东风 6140 型货车为例，介绍差速器的拆装。

一、设备与工具

桑塔纳 2000GSi 型轿车前驱动桥四只、东风 6140 型货车后驱动桥四只。世达维修工具 09421 四套，铁锤，扭力扳手、组合工具一套。

二、辅助材料

汽油、柴油或清洗剂若干，棉布若干。

三、拆装步骤

图 5-32 取出差速器行星齿轮轴的定位销

1. 桑塔纳 2000GSi 型轿车差速器的拆卸

1）取出差速器行星齿轮轴的定位销，如图 5-32 所示。

图 5-33 推出差速器行星齿轮轴

2）推出差速器行星齿轮轴，如图 5-33 所示。

图 5-34 拆卸差速器行星齿轮轴

3）拆卸差速器行星齿轮轴，如图 5-34 所示。

图 5-35 取出垫块

4）取出垫块，如图 5-35 所示。

5）取出 2 个行星齿轮，如图5-36所示。

图 5-36　取出行星齿轮

桑塔纳车差速器的拆卸

6）取下半轴，如图 5-37 所示。

图 5-37　取下半轴

2. 东风 6140 型货车差速器的拆卸

1）按对称顺序先松开差速器壳体固定螺栓，然后依次拆卸下来，如图 5-38 所示。

图 5-38　拆卸差速器壳体固定螺栓

2）拆卸差速器壳体，如图 5-39 所示。

图 5-39　拆卸差速器壳体

东风车差速器的拆卸

图 5-40　取下第一个齿轮

3）取下第一个齿轮，如图 5-40 所示。

图 5-41　拆卸行星齿轮组

4）拆卸行星齿轮组，如图 5-41 所示。

图 5-42　取下垫块

5）取下垫块，如图 5-42 所示。

3. 装配

按与拆卸相反的步骤装配。

四、质量保证

从动锥齿轮的紧固螺栓是自动锁紧的，一经拆卸就必须更换。装配完成后检查差速器的运转情况。

工作说明

1）操作过程中注意螺栓螺母的拆装顺序。

2）注意观察差速器行星齿轮的运转过程。

拓展与提高

Torsen LSD 差速器系统

说起全时四驱（All Wheel Drive，AWD）轿车驱动系统，人们不能不想到奥迪 Quattro，正是奥迪的大胆创新和义无反顾才使得越来越多的人享受到 AWD 带来的驾驶乐趣，而奥迪 Quattro AWD 的核心正是 Torsen LSD 差速器系统。

每辆汽车都要配备有差速器，普通差速器的缺陷是在经过湿滑路面时就会因打滑失去牵引力。而如果给差速器增加限滑功能就能满足轿车在恶劣路面具有良好操控性的需求了，这就是防滑差速器（Limited Slip Differential，LSD）。全轮驱动轿车 AWD 系统的基本构成是具有 3 个差速器，它们分别控制着前轮、后轮和前后驱动轴转矩分配。这 3 个差速器不只是人们常见的简单差速器，它们是 LSD 差速器，带有自锁功能以保证在湿滑路面轮胎发生打滑时驱动轮始终保持有充足的转矩输出，从而在恶劣路况获得良好的操控性能。

Torsen 的核心是蜗轮、蜗杆齿轮啮合系统。

在弯道行驶没有车轮打滑时，前、后差速器的作用与传统差速器相同，蜗杆齿轮不影响半轴输出速度的不同。如汽车向左转时，右侧车轮的速度比差速器快，而左侧车轮速度低，左右速度不同的蜗轮能够严密地匹配同步啮合齿轮。此时蜗轮蜗杆并没有锁止，因为转矩是从蜗轮到蜗杆齿轮。

当右侧车轮打滑时，如是传统差速器将不会传输动力到左轮。而对于 Torsen LSD 差速器，此时快速旋转的右侧半轴将驱动右侧蜗杆，并通过同步啮合齿轮驱动左侧蜗杆，使蜗轮蜗杆组件发挥作用。当蜗杆驱动蜗轮时，它们就会锁止，左侧蜗杆和右侧蜗杆实现互锁，保证了非打滑车轮具有足够的牵引力。

Torsen 差速器的特点是恒时四驱，牵引力被分配到了每个车轮，于是就有了良好的弯道、直线（干/湿）驾驶性能。Torsen 自锁中心差速器确保了前后轮均一的动力分配，任何速度的不同，如前轮遇到冰面时，系统会快速做出反应，75% 的转矩会转向转速慢的车轮，在这里也就是后轮。

Torsen 差速器实现了恒时、连续转矩控制管理。它持续工作，没有时间上的延迟，但不介入总转矩输出的调整，也就不存在着转矩的损失，与牵引力控制和车身稳定控制系统相比具有更大的优越性。因为没有传统的自锁差速器所配备的多片式离合器，也就不存在着磨损，并实现了免维护。纯机械 LSD 具有良好的可靠性。

Torsen 差速器可以与任何变速器、分动器实现匹配，与车辆其他安全控制系统如 ABS、牵引力控制系统（Traction Control Systems，TCS）、车身稳定控制系统（Stability Control Systems，SCS）相容。Torsen 差速器是纯机械结构，在车轮刚一打滑的瞬间就会发生作用。它具有线性锁止特性，是真正的恒时四驱，在平时正常行驶时转矩前后分配是 50∶50。

【小资料】

玉兔二号月球车

玉兔二号是我国嫦娥四号月球车，于 2019 年 1 月 3 日成功着陆月球背面，随即着陆器与巡视器分离，开始就位探测和巡视探测，成为中国航天事业发展的又一座里程碑。

成功登月的月球车"玉兔二号"可以依靠自主导航，选路线、上下坡、避障碍，走走停停、边走边"看"，并把探测到的数据自动传回地球，帮助人类直接准确地了解38万km外的月球。

传说中嫦娥怀抱玉兔奔月，玉兔善良、纯洁、敏捷的形象与月球车的构造、使命既形似又神似。玉兔月球车的命名既体现了中华民族的传统文化，又反映了我国和平利用太空的宗旨。

项目六

车轮和轮胎的构造与拆装

项 目 描 述

车轮与轮胎是汽车行驶系统的重要部件,也是汽车的安全部件。它们支承汽车的总重量;缓和由路面传递来的冲击和振动;保证与路面有良好的附着性能,提高汽车的动力性和制动性;具有自动回正的能力,使汽车正常转向,保持汽车直线行驶。所以它们对汽车的使用性能起着极其重要的作用。本项目主要围绕车轮和轮胎的拆装、换位和动平衡进行学习和训练。

任务1　拆装车轮总成

学习目标

1. 知识目标
1) 掌握车轮的构造和作用。
2) 学会判别车轮及轮辋的类型。
2. 技能目标
熟练使用设备和工具,按流程规范拆装车轮总成。
3. 情感目标
遵守操作规则,保证质量。

任务描述

一辆桑塔纳2000GSi型轿车需更换冬季车轮。因此,需要掌握车轮的相关知识,制订工作计划,实施拆装车轮总成任务,并保证工作质量。

项目六 车轮和轮胎的构造与拆装

> **知识储备**

车轮是安装轮胎、连接车桥并承受负荷的旋转部件。它由轮毂、轮辋和轮辐组成。轮毂通过圆锥滚子轴承装在车桥或转向节轴颈上,用于连接车轮与车桥;轮辋用于安装轮胎;轮辐将轮毂和轮辋连接起来。

一、车轮的类型

根据轮辐的构造,车轮可以分为辐板式和辐条式两种,目前汽车上普遍采用辐板式车轮。

(1) 辐板式车轮　其轮辐是辐板,辐板与轮辋采用铆接或焊接方式连接成一体。如图6-1所示,辐板冲压成起伏形状,可以提高刚度。辐板上开有若干个通孔,用以减轻重量,同时有利于制动器散热,拆装时也便于取放车轮。

(2) 辐条式车轮　其轮辐是钢丝辐条或铸造辐条,前者用在赛车和高级轿车上,后者一般装在重型汽车上。如图6-2所示,轮辋用螺栓和特殊形状的衬块固定在辐条上。

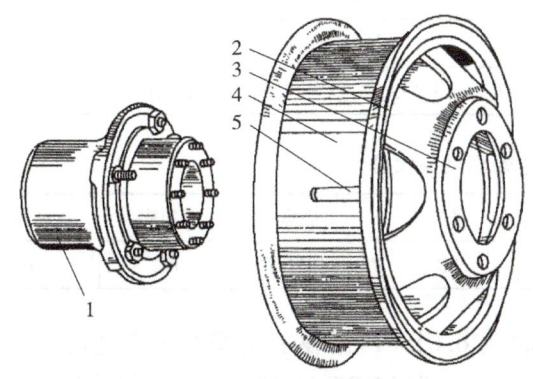
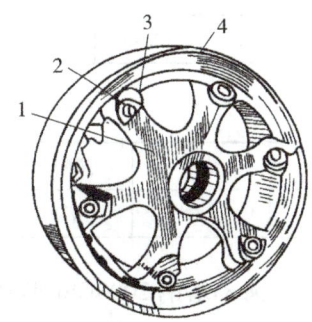

图6-1　辐板式车轮
1—轮毂　2—挡圈　3—辐板　4—轮辋　5—气门嘴伸出口

图6-2　辐条式车轮
1—轮辐与轮毂　2—螺栓　3—衬块　4—轮辋

二、轮辋

轮辋是安装轮胎的基础,也称钢圈。

(1) 轮辋的类型　按轮辋的组成件数可分为一件式和多件式;按其结构形式不同,主要分为深槽式轮辋、平底式轮辋和对开式轮辋,如图6-3所示。

1) 深槽式轮辋易安装小尺寸、弹性较大的轮胎,主要用于轿车及越野车。

2) 平底式轮辋适用于较硬的轮胎,主要用于货车。

a)　　　　　b)　　　　　c)

图6-3　轮辋的类型
a) 深槽式轮辋　b) 平底式轮辋　c) 对开式轮辋

3) 对开式轮辋适用于宽胎,可拆卸,多用于越野车。

(2) 国产轮辋的规格　按GB/T 2933—2009规定,国产轮辋规格用一组数字、符号和字母表示，如图 6-4 所示。轮辋名义宽度和轮辋名义直径均用数字表示，单位为英寸[⊖]（in）。轮辋高度代号用字母表示，常用代号及对应高度见表 6-1。轮辋结构形式代号中，用符号"×"表示一件式轮辋；用符号"—"表示多件式轮辋。轮辋轮廓类型代号用字母表示，各字母及字母组合所代表的含义见表 6-2。

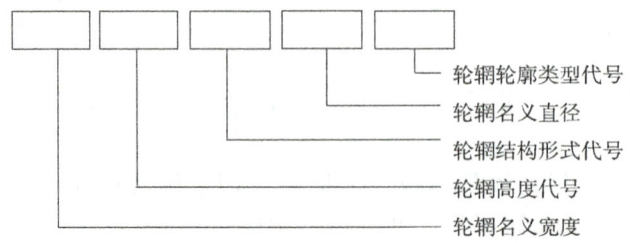

图 6-4　国产轮辋规格表示

表 6-1　轮辋高度代号及相应高度值　　　　　　　　　　（单位：mm）

代号	C	D	E	F	G	H	J	K	L
尺寸	15.88	17.45	19.81	22.23	27.94	33.73	17.27	19.26	21.59

表 6-2　轮辋轮廓类型代号

轮廓类型	深槽	深槽宽	半深槽	平底	平底宽	全斜底	对开式
代号	DC	WDC	SDC	FB	WFB	TB	DT

例：上海桑塔纳 2000GSi 型轿车轮辋规格为 6.0J×14，表示轮辋的名义宽度为 6.0in，轮辋名义直径为 14in，轮辋高度代号 J，即轮辋高度为 17.27mm 的一件式、深槽轮辋。

任务实施

拆装车轮总成

以桑塔纳 2000GSi 型轿车为例，介绍车轮的拆装。

一、设备与工具

桑塔纳 2000GSi 型轿车，举升机，扭力扳手，成套套筒扳手、冲击扳手各一套，工具车、车轮架、三角挡块若干。

二、结构参数和技术参数

1）桑塔纳 2000GSi 型轿车轮辋规格为 6.0J×14，前轮充气压力为 190kPa。

2）桑塔纳 2000GSi 型轿车车轮螺栓的备件号为 321 601 139C，拧紧力矩为 110N·m。

⊖　1 英寸 = 25.4 毫米

项目六 车轮和轮胎的构造与拆装

三、拆装步骤

图 6-5 用三角挡块挡住各车轮

1. 拆卸前车轮总成

1）停稳车辆，拉起驻车制动手柄，用三角挡块挡住各车轮，如图 6-5 所示。

2）如图 6-6 所示，取下车轮上的装饰罩，观察汽车车轮与轮毂联接螺栓的旋向。

图 6-6 取下车轮上的装饰罩

3）将车辆停放在举升机上，定位好举升机支承臂，将举升机升至工作位置，使用冲击扳手，按照对角交叉的顺序拆卸四个车轮螺栓，如图 6-7 所示。

图 6-7 拆卸车轮螺栓

车轮的拆卸

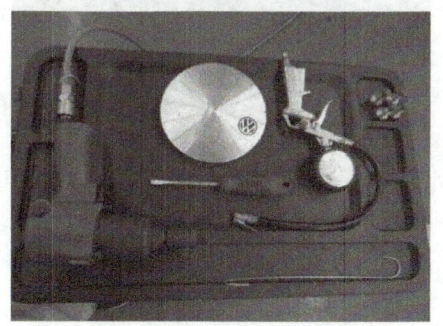

4）拧下车轮与轮毂联接的全部螺栓，并摆放整齐，如图 6-8 所示。

图 6-8 把联接螺栓放好

5）边向外拉，边左右晃动车轮，从车轴上取下车轮，如图6-9所示。

图6-9　取下车轮

2. 安装车轮总成

1）将车轮套到车轴上，用手将螺栓初步拧上，如图6-10所示。

图6-10　将车轮套到车轴上

2）使用成套套筒扳手临时拧紧螺栓，如图6-11所示。

图6-11　用成套套筒扳手拧紧螺栓

车轮的安装

3）降下车辆，用三角挡块挡住车轮。使用扭力扳手，按照对角交叉的顺序分2~3次拧紧车轮螺栓，最后一次要按规定的力矩拧紧，如图6-12所示。

4）装上车轮上的装饰罩。

5）清洁。

图6-12　用扭力扳手拧紧车轮螺栓

四、质量保证

检查轮辐是否损坏、腐蚀和变形。检查车轮螺栓和轮胎压力,牢固安装车轮装饰罩。清洁工作时在车辆上留下的污痕,清洁、整理工具,清扫工作场地。

工作说明

1)使用举升机时,把车辆置于举升机中心,将支承臂放在厂家规定的支承点处。略微举升车辆并检查支承臂的位置是否正确,然后再将车辆举升到工作位置,此时,一定要将举升机降低到机械安全的位置。

2)使用冲击扳手时,只能使用冲击套筒,不允许戴手套,以免发生事故。不能使用冲击扳手安装和紧固车轮螺栓。

3)使用扭力扳手拧紧车轮螺栓时,加短延长杆,便于使用。

4)车轮及车轮螺栓是相互配对的,调换不同规格的车轮(如合金车轮或带冬季用轮胎的车轮),必须采用长度及锥度合适的螺栓,因为它影响车轮的紧固程度及制动系统的功能。

拓展与提高

车 轮 简 介

钢制车轮作为新车的标准装备件,采用的最多,主要是因为它可以大批量生产,价格低廉。但它在重量和散热方面不如铝制车轮,而且从冲压及辊轧等生产工艺特性方面来说,它的造型受到限制,很难实现新颖的造型。

铝制车轮是铝合金铸造的车轮,这种车轮比钢制车轮的散热性好,重量也轻,造型上受限少,十分受欢迎。有些铝制车轮可通过造型方式,靠本身的旋转从制动器排出行驶风。这种车轮的旋转方向是固定的,在更换轮胎或车轮换位时不要搞错旋转方向。

镁合金制车轮比铝制车轮轻,但由于价格昂贵而且耐腐蚀性差,所以普及率很低。目前也有采用其他材料来制造车轮的。

任务2　拆装轮胎

学习目标

1. 知识目标
1)了解轮胎的构造和作用。
2)熟知轮胎类型和花纹。
3)识读轮胎标记。
2. 技能目标
熟练使用设备和工具,按流程规范拆装轮胎。
3. 情感目标
遵守操作规则,保证质量。

任务描述

一辆桑塔纳 2000GSi 型轿车左前轮胎漏气，需检修。因此，需要掌握轮胎的相关知识，制订工作计划，实施拆装轮胎任务，并保证工作质量。

知识储备

轮胎是汽车上直接与路面接触的零部件，它为汽车提供足够的路面附着力，保证汽车的动力性、制动性和安全性，并与悬架一起保证汽车行驶的舒适性和平稳性。汽车轮胎是橡胶与纤维材料及金属材料的复合制品，具有较高的承载性、牵引性和缓冲性，同时还具备高耐磨性、耐屈挠性以及低的滚动阻力与生热性。

一、轮胎的构造

轮胎主要由胎面（胎冠和胎肩）、胎侧、胎体（缓冲层和帘布层）和胎圈四部分组成，如图 6-13 所示。

（1）轮胎的组成　胎面是轮胎的外表面，包括胎冠和胎肩。它的作用是保护胎体，防止其早期磨损和损伤。

胎体包括缓冲层（带束层）和帘布层。缓冲层承受胎面的应力，缓和路面对轮胎的冲击。帘布层是胎体的骨架，支承轮胎各部分。

胎侧是轮胎侧部帘布层外层的胶层，作用是保护胎体。

胎圈是轮胎安装在轮辋上的部分，用来防止轮胎脱离轮辋。

（2）轮胎的花纹和特征　为了增加轮胎的附着力，防止轮胎纵横向滑移，以及获得良好的排水性能，胎冠制有各种形式的花纹，如图 6-14 所示。这些花纹主要有普通花纹（包括纵向花纹和横向花纹）、混合花纹和越野花纹等。

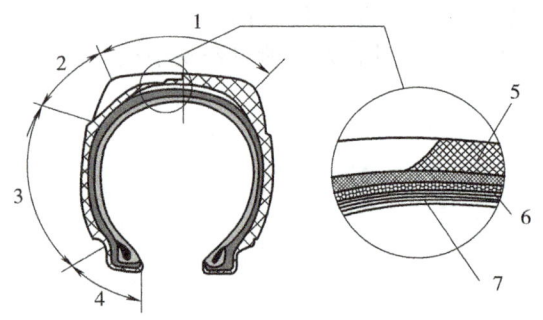

图 6-13　轮胎的构造
1—胎冠　2—胎肩　3—胎侧　4—胎圈　5—胎面
6—缓冲层（带束层）　7—帘布层

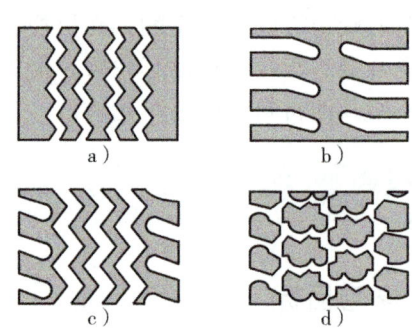

图 6-14　常见的轮胎花纹
a）纵向花纹　b）横向花纹　c）混合花纹　d）越野花纹

1）纵向花纹：滚动阻力小，防侧滑能力好，噪声较小，但容易夹石子，排水性差，适用于水泥和沥青等良好路面。

2）横向花纹：耐磨性好，能自动甩出花纹里的石子，但防侧滑能力差，噪声较大，适用于砂石路面。

3) **混合花纹**：胎冠中间纵向花纹多为锯齿状或斜纹，两侧横向花纹明显，适用于山区的良好碎石路面。

4) **越野花纹**：深而粗，驱动力和制动力强，轮胎和路面的附着性好，防滑，但胎面易磨损，阻力大，适用于雪、泥路面。

二、轮胎的类型

按胎体的构造不同，轮胎可分为充气轮胎和实心轮胎。现代汽车绝大多数采用充气轮胎。

按保持空气方法的不同，充气轮胎分为有内胎轮胎和无内胎轮胎。

按胎体帘线排列方向的不同，充气轮胎分为普通斜交轮胎和子午线轮胎。

（1）斜交轮胎 斜交轮胎的帘布层和缓冲层各相邻层帘线交叉，且与胎面中心线呈小于90°角排列，如图6-15所示。其特点是胎面和胎侧的强度大，但胎侧刚度较大，舒适性差。由于高速时帘布层间移动与摩擦大，并不适合高速行驶。

（2）子午线轮胎 子午线轮胎的帘布层与胎面中心线呈90°角或接近90°角排列，并采用了与胎面中心线夹角较小的类似缓冲层的带束层，像钢带那样，紧紧箍在胎体上，极大地提高了胎面的刚性、驱动性和耐磨性，如图6-16所示。但子午线轮胎成本高，胎侧变形大，容易产生裂口，并且侧向稳定性较差。

（3）无内胎轮胎 无内胎轮胎的外胎内壁上附加了一层厚约2～3mm的橡胶密封层，即使轮胎穿孔时，密封层橡胶也可收缩紧箍穿刺物，气压不会急剧下降，有利于安全行驶，如图6-17所示。无内胎轮胎消除了内外胎之间的摩擦，可直接通过轮辋散热，使用寿命长，结构简单，重量轻，但轮辋变形易产生漏气。桑塔纳轿车的轮胎采用无内胎子午线轮胎。

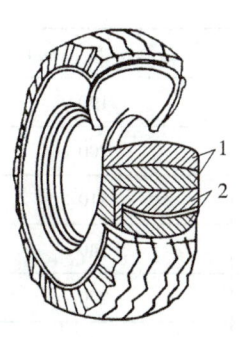

图6-15 斜交轮胎
1—帘布层 2—缓冲层

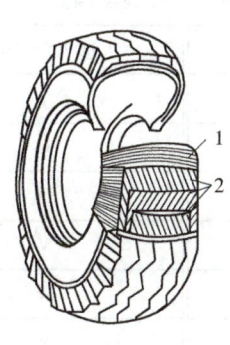

图6-16 子午线轮胎
1—帘布层 2—带束层

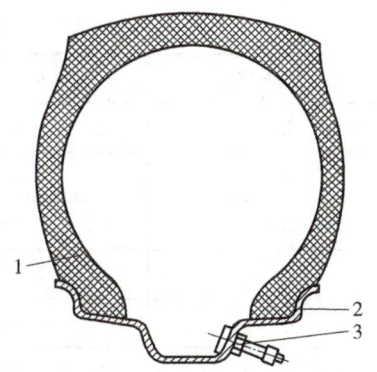

图6-17 无内胎轮胎
1—橡胶密封层 2—胎圈密封层 3—气门嘴

三、轮胎的规格

轮胎规格标志有三种：公制、英制和公英制混合。

轮胎的尺寸标注如图6-18所示，其中 D 为外胎直径，d 为轮辋直径，B 为断面宽度，H

为断面高度。

1）普通斜交轮胎的规格：用 B-d 表示。

载重汽车普通斜交轮胎和轿车普通斜交轮胎的尺寸 B 和 d 均用 in（英寸）[⊖]做单位，如 9.00 – 20。

2）国产子午线轮胎的规格：用 B R d 表示。

其中 R 代表子午线轮胎。国产轿车子午线轮胎断面宽度 B 已全部改用公制单位 mm，载货汽车轮胎断面宽度 B 有英制单位 in 和公制单位 mm 两种，而轮辋直径 d 的单位仍为 in。

随着轮胎的扁平化，轮胎按其扁平率（%），即高宽比 H/B 划分系列。

国际标准中轿车的轮胎标记：[B]/[H/B][R][d]［负荷指数］［速度符号］。其中，负荷指数所对应的最大载荷见表 6-3，速度符号所对应的最高车速见表 6-4。

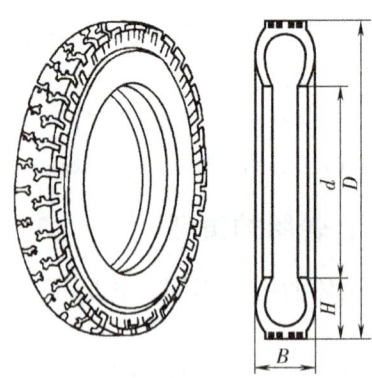

图 6-18　轮胎的尺寸标注

表 6-3　承载能力指数摘要

负 荷 指 数	最大载荷/kg	负 荷 指 数	最大载荷/kg
84	500	91	615
85	515	92	630
86	530	93	650
87	545	94	670
88	560	95	690
89	580	96	710
90	600	97	730

表 6-4　最高行驶速度摘要

速 度 符 号	最高车速/(km/h)	速 度 符 号	最高车速/(km/h)
L	120	T	190
M	130	U	200
N	140	H	210
P	150	V	240
Q	160	W	270
R	170	Y	300
S	180	ZR	240 以上

如 195/60R14 85H 表示断面宽度为 195mm，高宽比为 60%，子午线结构，轮辋直径为 14in，负荷指数为 85，最大载荷 515kg，速度符号 H，最高车速为 210km/h。

⊖　1 英寸 = 25.4 毫米

任务实施

拆装前轮轮胎

以桑塔纳 2000GSi 型轿车为例,介绍轮胎的拆装。

一、设备与工具

桑塔纳 2000GSi 型轿车、举升机、轮胎拆装机、轮胎安装杆、轮胎装卸撬杆、常用工具和气压表各一套。

二、辅助材料

轮胎用润滑剂和肥皂水若干。

三、结构参数

桑塔纳 2000GSi 型轿车前轮充气压力为 190kPa,轮辋和轮胎的规格见表 6-5。

表 6-5 桑塔纳 2000GSi 型轿车轮辋和轮胎的规格

轮胎规格	195/60 R14 85H
轮辋型号	6.0J×14

四、拆装步骤

图 6-19 给轮胎放气

图 6-20 用脱胎角状物使胎圈变松

1. 拆卸前轮轮胎

1)旋开气门,释放轮胎内的空气,如图 6-19 所示。

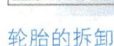

轮胎的拆卸

2)用脱胎角状物彻底地把胎圈推向轮辋边缘直到它变松,如图 6-20 所示。

3）如图6-21所示，将车轮总成夹紧在拆装机上，用轮胎用润滑剂给胎圈涂上护面层。

图6-21　把车轮总成夹紧在拆装机上

4）如图6-22所示，找准轮胎安装的起始部分，这部分必须充分地压紧在轮辋边缘，把轮胎安装杆插进去左右摆动或者合拢以让它接合。

图6-22　在轮胎安装的起始部分插进安装杆

5）使轮胎拆装机向逆时针方向运动一小段距离，以便于轮胎装卸撬杆在轮胎边缘充分的滑移，然后使拆装机向顺时针方向运动一段距离，如图6-23所示。

图6-23　用轮胎装卸撬杆在轮胎边缘充分的滑移

6）如果上部的轮胎从轮辋上扒下来了，用轮胎装卸撬杆提升底部的胎圈，使其高出轮胎安装抓手。让拆装机向逆时针方向运行短距离，然后又向顺时针方向运行短距离，直到轮胎从轮辋凸缘上完全被脱离，卸下轮胎，如图6-24所示。

图6-24　卸下轮胎

项目六 车轮和轮胎的构造与拆装

图 6-25 使轮胎脱出装配台基座

7）松开锁定器，并且使之向后靠或者摇动以使轮胎脱出装配台基座，如图 6-25 所示。松开夹钳并且清洁轮辋，更换气门芯。

图 6-26 用轮胎润滑剂涂于轮辋凸缘和胎边

2. 安装前轮轮胎

1）如图 6-26 所示，用轮胎润滑剂涂于轮辋凸缘和胎边，将轮毂夹紧在轮胎拆装机工作台上，检查轮胎抓手的调整机构，并调整抓手和夹具。降下轮胎安装杆，使拆装机顺时针操作，迫使轮胎套上轮辋。

轮胎的安装

图 6-27 检查胎圈是否完全套在轮辋上

2）按压轮胎边，操作轮胎拆装机向顺时针方向旋转，检查胎圈是否完全套在轮辋上，如图 6-27 所示。

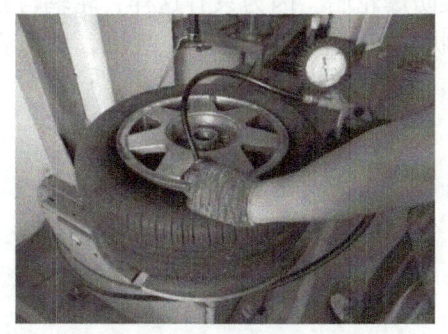

图 6-28 给轮胎充气

3）在装配完轮胎之后，首先松开夹具，然后给轮胎充气，直到达到汽车制造商规定的充气压力，装上气门芯帽，如图 6-28 所示。

97

五、质量保证

1）为了正确地拆装轮胎，先查阅轮胎拆装机所附带的操作说明书，确定机械装置处于理想状态。

2）操作轮胎拆装机前，要仔细检查电源和气源。

3）检查轮胎气压后，在气门周围涂上肥皂水，检查有无漏气情况。

工作说明

1）拆装轮胎时，在轮胎胎圈和轮辋凸缘之间涂一些轮胎装配用润滑剂，以便拆装轮胎而又不损坏轮胎和轮辋，保证其密封性。

2）装配轮胎前，先彻底地检查轮辋和轮胎是否有损坏，清洁轮辋密封处的污痕和锈迹。检查轮胎磨损情况，如果轮胎底部的花纹磨损至花纹深度小于 1.6mm 深的磨损指示条时，应尽快更换轮胎。

3）装配轮胎前，观察轮胎外侧记号，确保轮胎装配到正确的一侧。

4）装配轮胎时，对轮胎外圈施加尽可能小的压力，只有当轮胎胎圈正确地挤靠在轮辋凸缘上后，才能慢慢地增加压力，直到轮胎完全套在轮辋上。

5）轮胎与轮辋必须配套使用，轮辋和轮胎作为组合应用于相应的车型上必须获得批准。

拓展与提高

防 爆 轮 胎

防爆轮胎（RFT 轮胎）是在失压的状态下，仍能够以一定速度行驶一定距离而不出现瘪胎现象的轮胎。使用防爆轮胎即使突然发生爆胎也不会造成汽车移动，即使在高速公路等有危险的地点爆胎也无须更换备胎，仍可保证车辆的安全性。配备这种轮胎的汽车不再携带备用轮胎，从而减轻了车辆重量，节省了燃油，而且还具有提升车辆设计自由度的优势。

RFT 轮胎一般有两种。一种是自承载式 RFT 轮胎，用强化橡胶加强轮胎的胎侧部分，这个增强的轮胎侧面，在失去气压的状况下，也能够支承轮胎的侧壁。另一种是支承环式 RFT 轮胎，这种轮胎在轮胎和轮辋间有个支承圆环，在失压状态下支承环支承轮胎而不瘪胎。此类轮胎在保证防爆性能（爆胎后的持久性）的同时，还具有高度的操控性和舒适性。

原则上，只有轮辋凸缘经过更改的车轮上才能安装防爆轮胎。因为只有这样，轮辋与胎圈才能完全匹配，从而保证轮胎即使是在完全漏气的状况下也不会从轮辋中跳出，确保安全性。

任务 3　交换车轮位置

学习目标

1. 知识目标

1）了解车轮换位的重要性。

2）掌握车轮的换位方法。
2. 技能目标
熟练使用设备和工具，按流程规范交换车轮位置。
3. 情感目标
遵守操作规则，保证质量。

任务描述

一辆桑塔纳2000GSi型轿车行驶里程已达3 000km，需交换前后车轮总成。因此，需要掌握车轮换位的相关知识，制订工作计划，实施交换车轮位置任务，并保证工作质量。

知识储备

因驱动轮的位置、载荷和行驶路况等因素的不同，轮胎的磨损情况也不一样。为了使轮胎磨损均匀，延长其使用寿命，车轮换位是很必要的。

一、单边换位法

四轮二桥汽车的单边换位如图6-29所示。

二、交叉换位法

四轮二桥汽车的交叉换位如图6-30a所示，六轮二桥汽车的交叉换位如图6-30b所示。

图6-29 单边换位

图6-30 交叉换位
a）四轮二桥 b）六轮二桥

三、第一次换位

1）对于安装了四个新的同一规格的无方向性花纹或不对称花纹的轮胎的后轮驱动或四轮驱动的汽车，按前后交叉方式进行换位，如图6-31a所示。

2）对于安装了四个新的同一规格的无方向性花纹或不对称花纹的轮胎的前轮驱动的汽车，按前后交叉方式进行换位，如图6-31b所示。

3）对于安装了四个新的同一规格的有方向性花纹的轮胎的车辆（不论前驱、后驱还是四驱车辆），每8 000～10 000km时，需要仔细观察胎边显示的表示车轮旋转前进方向的箭头，换位后必须保证轮胎旋转方向的正确，如图6-31c所示。

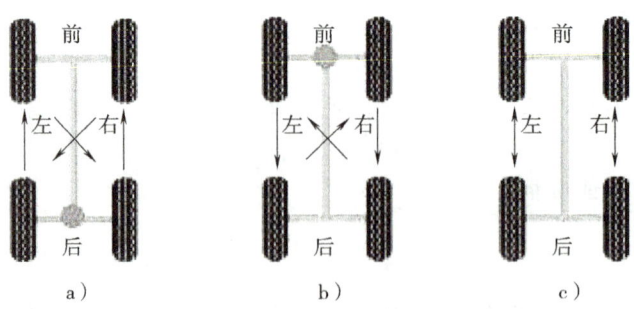

图 6-31 第一次换位
a) FR 车及 4WD 车　b) FF 车　c) 任何驱动方式

任务实施

车轮的换位

以桑塔纳 2000GSi 型轿车为例，介绍车轮换位。

一、设备与工具

桑塔纳 2000GSi 型轿车、举升机、扭力扳手、成套套筒扳手、冲击扳手和气压表各一套，工具车、车轮架、三角挡块若干。

二、技术参数

桑塔纳 2000GSi 型轿车轮胎的充气压力见表 6-6。

表 6-6　桑塔纳 2000GSi 型轿车轮胎的充气压力

车　轮	充气压力/kPa	
	半　载	满　载
前轮	180	190
后轮	180	230
备胎	250	

三、操作步骤

1）按任务 1 车轮的拆卸要求，拆卸前后车轮总成，置于车轮架。用粉笔在轮胎上做标记，注明是哪个位置的车轮，如图 6-32 所示。检查轮胎磨损情况。

图 6-32　拆卸前后车轮总成并置于车轮架

图6-33 按单边换位法换位

2）如图6-33所示，按单边换位法换位。车轮换位后，按照所换车轮位置的规定参数，重新调整轮胎气压。

3）按任务1车轮的安装要求，安装各车轮。

车轮的换位

四、质量保证

1）一般汽车每行驶3 000km左右，最好交换一次车轮位置。子午线轮胎的旋转方向应始终不变，推荐单边换位法。

2）车轮换位后，应根据车轮位置要求，重新调整气压。清洁工作时在汽车上留下的污痕。

工作说明

1）车轮换位后，及时记录，下次换位时仍按上次选择的换位方法换位。
2）检查轮胎磨损情况，剔除轮胎胎面和胎侧上嵌入的金属微粒或者其他异物。
3）换位时，需要参考汽车制造商提供的使用手册中有关车轮换位的指导。

任务4　车轮总成动平衡

学习目标

1. 知识目标
1）了解车轮动平衡的必要性。
2）掌握车轮动平衡的方法。
2. 技能目标
熟练使用设备和工具，按流程规范实施车轮总成的动平衡。
3. 情感目标
遵守操作规则，保证质量。

任务描述

一辆桑塔纳2000GSi型轿车左前轮胎不均匀磨损，经检查轮胎气压等均正常，那么轮胎不均匀磨损表示车轮动平衡有问题，需进行车轮总成的动平衡。因此，需要掌握车轮动平衡的相关知识，制订工作计划，实施车轮总成动平衡任务，并保证工作质量。

知识储备

车轮总成是高速旋转的部件，如果它不平衡，在高速行驶时会产生共振，影响操纵稳定性和乘坐舒适性，加速轮胎的磨损，甚至会造成严重的交通事故。因此，对车轮总成进行动平衡的检测是必要的。

不平衡是指轮胎和轮辋结构中由制造商造成的较重部位。

新车上的车轮和轮胎是做过动平衡的，但是汽车行驶和轮胎维修后，车轮总成的动平衡会受到影响，特别当发现轮胎有不均匀的磨损时，就必须对车轮总成进行动平衡检测。

车轮动平衡，就是沿轮辋分配平衡块，抵消车轮总成中较重的那部分。平衡块又称配重，一般有卡夹式平衡块和粘贴式平衡块两种。

任务实施

车轮的动平衡

以桑塔纳 2000GSi 型轿车为例，介绍车轮的动平衡。

一、设备与工具

桑塔纳 2000GSi 型轿车、举升机、轮胎动平衡机、若干块卡夹式平衡块、专用工具、常用工具和气压表各一套。

二、技术参数

桑塔纳 2000GSi 型轿车轮胎动平衡要求见表 6-7。

表 6-7 桑塔纳 2000GSi 型轿车技术参数

项　目	技术参数
车轮动态不平衡量/g	在轮辋边缘上小于 80
轮胎允许不平衡量/g	0.7% 轮胎质量

三、操作步骤

1）拆下车轮总成，清洁，取下旧平衡块，检查轮胎气压，使之达到规定的技术要求。根据轮辋中心孔的大小，选择锥体，安装车轮到动平衡机的转轴上，并用快速螺母锁紧，如图 6-34 所示。

车轮的锁紧

图 6-34　把车轮总成安装到动平衡机的转轴上

项目六　车轮和轮胎的构造与拆装

2）打开电源开关，检查指示面板使之指示正常。用平衡机上的标尺测量轮辋边缘到机箱的距离并输入，如图 6-35 所示。

图 6-35　测量轮辋边缘到机箱的距离

3）用卡尺测量轮辋宽度并输入，如图 6-36 所示。

图 6-36　测量轮辋宽度

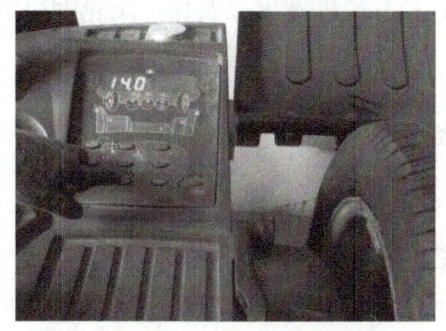

4）输入轮辋直径，按起动键，开始检测，如图 6-37 所示。

图 6-37　输入轮辋直径开始检测

5）运转停止后，从指示装置上读取车轮内外不平衡信息。慢速旋转车轮，当指示装置显示对点阵和数据时，停止转动，在轮辋内侧或外侧的上部边缘装夹平衡块，如图 6-38 所示。

图 6-38　装夹平衡块

车轮的动平衡

6）重新起动平衡机，直到指示装置显示"00"或车轮动态不平衡量在规定的范围内，如图 6-39 所示。

7）取下车轮总成，关闭电源，整理。

图 6-39　指示装置显示"00"

四、质量保证

1）操作时应严格按使用要求进行，应小心安装车轮总成，防止动平衡机的中心轴变形，确保机器正常工作，延长其使用寿命。

2）车轮装夹必须牢固可靠，防止出现松动现象。作业前必须盖防护罩，方可起动平衡机。

工作说明

1）进行平衡时，应选择与轮辋中心孔相配的定位锥体。

2）进行平衡时，应仔细检查并输入所测车轮轮辋直径、轮辋宽度以及标尺至轮辋边缘的距离值。

3）加装轮辋内、外侧平衡块时，要分别进行。

4）作业完成后切断电源，及时清扫现场，保持设备、环境清洁。

拓展与提高

汽车轮胎压力监测系统

汽车轮胎压力监测系统（Tire Pressure Monitoring System，TPMS）主要用于在汽车行驶时对轮胎气压和温度进行实时自动监测，对轮胎漏气和低气压状况进行报警，预防爆胎，以保证行驶安全。

TPMS 可以延长轮胎的使用寿命，降低油耗，减少环境污染，避免汽车部件的不正常磨损。目前，奥迪、宝马、奔驰、法拉利、保时捷、大众和福特等汽车的部分车型已安装了轮胎压力监测系统。

TPMS 主要由安装在汽车轮胎上的轮胎压力和温度监测模块及安装在汽车驾驶台上的中央监视器两个部分组成。轮胎压力和温度监测模块直接安装在每个轮胎里，将测量得到的信号调制后通过高频无线电波发射出去。中央监视器接收 TPMS 监测模块发射的信号，将各个轮胎的压力和温度数据显示在屏幕上，供驾驶人参考。如果轮胎的压力或温度出现异常，中央监视器根据异常情况，发出报警信号，提醒驾驶人采取必要的措施。

轮胎压力和温度监测模块由五个部分组成：具有压力、温度、加速度、电压检测和后信号处理芯片组合的智能传感器；8～16 位单片机；射频发射芯片；锂亚电池和天线。它的外壳选用高强度塑料制成。所有元器件和材料都要满足 -40~125℃的使用温度要求。

> 【小资料】
>
> ### SMPT 平板车
>
> 随着中国的制造业水平、科技水平与经济实力的迅速攀升，"中国制造"正在影响世界。在"十三五"期间，中国的制造技术逐一打破了一项又一项的技术垄断，而其中最为人所感慨的就是一些基建设备，一批由我国自主研发的技术装备正在持续发力，为基建提速贡献力量。SMPT 平板车是我国又一"大国重器"。
>
> SMPT 平板车是一种用于运输巨型物体的特种车辆，由中国自主研发出来的 SMPT 平板车理论上只要所运输的物体够长，就可以无限加长，在港珠澳大桥建设的时候，就一度将平板车加到了 1152 个车轮。每个车轮都采用特种橡胶制成，能够承受极大的压力，整车能载重超过 5 万 t。整车全部由计算机控制，控制系统对于每个车轮都有独立的控制能力，每个车轮都能够根据计算机的指令调整合适的角度，尽量减少轮胎的磨损和对地面的破坏，而且只要三个人就能够运行这辆车。SMPT 平板车为中国的基建事业贡献了极大的力量，桥梁架构、飞机、潜艇甚至是火箭都可以用它来运输。
>
> SMPT 平板车只有中国和德国能够制造，而且整体技术水平上，中国更加先进，前后有 26 个国家向中国求购技术或者整车。大国重器正在从"中国制造"走向"中国创造"。

项目七

悬架的构造与拆装

　　悬架是汽车的一个重要总成，它把车架与车轮弹性地联系起来。从外表上看，汽车悬架仅由一些杆、筒以及弹簧组成，但就是这些看似简单的结构，却既要满足汽车的舒适性要求，又要满足汽车的操纵稳定性的要求。本项目主要讲解有关悬架的基本结构和拆装过程。

任务1　拆装悬架总成

 学习目标

1. 知识目标
1) 掌握悬架的组成和作用。
2) 能够识别悬架弹性元件的类型。
2. 技能目标
熟练使用设备和工具，按流程规范拆装悬架总成。
3. 情感目标
遵守操作规则，保证质量。

 任务描述

　　一辆桑塔纳2000GSi型轿车更换悬架减振器。因此，需要掌握悬架的相关知识，制订工作计划，实施拆装悬架总成，并保证工作质量。

知识储备

一、悬架的作用

1. 悬架

悬架是车架与车桥之间的一切传力连接装置的总称。

2. 悬架的作用

1）吸收和减缓来自于不平路面给汽车带来的振动和摇摆，保持汽车的稳定。
2）将轮胎在路面上产生的驱动力和制动力传递给车架和车身。
3）支承车桥上的车身，使车身与车轮之间保持相应的位置关系。

二、悬架系统的组成

悬架系统主要由弹性元件、减振器和导向装置组成，如图 7-1 所示。

（1）弹性元件　弹性元件承受并传递垂直方向的载荷，缓和不平路面引起的冲击，使车架与车桥之间保持弹性连接。

（2）减振器　减振器用于衰减弹性元件引起的振动，提高乘坐的舒适性。

（3）导向装置　导向装置包括横向导杆和纵向推力杆，用来传递除垂直力以外的各种力和力矩，并确定车轮与车架之间的相对运动关系。

三、弹性元件的类型

（1）钢板弹簧　钢板弹簧由多片不等长和不等曲率的钢板叠合而成，安装好后两端自然向上弯曲，如图 7-2 所示。钢板弹簧除具有缓冲作用外，还有减振作用，纵向布置时还具有导向传力的作用。

图 7-1　悬架系统的组成
1—弹性元件　2—减振器　3—导向装置

图 7-2　钢板弹簧

（2）螺旋弹簧　如图 7-3 所示，螺旋弹簧只具备缓冲作用，多用于轿车独立悬架装置。由于没有减振和传力的功能，采用螺旋弹簧的悬架系统还必须设置专门的减振器和导向装置。

（3）油气弹簧　油气弹簧如图7-4所示，它以气体作为弹性介质、油液作为传力介质。油气弹簧不但具有良好的缓冲能力，还具有减振作用，同时还可调节车架的高度，但需设置导向装置，适用于重型车辆。

图7-3　螺旋弹簧

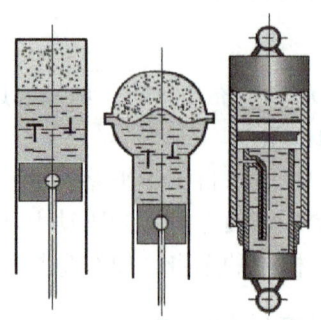

图7-4　油气弹簧

（4）扭杆弹簧　扭杆弹簧将用弹簧杆做成的扭杆一端固定于车架，另一端通过摆臂与车轮相连，利用车轮跳动时扭杆的扭转变形起到缓冲的作用，如图7-5所示。

（5）橡胶弹簧　橡胶弹簧是利用橡胶本身的弹性来起作用的弹性元件，它可以承受压缩载荷和扭转载荷。橡胶弹簧如图7-6所示。

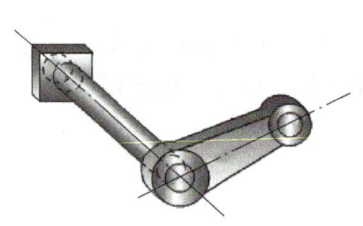

图7-5　扭杆弹簧

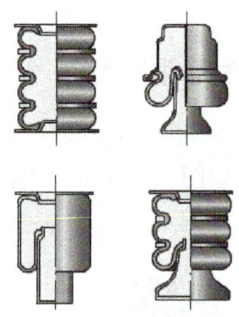

图7-6　橡胶弹簧

四、减振器的类型及工作原理

1. 减振器的类型

1）按工作原理分为单向作用式减振器和双向作用式减振器。
2）按结构分为双筒式减振器和单筒式减振器。
3）按工作介质分为液压式减振器和充气式减振器。

2. 减振器的构造

减振器由活塞杆、工作缸筒、活塞、储油缸筒、压缩阀等组成，如图7-7所示。

3. 减振器的工作原理

减振器利用油液流动产生的阻力来消耗冲击振动时所产生的能量。当车架与车桥做往复相对运动时，减振器内的油液反复地从一个腔室通过一些窄小的空隙流入另一个腔室，如图7-8所示。空隙与油液间的摩擦以及油液分子间的内摩擦形成了对车架振动的阻尼力，从而使车架、车身的振动能量转化为热能,并被油液和减振器壳体所吸收,然后散发到大气中。

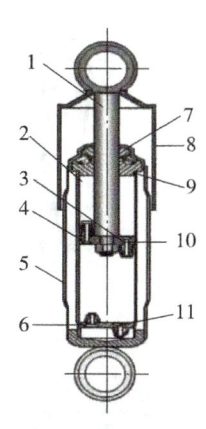

图7-7 减振器的构造

1—活塞杆 2—工作缸筒 3—活塞 4—伸张阀 5—储油缸筒
6—压缩阀 7—油封 8—防尘罩 9—导向座
10—流通阀 11—补偿阀

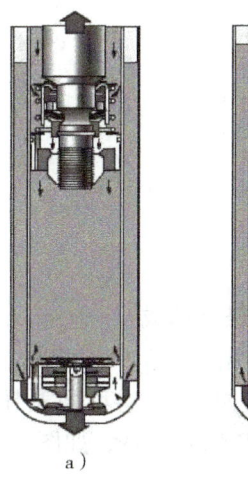

图7-8 减振器的工作原理

a) 伸张行程 b) 压缩行程

任务实施

拆装桑塔纳2000GSi型轿车前悬架总成

以桑塔纳2000GSi型轿车为例,介绍悬架总成的拆装。

一、设备与工具

桑塔纳2000GSi型轿车悬架总成。

专用工具V.A.G1403(可用VW340或世达97701、97702卷型弹簧压缩器代替)、减振器拆装套筒VW524(可用世达97102、97103、97104专用拆装套筒代替)、专用工具40-201A、各型可调扭力扳手、世达呆扳手套件、世达维修工具套件、橡胶锤子和螺钉旋具等。

二、技术参数

技术参数见表7-1。

表7-1 技术参数

项 目	参数/N·m
悬架减振器螺母盖旋紧力矩	150
悬架减振器活塞杆上锁紧螺母力矩	60

三、拆装步骤

1. 拆卸悬架总成

1）用专用工具 V. A. G1403（如没有，可用 VW340 或世达 97701、97702 卷型弹簧压缩器代替）压住弹簧，压缩压紧螺旋弹簧，如图 7-9 和图 7-10 所示。

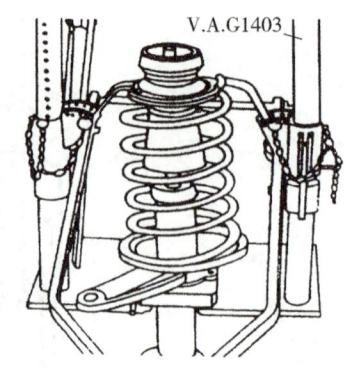

图 7-9　用专用工具压住弹簧

悬架总成的拆卸

图 7-10　压缩压紧螺旋弹簧

2）在减振器上端找到开槽螺母，如图 7-11 所示。

图 7-11　找到开槽螺母

3）用 97104 减振器拆装专用套筒对准开槽螺母，如图 7-12 所示。

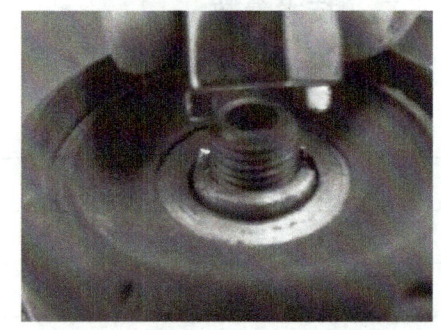

图 7-12　用专用套筒对准开槽螺母

项目七 悬架的构造与拆装

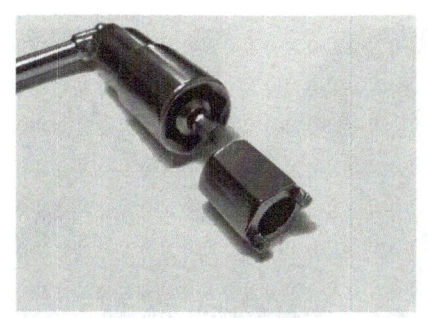

图 7-13 将 97102 专用套筒插进 97104 内

4）将 97102 专用套筒插进 97104 内，如图 7-13 所示。

图 7-14 使 97102 与内六角螺母配合

5）使 97102 与内六角螺母正确配合，如图 7-14 所示。

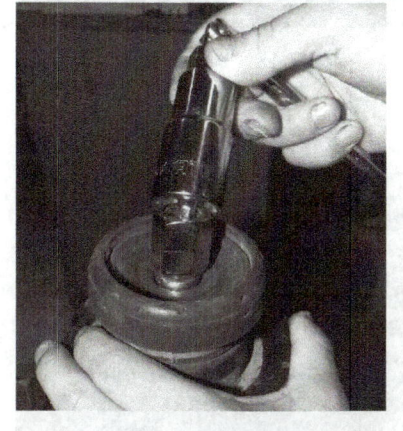

图 7-15 旋动开槽螺母

6）握紧 97102 套筒把手，用扳手扳动 97102 外套筒，旋动开槽螺母，如图 7-15 所示。

图 7-16 旋下开槽螺母

7）旋下开槽螺母，如图 7-16 所示。

111

8）取下开槽螺母，如图 7-17 所示。

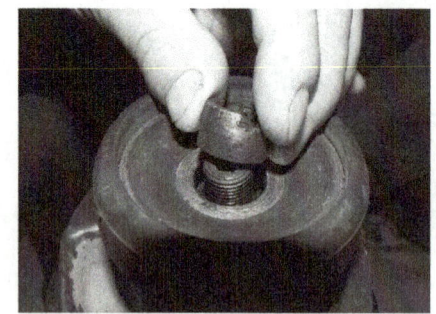

图 7-17　取下开槽螺母

9）取下弹簧座，如图 7-18 所示。

图 7-18　取下弹簧座

10）取下弹簧座护圈，如图 7-19 所示。

图 7-19　取下弹簧座护圈

11）拆下弹簧压缩工具，取下螺旋弹簧，如图 7-20 所示。

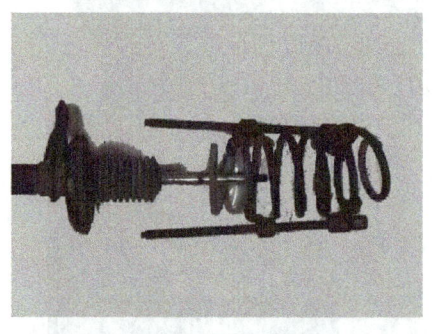

图 7-20　取下螺旋弹簧

项目七 悬架的构造与拆装

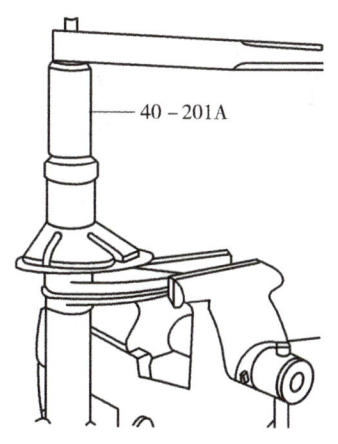

图 7-21 旋下减振器螺母盖

图 7-22 取出减振器

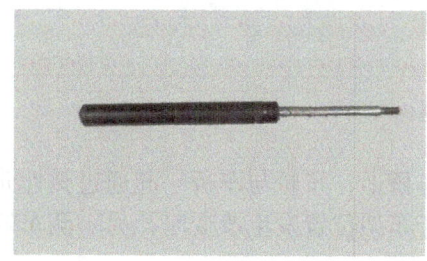

图 7-23 单根减振器

12）用专用工具 40-201A 旋下减振器螺母盖，从支柱内取出减振器，如图 7-21 和图 7-22 所示。

13）取下螺母盖后，取出单根减振器，如图 7-23 所示。

2. 安装悬架总成

减振器装配过程与上述拆卸过程相反，但应注意螺母盖和锁紧螺母要按规定的旋紧力矩拧紧。

悬架总成的安装

四、质量保证

1）各零件装配顺序正确，零件不缺失。
2）弹簧拆卸安全，装配可靠。
3）各螺栓螺母按规定力矩拧紧。
4）压缩减振器，弹力正常。

工作说明

1）拆装减振器时要使用专用工具并且要规范着装。

2）拆装专用螺栓等应使用专用工具，不可用其他工具代替或强行拆装。
3）使用夹具固定压缩弹簧时应注意安全，确保弹簧压缩固定可靠。
4）拆装应在有教师示范和监督下进行。
5）装配时应按规定力矩、使用专业扳手旋紧各紧固螺栓。

任务2　拆装非独立后悬架

学习目标

1. 知识目标
1）能够识别悬架的类型。
2）掌握非独立悬架的结构和特点。
2. 技能目标
熟练使用设备和工具，按流程规范拆装非独立悬架。
3. 情感目标
遵守操作规则，保证质量。

任务描述

一辆桑塔纳2000GSi型轿车拆装非独立后悬架。因此，需要掌握非独立悬架的相关知识，制订工作计划，实施拆装非独立悬架任务，并保证工作质量。

知识储备

一、汽车悬架的分类

1. 非独立悬架

非独立悬架的结构是两侧车轮安装在一根整体式的车桥上，车轮与车桥一起通过弹性元件悬挂在车架下面。当一侧车轮因路面不平等原因相对于车架位置发生改变时，另一侧车轮的位置也随之发生改变，如图7-24所示。

2. 独立悬架

独立悬架的结构是两侧车轮各自独立地通过弹性元件悬挂在车架下面，车桥为断开式。当一侧车轮因路面不平等原因相对于车架位置发生改变时，另一侧车轮几乎不受影响，如图7-25所示。

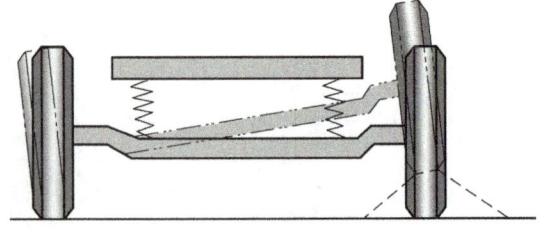

图7-24　非独立悬架

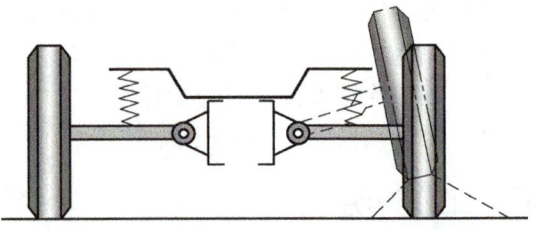

图7-25　独立悬架

二、非独立悬架的特点

1）非独立悬架中大多采用钢板弹簧或螺旋弹簧做弹性元件。

2）非独立悬架结构简单、零部件少、工作可靠、易于维修、寿命长,钢板弹簧非独立悬架适合于重载。

3）非独立悬架车辆在转弯时车身倾角小,车轮定位几乎不因其上下运动而改变,轮胎的磨损较少。

4）非独立悬架因为左、右车轮的运动相互影响,容易产生跳动和偏摆等现象,导致汽车行驶平顺性变差。

三、螺旋弹簧非独立悬架的构造

螺旋弹簧非独立悬架多用于轿车的后悬架,桑塔纳轿车的后悬架即为这种形式,如图7-26所示。两根纵向推力杆的中部与后桥焊接为一体,其前端通过带橡胶的支承座与车身铰链连接,后端与轮毂相连接。纵向推力杆用以传递纵向力及力矩。整个后桥、纵向推力杆及车轮可以绕支承座的铰点连线相对于车身上下纵向摆动。螺旋弹簧的上端装在弹簧上座中,下端则支承在减振器外壳上的弹簧下座上,只承受垂直力。减振器的上端与弹簧上座一起装在车身底部的悬架支座中,下端则与纵向推力杆相连接。采用这种结构,当两侧车轮上的螺旋弹簧因路面不平而产生不同的变形量时,后桥会发生相应的扭转变形,从而起到横向稳定器的作用。

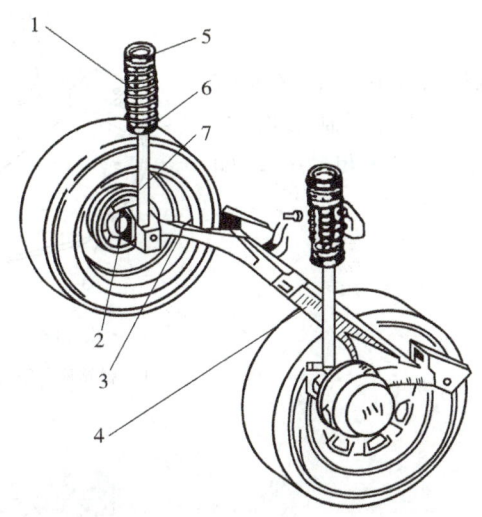

图7-26 螺旋弹簧非独立悬架

1—螺旋弹簧 2—轮毂短轴 3—纵向推力杆
4—横梁 5—支承杆座 6—减振器支柱 7—减振器

任务实施

拆装非独立后悬架

以桑塔纳2000GSi型轿车为例,介绍非独立后悬架的拆装。

一、设备与工具

桑塔纳 2000GSi 型轿车、举升机、专用工具 3017A（可用世达 97103 代替）、托举器、各型可调扭力扳手、呆扳手套件、世达维修工具套件、橡胶锤子和螺钉旋具等其他工具若干。

二、结构参数和技术参数

结构参数和技术参数见表 7-2。

表 7-2　结构参数和技术参数

项 目	参数/N·m
桑塔纳 2000GSi 型轿车后悬架自锁螺母拧紧力矩	35

三、拆装步骤

1. 拆卸后非独立悬架

1）将驻车制动拉索从拉杆上吊出，必要时脱开制动蹄。分开轴体上的制动管和制动软管。松开车身上的支承座，仅留一个螺母支承，如图 7-27 所示。

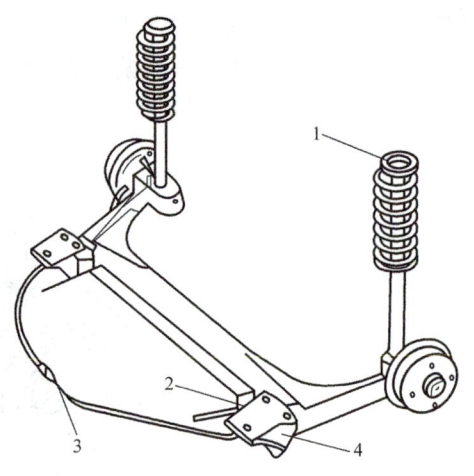

图 7-27　松开支承座螺母
1—弹簧座　2—制动软管　3—拉索　4—支承座

2）拆下排气管吊环。用专用工具撑住后桥横梁，如图 7-28 所示。

图 7-28　用专用工具撑住后桥横梁

项目七 悬架的构造与拆装

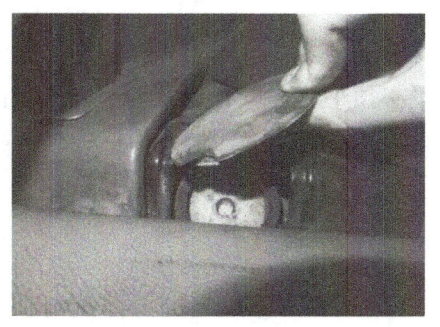

图 7-29 拆下车身内减振器罩盖

3）拆下车身内的减振器罩盖，如图 7-29 所示。

图 7-30 选用减振器专用工具

4）如图 7-30 所示，选用内六角扳手固定住减振器活塞杆，用 专用工具 旋松自锁螺母（或用世达 97103 减振器专用工具）。

图 7-31 旋下自锁螺母，
拆出非独立后悬架

5）旋下自锁螺母，拆卸车身上的整个支承座，慢慢升起车辆，将驻车制动器拉索从排气管上拉出，将后桥从车身下面拆出，如图 7-31 所示。

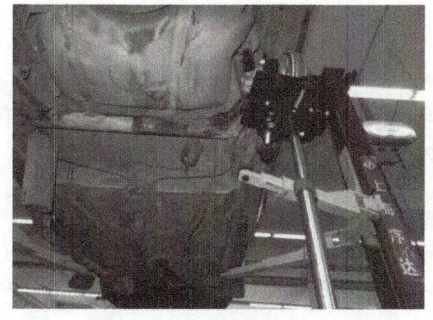

图 7-32 安装非独立后悬架

2. 安装非独立后悬架

后桥、后悬架总成的安装可按与拆卸相反的顺序进行，主要有：将驻车制动拉索铺设在排气管上面，然后将后桥装到车身上。将减振器支承杆座装入车身的支架中，并用螺母固定。横梁必须 平放，车身与横梁的 夹角正确。所有自锁螺母按 规定力矩 拧紧，如图 7-32 所示。

117

四、质量保证

检查非独立后悬架有无损坏或漏油等现象。悬架横梁必须平放,车身与横梁的夹角要正确。自锁螺母需更换,并按规定力矩拧紧。清洁工作时在车辆上留下的污痕,清洁、整理工具,清扫工作场地。

工作说明

1)使用举升机时,应把车辆置于举升机中心,将支撑臂放在厂家规定的支撑点处。略微举升车辆并检查支撑臂的位置是否正确,然后再将车辆举升到工作位置,此时,一定要将举升机降低到机械安全的位置。

2)使用托举器时,要确认托举可靠,托举器已锁定,车身稳定时才能进行下一步的操作。

任务3　拆装独立前悬架

学习目标

1. 知识目标
1)掌握独立悬架的结构和特点。
2)能够识别独立悬架的类型。
2. 技能目标
熟练使用设备和工具,按流程规范拆装独立悬架。
3. 情感目标
遵守操作规则,保证质量。

任务描述

一辆桑塔纳2000GSi型轿车拆装前独立悬架。因此,需要掌握独立悬架的相关知识,制订工作计划,实施拆装独立悬架任务,并保证工作质量。

知识储备

一、独立悬架

独立悬架被现代汽车广泛采用,有的轿车全部车轮都采用了独立悬架。独立悬架能够使两侧车轮各自独立地与车架弹性连接,其弹性元件常采用螺旋弹簧和扭杆弹簧。

二、独立悬架的特点

1)在悬架弹性元件一定变形范围内,两侧车轮可以单独运动,互不干扰,减小了行驶时车架和车身的振动,同时也防止了转向轮的偏摆。

2)相同条件下,独立悬架的车辆比非独立悬架的车辆所受的路面冲击载荷小,汽车行驶平顺性较好。

3）与独立悬架配套使用的是断开式车桥，发动机总成的位置也可以随之降低和前移，使汽车重心下降，提高车辆的行驶稳定性。

三、独立悬架的类型

独立悬架按车轮的运动形式分为三类：
1）车轮在汽车横向平面内摆动的悬架，称为横臂式独立悬架。
2）车轮在汽车纵向平面内摆动的悬架，称为纵臂式独立悬架。
3）车轮沿主销轴线移动的悬架，有烛式悬架和麦弗逊式悬架，如图 7-33 和图 7-34 所示。

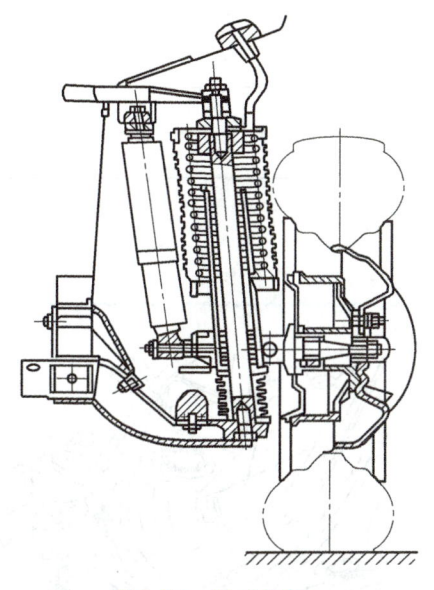

图 7-33 烛式悬架

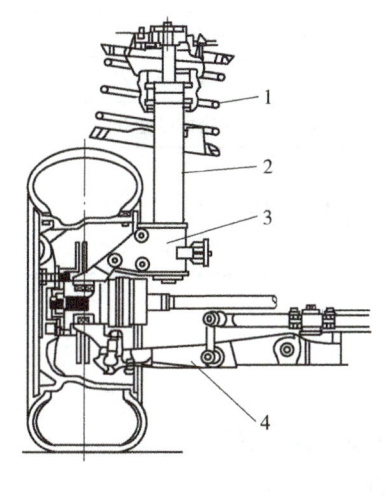

图 7-34 麦弗逊式悬架
1—螺旋弹簧 2—减振器 3—转向节 4—横摆臂

四、麦弗逊式悬架的构造

桑塔纳 2000GSi 型轿车前悬架采用麦弗逊式悬架。麦弗逊式悬架由螺旋弹簧、减振器、转向节和横摆臂等组成。

任务实施

拆装独立前悬架

以桑塔纳 2000GSi 型轿车为例，介绍前独立悬架的拆装。

一、设备与工具

桑塔纳 2000GSi 轿车。
专用拉拔器（世达 90661、世达 90662 球头拉拔器）、专用压力顶出工具 V.A.G1389、专用支承工具、专用扳手 3078（可用世达 97102 减振器拆装专用套筒代替）、各型可调扭力扳手、世达内六角扳手、呆扳手套件、维修工具套件、角度盘各一套，橡胶锤子、螺钉旋具等。

二、辅助材料

铁丝钩和防护剂 D6。

三、技术参数

技术参数见表 7-3。

表 7-3　技术参数

轮毂与传动轴的紧固螺母力矩/N·m	230
车轮紧固螺母力矩/N·m	110
制动钳紧固螺栓力矩/N·m	70
稳定杆的紧固螺栓力矩/N·m	25
防护剂 D6 涂抹厚度/mm	5

四、拆装步骤

1. 拆卸前独立悬架

1）拆下车轮。

2）旋下制动钳紧固螺栓，旋下制动盘。

3）取下制动软管支架，并用铁丝将制动钳固定在车身上，从减振器支柱上旋下横拉杆球头销紧固螺母，如图 7-35 所示。

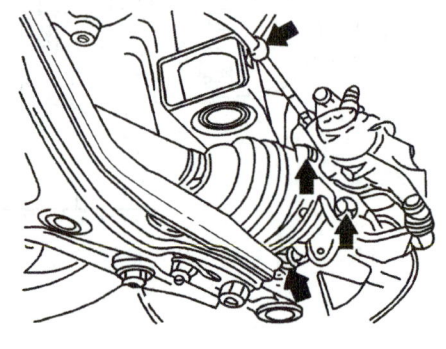

图 7-35　旋下制动钳紧固螺栓，取下制动软管支架

4）用专用工具（世达 90661、世达 90662 球头拉拔器）压下转向横拉杆接头，如图 7-36 所示。

图 7-36　压下转向横拉杆接头

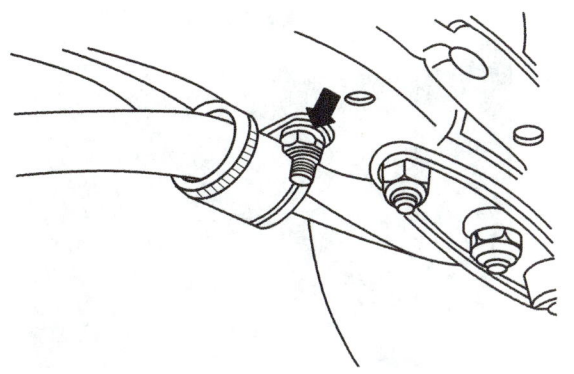

5）旋下稳定杆的紧固螺栓，如图 7-37 所示。

图 7-37　旋下稳定杆的紧固螺栓

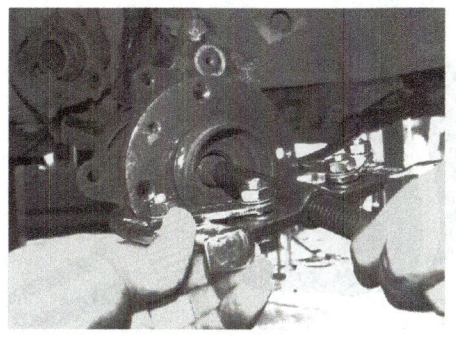

6）如图 7-38 所示，向下按压下臂，从车轮轴承壳内拉出传动轴；或利用两个车轮凸缘上的螺孔，将压力装置 V. A. G1389 固定在轮毂上，用液压装置从轮毂中压出传动轴。

图 7-38　拉出传动轴

7）拆掉压力装置，如图 7-39 所示。

图 7-39　拆掉压力装置

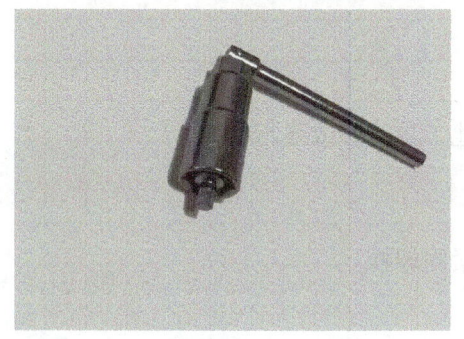

8）从车身上方撬下罩盖，并支承减振器支柱下部，用世达 97102 减振器拆装专用套筒（图 7-40）旋下活塞杆螺母。

图 7-40　减振器拆装专用套筒

9）使世达97102减振器拆装专用套筒的内六角与螺母的内六角配合，用专用套筒的外套筒套住外六角螺母。

10）握紧97102套筒手柄，使内六角不能转动，用扳手旋动外套筒，旋松活塞杆螺母，如图7-41所示。

11）从车上取下减振器总成。

活塞杆螺母的拆卸

2. 安装前独立悬架

前悬架总成的安装顺序基本上与拆卸顺序相反，但在安装时应注意以下事项：

1）不允许对前悬架总成进行焊接或整形处理，不合格的要更换新的零部件或总成。

2）安装传动轴时，应擦净传动轴与轮毂花键齿面上的油污，去除防护剂的残留物。在外等速万向节花键面涂上一圈5mm宽的防护剂D6，如图7-42所示，然后进行传动轴的装配。涂防护剂D6的传动轴装车后，应停车1h之后才可使用。

3）安装时，所有螺栓和螺母的紧固力矩应符合规定。所有自锁螺母都必须更换新件。

图7-41 旋松活塞杆螺母

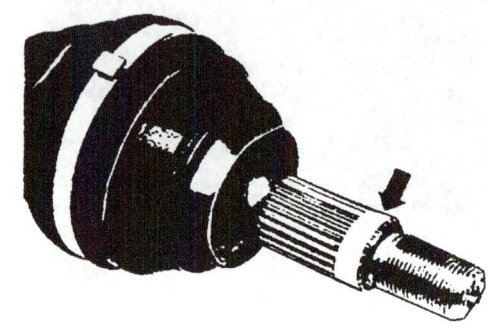

图7-42 在外等速万向节花键面上涂D6

五、质量保证

1）装配前悬架过程安全可靠。
2）各零件装配到位，无缺失，无扭曲变形。
3）各螺栓螺母按规定力矩拧紧。
4）防护剂正确涂抹，花键轴正确无损安装。
5）需更换零件已更换。

工作说明

1）拆装前悬架时使用工具和着装要规范。
2）拆装专用螺栓等应使用专用工具，不可用其他工具代替或强行拆装。
3）拆装时应用专用设备支承。
4）拆装应在教师示范和监督下进行。
5）装配时应按规定力矩、使用专用扳手旋紧各紧固螺栓。
6）装配花键轴之前，正确涂抹防护剂。
7）需更换零件要进行更换。

拓展与提高

电子控制悬架系统

悬架主要影响汽车的垂直振动。传统的汽车悬架是不可调整的，在行车中车身高度的变化取决于弹簧的变形，因此就自然存在一种现象，即当汽车的负荷发生改变时，一般汽车的悬架装置高度就会改变，制动时前悬架的高度会降低，转弯时外侧悬架的高度会升高。这不仅影响到车辆的舒适性，而且也影响到车辆的操纵稳定性。实际上，汽车不同的行驶状态对悬架有着不同的需求。一般行驶时需要柔软一点的悬架以求舒适感，当急转弯及制动时又需要硬一点的悬架以求稳定性。电子控制悬架系统就能够满足这些要求。

电子控制悬架系统的最大优点，就是它能使悬架随不同道路状况和负荷大小而有不同的反应。它还能平衡地面反作用力，使其对车身的影响减少到最低限度，因而极大地改善了车辆行驶的稳定性、操纵性和乘坐的舒适性。

典型的电子控制悬架系统由电子控制单元及开关、传感器和执行机构等组成。

电子控制悬架的控制形式主要有两种，即液压控制形式和气压控制形式。液压控制形式是较先进的形式，主动悬架就属于这一类形式，它采用一种有源方式来抑制路面对车身的冲击力及车身倾斜力。气压控制形式又称为自适应悬架，它通过在一定范围内的调整来适应路面的变化。不管是主动悬架还是自适应悬架，它们都有电子控制元件和传感器。传感器是电子控制悬架上重要的零部件，一旦失灵，整个悬架系统工作就会不正常。

【小资料】

核心技术掌控未来

浙江吉利控股集团有限公司（以下简称吉利控股集团）从生产电冰箱零部件起步，发展到生产建筑装潢材料和摩托车，1997年，进入汽车行业。当初的吉利控股集团不光遭受外部种种阻碍，更大的制约是缺乏核心技术。虽然困难重重，但是吉利人没有放弃，即使饱经挫折，也始终怀着民族造车梦，渐渐开始自主创造。如今，吉利控股集团所拥有的核心技术包括全球领先的CMA模块架构、适用"新四化"的电子电气架构、基于智能驾驶的独立软件开发和车载芯片研发等。

经过多年的奋斗和努力，吉利控股集团已拥有独立总装和零部件生产体系，在全国拥有完善的销售体系。吉利控股集团在海外也拥有超200个销售服务网点，位列中国出口汽车企业前列。吉利控股集团更是收购和控股了沃尔沃等一系列世界知名汽车品牌，投资数亿元建立了吉利汽车研究院，获得专利7000余项，在多项汽车技术领域做到了"世界先进，中国领先"，在新能源和智能汽车等高新技术应用方面取得重大突破。从技术追随到技术引领，吉利控股集团的成功源于吉利人一直秉承的"敬业、精益、专注、创新"的职业精神。

项目八

转向装置的构造与拆装

转向装置是汽车转向系统中的重要组成部分，关系到汽车行驶的操纵性和安全性。它们能够使汽车在行驶过程中改变行驶方向，并使作用在转向盘上的力矩传到车轮上。本项目主要围绕转向器、转向传动机构和操纵机构的构造与拆装进行学习和训练。

任务1　拆装齿轮齿条式转向器

学习目标

1. 知识目标
1）掌握转向装置的作用、结构及类型。
2）掌握转向器的类型和构造。
3）掌握齿轮齿条式转向器的结构和工作过程。
2. 技能目标
1）制订合理的拆卸和安装计划。
2）选择常用工具和转向系统专用拆装工具来拆装齿轮齿条式转向器。
3. 情感目标
1）团队合作，保证质量。
2）认真、细致、严谨的工作态度和爱岗敬业的职业精神。

任务描述

一桑塔纳2000GSi型轿车齿轮齿条式转向器转向沉重。因此，需掌握齿轮齿条式转向器的相关知识，制订工作计划，实施齿轮齿条式转向器拆装任务，并保证工作质量。

知识储备

一、转向装置的作用

转向装置可改变汽车的行驶方向和保持汽车直线行驶稳定。

二、汽车转向装置的类型

（1）机械转向装置 机械转向装置以驾驶人体力为转向能源，所有传力件都是机械的。它由转向操纵机构、转向器和转向传动机构三部分组成，如图8-1所示。

（2）动力转向装置 动力转向装置以驾驶人体力和发动机动力作为转向能源。

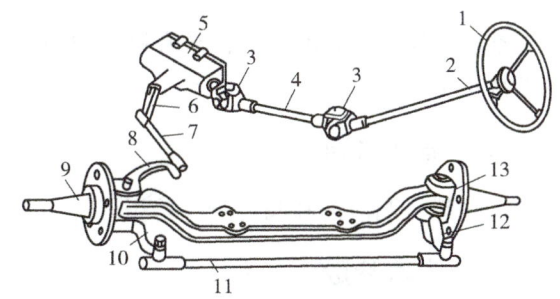

图8-1 机械转向装置的组成

1—转向盘 2—转向轴 3—转向万向节 4—转向传动轴
5—转向器 6—转向摇臂 7—转向直拉杆 8—转向节臂
9—左转向节 10—左转向梯形臂 11—转向横拉杆
12—右转向梯形臂 13—右转向节

三、转向器的作用和类型

（1）转向器的作用 转向器的作用是增大转向盘传到转向轮上的力矩，并改变力的传动方向，以获得所要求的摆动速度和角度。

（2）转向器的类型 转向器按结构形式可分为齿轮齿条式、循环球式和蜗杆曲柄指销式三种。

如图8-2所示，齿轮齿条式转向器结构简单、轻巧，加工方便，传力杆件少，维修方便，操纵灵敏，目前广泛应用于前轮独立悬架的轻型货车和中级轿车上，如上海桑塔纳、一汽奥迪、捷达和天津夏利等轿车。

图8-2 齿轮齿条式转向器结构

四、齿轮齿条式转向器的构造

齿轮齿条式转向器主要由转向齿轮、转向齿条和转向器壳体等组成。

五、齿轮齿条式转向器的工作过程

齿轮齿条式转向器转向齿条的中部通过拉杆支架与左右转向横拉杆连接。转动转向盘时，转向齿轮转动，与之相啮合的转向齿条沿轴向移动，从而使转向横拉杆带动转向节转动，使车轮偏转，实现汽车转向，如图8-3所示。

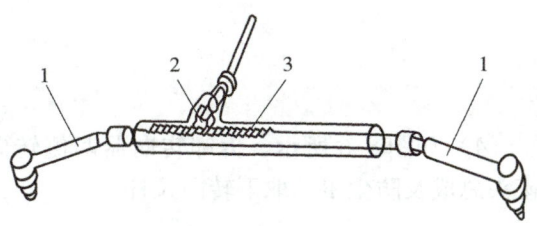

图8-3 齿轮齿条式转向器的工作过程

1—转向横拉杆 2—转向齿轮 3—转向齿条

任务实施

拆装齿轮齿条式转向器

以桑塔纳 2000GSi 型轿车为例,介绍齿轮齿条式转向器的拆装。

一、设备与工具

桑塔纳轿车 2000GSi 型、举升机、扭力扳手、套筒扳手、一字螺钉旋具、鲤鱼钳和工作台等常用工具。

二、辅助材料

清洗剂、润滑油和润滑脂等若干。

三、技术参数

1)转向齿条的直线度误差<u>不得大于 0.30mm</u>。
2)转向齿轮的转动力矩为 <u>10N·m</u>。

四、拆装步骤

1. 拆卸

1)从车上拆下转向器总成后,拆下横拉杆,如图 8-4 所示。

图 8-4　拆下横拉杆

2)应在转向齿条端部与横拉杆连接处打上装配标记。

3)从转向齿条壳体中将转向器小齿轮和轴承一起拆出,如图 8-5 所示。

图 8-5　从转向齿条壳体中拆出转向器小齿轮和轴承

4)如图 8-6 所示,拆卸转向器两侧转向拉杆接头总成及防尘罩,取下转向拉杆。

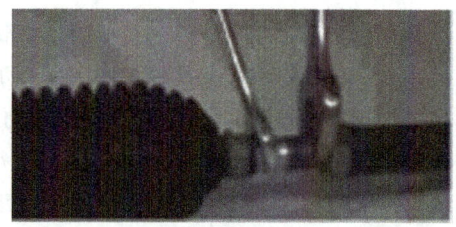

图 8-6　拆卸转向拉杆接头及防尘罩

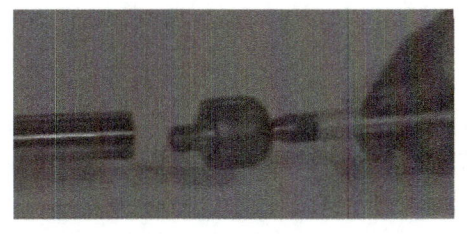

图 8-7 拆下转向齿条接头

5）拆下转向齿条接头总成，如图 8-7 所示。

图 8-8 拉住转向齿条，对准转向齿轮

6）从转向齿条壳总成里取下调整螺塞、补偿弹簧和导向块后，拉住转向齿条，对准转向齿轮，如图 8-8 所示。

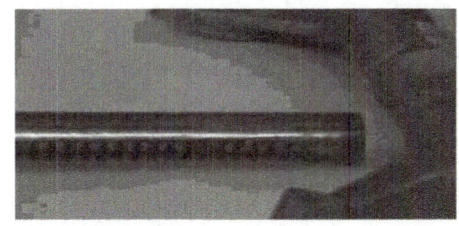

图 8-9 抽出转向齿条

7）拆卸转向齿轮，抽出转向齿条，如图 8-9 所示。

8）清洗。

2. 装配及调整

1）在齿条上涂转向器润滑油，装入转向齿条和齿条衬套，再将导向块、补偿弹簧装入转向齿条壳总成，最后装上调整螺塞及油封。按原厂规定的力矩紧固锁紧螺母，并装好防尘罩。

2）装入转向齿条压块、弹簧、调整螺塞及锁紧螺母。

3）装回转向齿条接头分总成、防尘罩及转向拉杆接头分总成，装回转向器小齿轮和轴承。

4）调整转向齿条与转向齿轮的啮合间隙。

3. 清洁

五、质量保证

1）各零件无裂纹。

2）检查转向器的密封情况，应符合相关要求。

3）齿面上无疲劳剥蚀及严重的磨损，若出现左右大转弯时转向沉重且又无法调整时，应更换齿轮。

4）检查更换转向齿轮轴承。

工作说明

1）齿轮齿条式转向器总成拆装应放置在台虎钳上进行。
2）转向齿条与转向齿轮的啮合间隙调整，应在车轮着地且处于直行状态下进行。
3）拆卸转向齿条时，不能碰伤齿条外表面，抽出时不能让齿条转动以防碰伤齿面。

任务 2　拆装循环球式转向器

学习目标

1. 知识目标
1）掌握循环球式转向器的结构和工作过程。
2）掌握循环球式转向器的拆装方法。
2. 技能目标
1）制订合理的拆卸和安装计划。
2）选择常用工具和转向系统专用拆装工具来拆装循环球式转向器。
3. 情感目标
团队合作，遵守操作规则，保证质量。

任务描述

一解放汽车循环球式转向器转向圈数不足。因此，需掌握循环球式转向器的相关知识，制订工作计划，实施循环球式转向器拆装任务，并保证工作质量。

知识储备

一、循环球式转向器的构造

图 8-10 所示为解放牌汽车的循环球式转向器，由转向螺杆、转向螺母齿条、齿扇和壳体等组成。它有两级传动副，第一级是螺杆螺母传动副，第二级是齿条齿扇传动副。

二、循环球式转向器的工作过程

当转动转向盘时，转向螺杆也随之转动，通过钢球将作用力传给螺母，螺母即产生轴向移动，同时由于摩擦力的作用，所有钢球在螺杆与螺母之间滚动，如图 8-11 所示。随着螺母沿螺杆做轴向移动，其齿条带动齿扇运动，如图 8-12 所示。齿扇带动转向臂轴转动，从而使转向臂轴产生摆动，通过转向传动机构使转向轮偏转而使汽车转向。

循环球式转向器的正传动效率高，可达 90%～95%，操纵方便，且使用寿命长，故这种转向器在汽车上广泛应用。但其逆传动效率也高，可将地面对转向轮的冲击力传给转向盘。

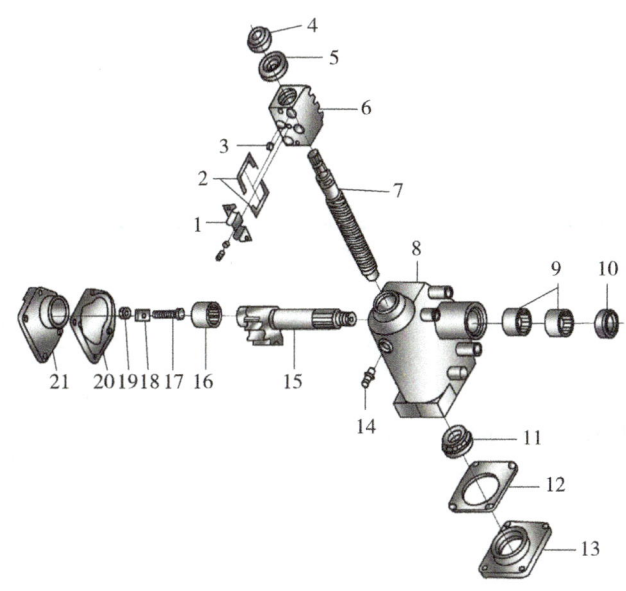

图 8-10 解放牌汽车的循环球式转向器

1—导管夹 2—导管 3—钢球 4、10—油封 5、9、11、16—轴承 6—转向螺母齿条
7—转向螺杆 8—壳体 12、20—密封垫 13—底盖 14—通气塞 15—齿扇
17—调整螺栓 18—垫圈 19—调整螺母 21—侧盖

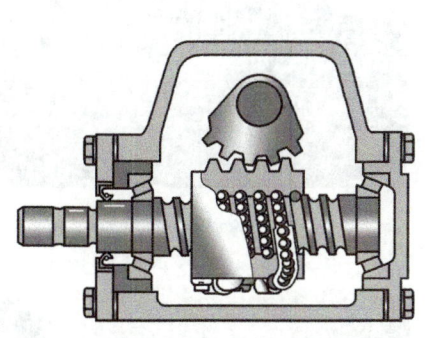

图 8-11 循环球式转向器的工作过程 1

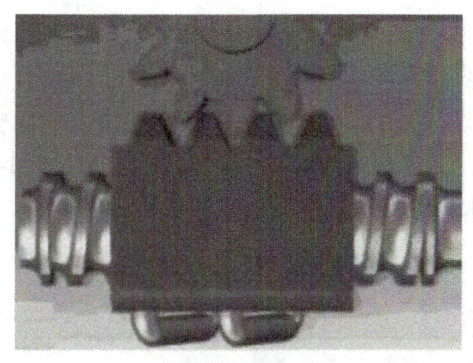

图 8-12 循环球式转向器的工作过程 2

任务实施

拆装循环球式转向器

以解放牌汽车为例,介绍循环球式转向器的拆装。

一、设备与工具

解放牌汽车循环球式转向器、扭力扳手、一字螺钉旋具、十字螺钉旋具、黄铜棒、木锤、套筒扳手和工具车等常用工具。

二、辅助材料

清洗剂、润滑油和润滑脂等。

三、拆装步骤

1. 拆卸

1）如图 8-13 所示，将转向器通气塞拧下，放出转向器内的润滑油。

图 8-13 拧下转向器通气塞

2）将转向臂轴转到中间位置（将转向螺杆转到底后再退回约 3.5 圈），拧下转向器总成侧盖的四个紧固螺栓，用黄铜棒轻轻敲击转向臂轴端头，取下侧盖和转向臂轴总成，如图 8-14 和图 8-15 所示。注意不要划伤油封。

图 8-14 侧盖

转向臂轴的
拆卸

图 8-15 转向臂轴总成

项目八 转向装置的构造与拆装

图 8-16 拆下转向器底盖紧固螺栓

3）如图 8-16 所示，拆下转向器底盖紧固螺栓，再用黄铜棒轻轻敲打转向螺杆上端，取下底盖和调整垫片，如图 8-17 所示。

图 8-17 底盖

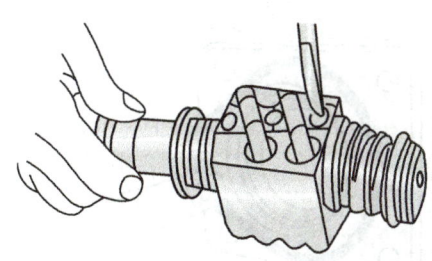

图 8-18 拆下导管夹，取出导管

4）从壳体中取出转向螺杆及转向螺母总成。
5）分解转向螺杆及螺母总成：先拆下三个固定导管夹的螺钉，再拆下导管夹，取出导管，如图 8-18 所示。握住螺母，慢慢地转动螺杆，取出全部钢球。
6）清洗。

循环式钢球的拆卸

2. 装配

（1）转向螺杆螺母总成的装配

1）将转向螺母齿条套在螺杆上，再把螺母放在螺杆滚道的一端，并使螺母滚道孔对准滚道。

2）将钢球由螺母滚道孔放入，边转动螺杆边放入钢球，如图 8-19 所示。将其余钢球装于两个导管内，并涂以少量润滑脂，把导管插入螺母的导管孔中，然后用木锤轻轻敲打导管，使之到位。

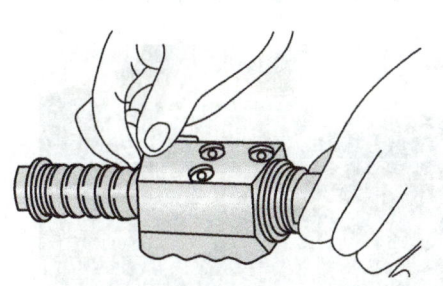

图 8-19 钢球的装入

131

3）用导管夹把导管压在螺母上，如图 8-20 所示，并用三个螺钉紧固。使装复的螺杆螺母总成处于垂直位置时，螺母能从螺杆上端自由、匀速落下。

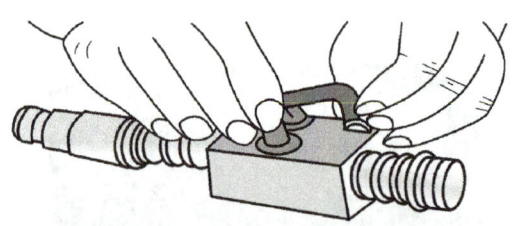

图 8-20　用导管夹把导管压在螺母上

4）如图 8-21 所示，将轴承内圈压到螺杆的两端。

（2）转向螺杆螺母总成与壳体的装配

1）把轴承外圈压入底盖和壳体内。

2）把装有轴承内圈的螺杆螺母总成放入装有轴承外圈的壳体中，再将底盖及调整垫片装上壳体，对称拧紧两个底盖固定螺栓。

3）螺杆应转动自如，无轴向间隙，否则应增减调整垫片予以调整。

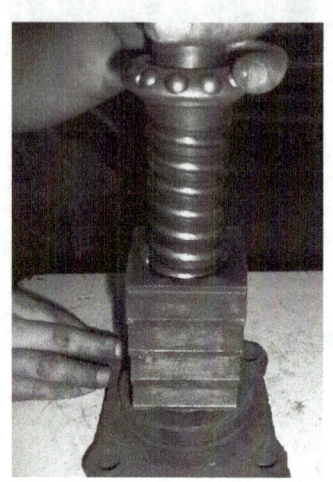

图 8-21　将轴承内圈压到螺杆的两端

4）拧下两个螺栓，取下底盖，在垫片上涂以密封胶，并套上 O 形密封圈，如图 8-22 所示，再将底盖装到壳体上，底盖固定螺栓应对称拧紧。

（3）转向臂轴的装配

1）装入调整螺栓。

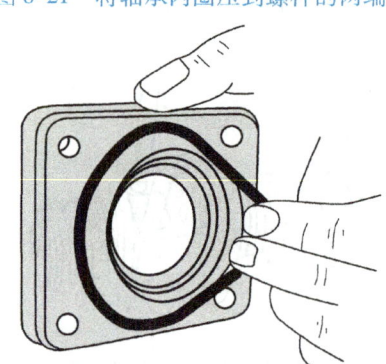

图 8-22　在垫片上套上密封圈

2）将密封垫装上侧盖，并将转向臂轴装入壳体，如图 8-23 所示。

3）用专用工具分别装入转向螺杆油封和转向臂轴油封。

4）调整转向臂轴齿扇与转向螺母齿条的啮合间隙后，拧紧锁紧螺母，将调整螺栓锁住。

5）按规定从加油孔加入新润滑油。

图 8-23　将转向臂轴装入壳体

四、质量保证

1）转向螺杆轴承预紧度应增减垫片调整，使转向螺杆的转向力矩符合相关要求。
2）使转向器的传动副处于中间位置。
3）通过调整螺钉调整转向器传动副的啮合间隙，在直线位置上应呈无间隙啮合。
4）检查螺杆螺母有无裂纹、齿条和齿扇面有无剥落等。

工作说明

1）在拆装和调整过程中，花键处应用铜皮或塑料套盖住，以防划伤油封刃口，造成漏油。
2）将转向臂轴转到中间位置，注意不要划伤油封。
3）调整转向器传动副的啮合间隙，在直线位置上应呈无间隙啮合，并按规定力矩锁紧调整螺钉。
4）循环道内的钢球不要混在一起。

任务3 拆装转向操纵机构

学习目标

1. 知识目标
1）掌握转向传动机构和操纵机构的作用。
2）掌握转向操纵机构的结构。
2. 技能目标
1）制订合理的拆卸和安装计划。
2）选择常用工具和转向系统专用拆装工具拆装转向操纵机构。
3. 情感目标
团队合作，遵守操作规则，保证质量。

任务描述

一桑塔纳2000GSi型轿车转向时有轻微异响。因此，需掌握转向操纵机构的相关知识，制订工作计划，实施转向操纵机构拆装任务，并保证工作质量。

知识储备

一、转向操纵机构和转向传动机构的作用

1）转向操纵机构的作用是<u>产生足够的力以驱动转向器</u>。
2）转向传动机构的作用是将转向器输出的转向力传递给转向轮，使其发生偏转，实现汽车转向。

二、转向操纵机构的构造

1）转向操纵机构一般由转向盘、转向轴等组成，如图 8-24 所示。

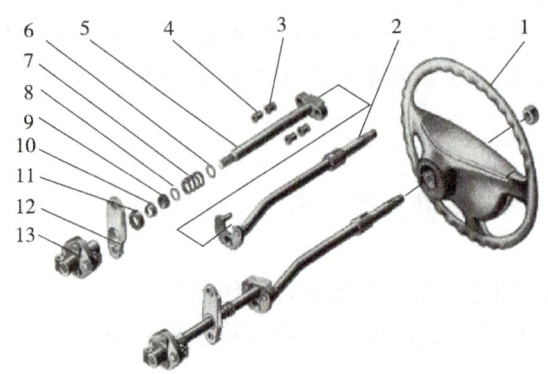

图 8-24 转向操纵机构的组成

1—转向盘 2—上转向轴 3—减振橡胶套 4—衬套 5—下转向轴 6、8—垫圈 7—压簧 9—橡胶支承圈
10—内环 11—轴承 12—支座 13—挠性万向节组件

2）转向传动机构一般由转向摇臂、转向横拉杆、转向节及左右梯形臂等组成。

任务实施

拆装转向操纵机构

以桑塔纳 2000GSi 型轿车为例，介绍转向操纵机构的拆装。

一、设备与工具

桑塔纳 2000GSi 型轿车、转向盘拆装器、扭力扳手、套筒扳手、工具车、一字螺钉旋具、十字螺钉旋具和鲤鱼钳等常用工具若干套。

二、拆装步骤

1. 拆卸

转向操纵机构的转向柱上装有一套组合开关，包括点火开关、前风窗刮水器及洗涤器开关和转向指示灯开关等，因此在拆卸前必须将蓄电池的电源线断开，转向指示灯置于关闭位置，并将车轮置于直线行驶位置，按下列拆卸步骤进行拆卸。

1）转向开关置于中间位置。

2）拆卸转向盘盖板，拔下喇叭接线，如图 8-25 和图 8-26 所示。

图 8-25 拆卸转向盘盖板

图 8-26　拔下喇叭接线

图 8-27　松开转向盘紧固螺母

3）松开转向盘紧固螺母，用拉器将转向盘取下，如图 8-27 和图 8-28 所示。

图 8-28　取下转向盘

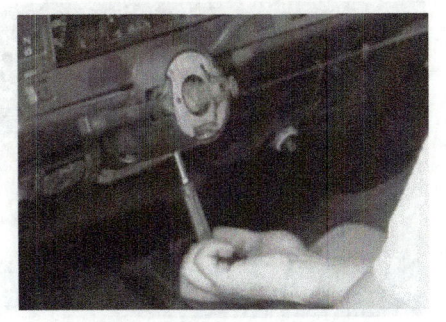

图 8-29　拆卸转向轴组合开关

4）拆卸转向轴组合开关，拆下护罩，如图 8-29 和图 8-30 所示。

图 8-30 拆下护罩

5）拔下组合开关上的插接件，再拆下三个紧固螺栓，如图 8-31 和图 8-32 所示。

图 8-31 拔下组合开关上的插接件

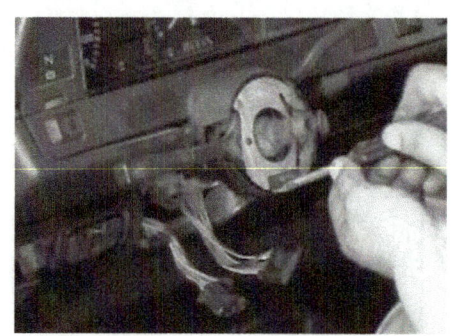

图 8-32 拆下紧固螺栓

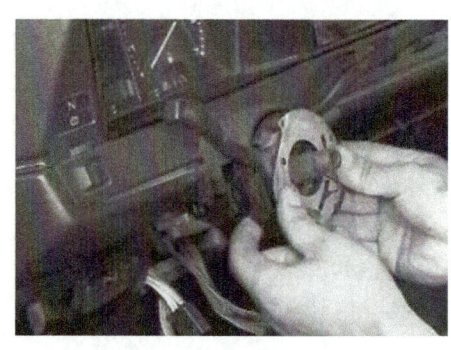

6）取下组合开关，拆下仪表板下饰板，如图 8-33 和图 8-34 所示。

图 8-33 取下组合开关

图 8-34 拆下仪表板下饰板

图 8-35 拧下转向柱管的紧固螺栓

7)拧下转向柱管的紧固螺栓,如图 8-35 所示。

8)将转向轴上段、转向盘锁圈及转向柱套管等一起取下。

9)拆下转向轴下段。

2. 装配

转向操纵机构的装配顺序按与拆卸的相反顺序进行。

三、质量保证

1)检查转向操纵机构时用双手握住转向盘,在轴向和径向上用力摇动,检查是否松旷。

2)检查转向盘的锁止功能和调节功能。

工作说明

1)拆装转向操纵机构时,车轮均应处于直线行驶位置,转向指示灯开关应处在中间位置。

2)应更换所有的自锁螺母和螺栓,转向柱不能进行焊接修理。

3)转向轴与凸缘管应一起安装,并用鲤鱼钳连接起来。

4)应将凸缘管推至转向齿轮轴上,卡箍圈口应向外,注意不可用手搬开卡箍。

5)车轮处于直线行驶位置,转向指示灯开关处在中间位置时,才能安装转向盘,否则在安装转向盘时,当分离爪齿通过接触环上的簧片时,有可能造成损坏。

6)转向操纵机构装复后应注意检查及调整。

拓展与提高

动力转向系统简介

一、动力转向系统的特点

动力转向系统一般由机械转向系统和转向加力装置组成。转向加力装置包括转向油罐和转向油泵等，如图8-36所示。

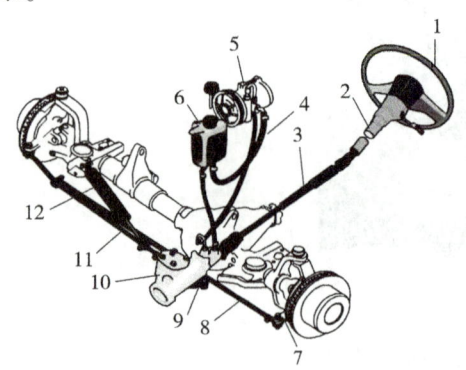

图8-36　动力转向系统

1—转向盘　2—转向轴　3—转向中间轴　4—转向油管　5—转向油泵　6—转向油罐
7—转向节臂　8—转向横拉杆　9—转向摇臂　10—转向器　11—转向直拉杆　12—转向减振器

动力转向系统的优点是可使转向轻便，并有缓冲减振的作用。它的缺点是无法同时满足转向轻便和转向灵敏。

二、电子控制式动力转向系统

电子控制式动力转向系统由电控转向盘、转向电动机、电控单元、转向轴和转向器等组成，如图8-37所示。

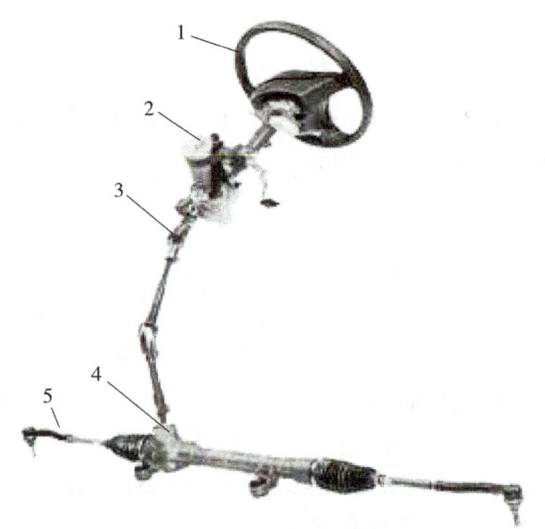

图8-37　电子控制式动力转向系统示意图

1—转向盘　2—转向电动机　3—转向轴　4—转向器　5—转向横拉杆

当汽车转向时，电控单元根据传感器检测的转向力矩及转向速度等参数，计算出最佳作用力后，使电动机工作，推动转向，减轻驾驶人的劳动强度。

电动式动力转向具有节能、不需要油压管路系统、并不直接消耗发动机功率、环保优势强、安装自由度大等优点，但电能动力不如液压动力大，目前只用于前轴负荷较小的轿车上。

【小资料】

线控转向系统

在汽车智能化发展趋势下，部分汽车取消了转向盘与转向轮之间的机械连接，而采用线控转向系统。线控转向系统在转向性能、结构布置与整车舒适性等方面具有较大的优势，在智能驾驶汽车领域应用越来越广泛。

汽车线控转向系统由转向盘总成、转向执行总成和主控制器三个主要部分以及自动故障处理系统、电源系统等辅助系统组成。

汽车线控转向系统完全由电能实现转向，摆脱了传统转向系统的各种限制，不但可以自由设计汽车转向的力传递特性，而且可以设计汽车转向的角传递特性，给汽车转向特性的设计带来无限的空间，是汽车转向系统的重大革新。

汽车线控转向系统的工作原理：用传感器检测驾驶人的转向操作数据，然后通过数据总线将信号传递给车上的主控制器，并从转向控制系统获得反馈命令。转向控制系统也从转向操纵机构获得驾驶人的转向指令，并从转向系统获得车轮情况，从而指挥整个转向系统的运动。转向系统控制车轮转到需要的角度，并将车轮的转角和转动转矩反馈到系统的其余部分，比如转向操纵机构，以使驾驶人获得路感，这种路感的大小可以根据不同的情况由转向控制系统控制。

项目九

制动器的构造与拆装

项目描述

　　汽车在保证安全行驶的条件下，应尽可能通过高速行驶来提高运输生产效率。但汽车行驶的道路及交通情况是复杂多变的，这就要求汽车在尽可能短的距离内减速、甚至停车且不会自动滑移，能够满足这些要求的是汽车上的制动系统。

　　制动系统中完成制动作用的装置是制动器。本项目主要介绍盘式制动器和鼓式制动器的相关知识，训练汽车后市场运作中盘式制动器和鼓式制动器的拆装和维护的基本技能。

任务1　拆装盘式制动器

学习目标

1. 知识目标
1) 能够识别盘式制动器的结构形式。
2) 掌握盘式制动器的工作过程。
2. 技能目标
熟练使用设备和工具，按流程规范拆装盘式制动器。
3. 情感目标
遵守操作规则，保证质量。

任务描述

　　一辆桑塔纳2000GSi型轿车前制动器制动液泄漏，需检修。因此，需要掌握制动器的相关知识，制订工作计划，实施拆装盘式制动器任务，并保证工作质量。

知识储备

盘式制动器摩擦副中的旋转元件是以端面为工作表面的金属圆盘，称为制动盘。其固定元件的结构形式有两类。一类是制动钳，由摩擦片及装在横跨制动盘两侧的夹钳形支架中的促动装置组成，每个制动钳包含两个工作面积不大的制动摩擦片，这种由制动盘和制动钳组成的制动器称为钳盘式制动器。另一类固定元件的金属背板和摩擦片都是圆盘形，制动盘的全部工作面可同时与摩擦片接触，这种制动器称为全盘式制动器。钳盘式制动器被广泛应用于轿车和轻型汽车上。全盘式制动器由于固定盘的横向尺寸较大，主要应用在重型车上。本书只介绍钳盘式制动器。

钳盘式制动器按制动钳固定安装在支架上的结构形式不同，可分为定钳盘式制动器和浮钳盘式制动器两种。

一、定钳盘式制动器

1. 定钳盘式制动器的构造

图 9-1 所示是定钳盘式制动器的构造示意图。跨置在制动盘上的制动钳用螺栓固定安装在车桥上，它既不能旋转也不能沿制动盘轴线方向移动，其内的两个活塞分别位于制动盘的两侧。

2. 定钳盘式制动器的工作过程

制动时，制动液被压入两侧油缸中，在液压作用下，活塞朝制动盘方向移动，推动摩擦片压紧制动盘产生摩擦力矩而制动。在此过程中，活塞上的矩形橡胶密封圈的刃边在摩擦力的作用下随活塞移动而产生微量的弹性变形，如图 9-2a 所示。

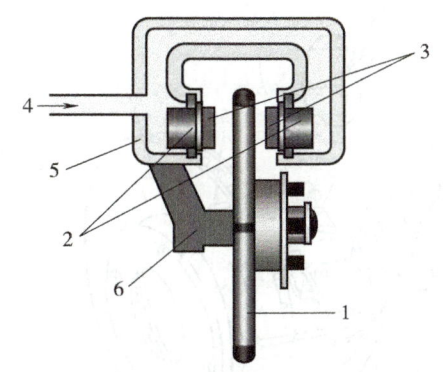

图 9-1 定钳盘式制动器的构造示意图
1—制动盘 2—活塞 3—摩擦片
4—进油口 5—制动钳 6—车桥

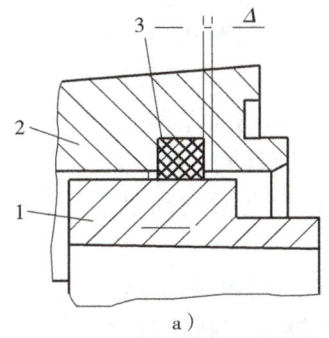

图 9-2 活塞密封圈的工作情况
a) 制动时 b) 解除制动时
1—活塞 2—制动钳 3—矩形橡胶密封圈

解除制动时，液压系统压力消除，密封圈恢复到其初始位置，活塞和摩擦片依靠密封圈的弹力回位，如图 9-2b 所示。由于矩形密封圈刃边的变形量很微小，在不制动时，摩擦片与制动盘之间的单边间隙只有 0.1mm 左右，以保证解除制动。

由于定钳盘式制动器的油缸较多，使制动卡钳结构复杂，而且制动卡钳的尺寸过大，难以安装在现代轿车的轮辋内。在热负荷大时，油缸和跨越制动盘的油管或油道中的制动液容易受热汽化。另外，定钳盘式制动器对橡胶圈的弹性、耐热性和耐磨性要求较高，而彻底解除制动的能力不十分可靠,故现代汽车上基本不采用定钳盘式制动器。

二、浮钳盘式制动器

1. 浮钳盘式制动器的构造

图 9-3 所示是浮钳盘式制动器示意图。制动钳通过导向销与车桥相连,可以相对于制动盘轴向移动。制动钳只在制动盘的内侧设置油缸,而外侧的摩擦片则固装在钳体上。

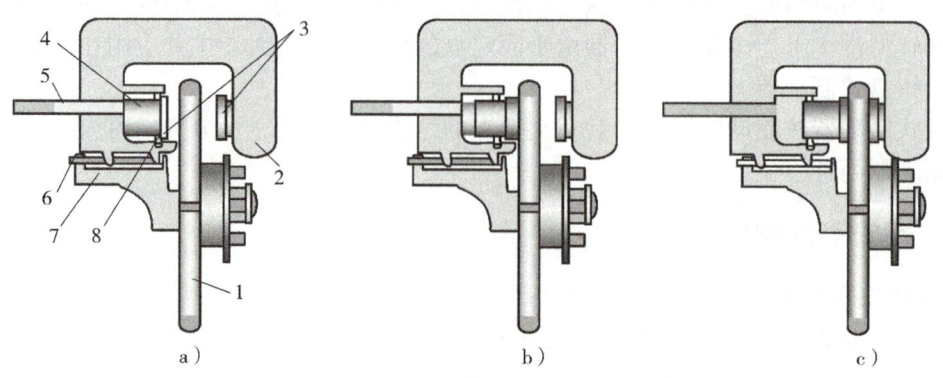

图 9-3 浮钳盘式制动器示意图
a) 结构示意图 b) 内侧制动 c) 内外侧制动
1—制动盘 2—制动钳 3—摩擦片 4—活塞 5—进油口 6—导向销 7—车桥 8—密封圈

2. 浮钳盘式制动器的工作过程

制动时,来自制动主缸的制动液通过进油口进入油缸,推动活塞及其上的活动摩擦片向右移动,并压向制动盘上,如图 9-3b 所示;同时,制动盘给活塞一个向左的反作用力,使得活塞连同制动钳沿导向销向左移动,直到外侧的摩擦片也压靠到制动盘上,如图 9-3c 所示。此时两侧摩擦片夹紧制动盘,实现制动。

解除制动时(见图 9-3a),密封圈的弹性力使活塞恢复原状,保持摩擦片与制动盘之间的单边间隙,实现制动间隙的自动调整。

3. 实例

桑塔纳轿车前轮制动器的制动盘有两种形式:桑塔纳 LX 型轿车采用实心式制动盘,特点是结构简单、加工方便、质量轻;桑塔纳 2000 型轿车采用的是通风式制动盘,它有更好的散热效果,进一步提高了热稳定性,如图 9-4 所示。当活动摩擦片磨损到允许极限厚度时,报警开关便接通电路对驾驶人发出报警信号。

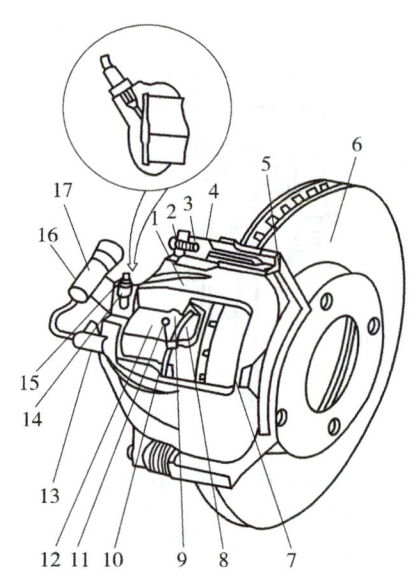

图 9-4 桑塔纳 2000 型轿车前轮制动器
1—制动钳体 2—紧固螺栓 3—导向销 4—防护套
5—制动钳支架 6—制动盘 7—固定摩擦片
8—消声片 9—防尘套 10—活动摩擦片 11—密封圈
12—活塞 13—电线导向夹 14—放气螺钉
15—放气螺钉帽 16—报警开关 17—电线夹

与定钳盘式制动器相比，浮钳盘式制动器的单侧油缸结构简单、造价低廉，具有热稳定性和水稳定性均好的优点。浮钳的结构还有利于整个制动器靠近车轮轮辐布置，提高汽车抗制动跑偏的能力。因此，浮钳盘式制动器在现代汽车上得到了广泛应用。

任务实施

拆装浮钳盘式制动器

桑塔纳轿车前轮制动器是浮钳盘式制动器。以桑塔纳 2000GSi 型轿车为例，介绍盘式制动器的拆装。

一、设备与工具

桑塔纳 2000GSi 型轿车、举升机、扭力扳手、成套套筒扳手、冲击扳手、木锤、工具车和车轮架，三角挡块若干。

二、技术参数

1）桑塔纳 2000GSi 型轿车车轮螺栓的备件号为 321 601 139C，拧紧力矩为 110N·m。

2）制动钳支架紧固螺栓拧紧力矩为 70N·m，制动钳壳体上、下定位螺栓拧紧力矩为 40N·m。

3）表 9-1 所示为桑塔纳 2000GSi 型轿车制动系统的技术参数。

表 9-1 桑塔纳 2000GSi 型轿车制动系统的技术参数

项　　目	技　术　参　数
前轮制动器型号	VW Ⅱ
制动液型号	FMVSS116DOT4

三、拆装步骤

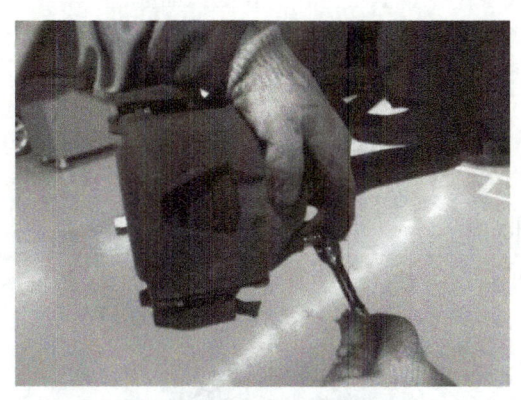

图 9-5　拆卸上、下定位螺栓

1. 拆卸前轮制动器

1）取下车轮上的装饰罩，将车辆停放在举升机上，定位好举升机支承臂，将举升机升至工作位置，拧下车轮螺栓，并摆放整齐，从车轴上取下车轮。

2）拆卸上、下定位螺栓，如图 9-5 所示。

盘式制动器
的拆卸

3）如图9-6所示，从支架上取下制动钳壳体，并用铁丝把它挂在车身上。

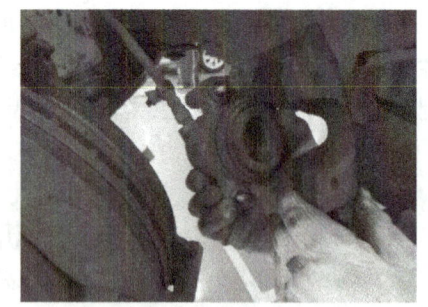

图9-6 取下制动钳壳体

4）取下制动器上的制动器摩擦片，如图9-7所示。

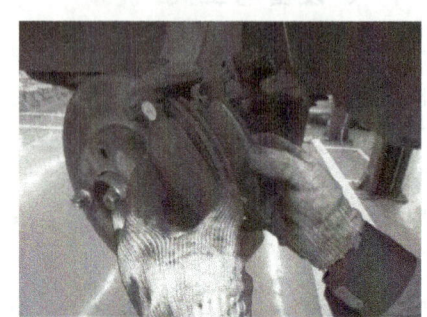

图9-7 取下制动器摩擦片

5）如图9-8所示，从转向节上拆下制动钳支架紧固螺栓，取下制动钳支架。

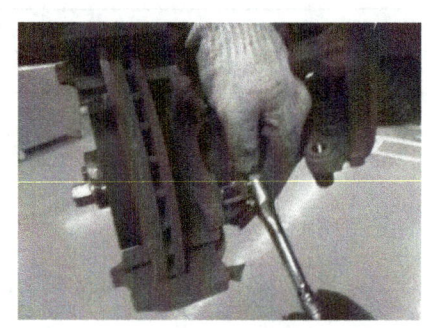

图9-8 拆下制动钳支架紧固螺栓

6）拆下制动盘紧固螺栓，取下制动盘，如图9-9所示。

图9-9 取下制动盘

项目九 制动器的构造与拆装

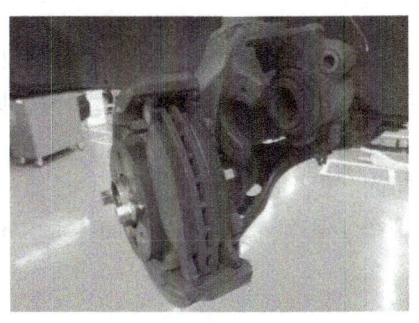

图 9-10 安装制动盘、制动钳支架和制动器摩擦片

2. 安装前轮制动器

安装顺序与拆卸顺序相反,主要操作步骤如下:

1)安装制动盘、制动钳支架和制动器摩擦片,如图 9-10 所示。

盘式制动器的安装

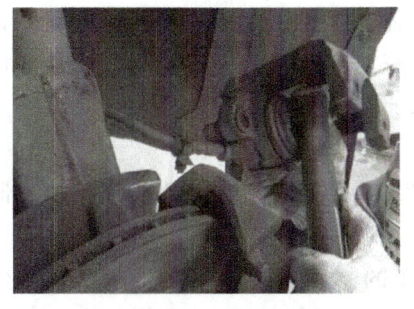

图 9-11 将活塞压入轮缸里

2)使用专用工具或者木锤柄将活塞压入轮缸里,如图 9-11 所示。如果压入活塞困难,可以同时松开放气塞,即排放一些制动液。

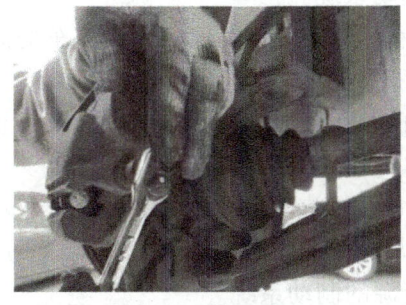

图 9-12 安装制动钳壳体

3)如图 9-12 所示,安装制动钳壳体,紧固定位螺栓。

四、质量保证

1)拆装前,先要确认汽车置于工位中心并固定在举升机上。

2)制动器摩擦片拆卸后不许踩下制动踏板,否则活塞将从缸体中被压出;安装后,停车时用力将制动器踏板踩到底数次,以便使制动器摩擦片保持正常状态的相应位置,并且检查制动液液位是否处于满刻度。

工作说明

1)只有当修理制动工作缸时,才能松开制动软管。

2)拆卸时,将可以继续使用的制动器摩擦片做好记号,按照原来的位置安装,以免制动效果不一致。

3）活塞回位前，先查看制动液储液罐里的液面，若接近上限，则抽出部分制动液，以免在压入活塞时制动液外溢。排放制动液时，只能使用专用的存放容器。若制动液滴漏，则立即用清水冲洗并用抹布擦干净，保证安全环保。

4）安装带定位弹簧的摩擦片时，弹簧片的短边必须向内，凸耳彼此相对。

5）安装制动钳总成时，应对准固定孔径，以便紧固螺栓，否则有可能引起摩擦片定位弹簧变形，造成制动时产生噪声。

拓展与提高

制动系统的分类

制动系统是汽车的安全装置，能够使外界对汽车车轮施加与汽车行驶方向相反的外力，从而对汽车进行一定程度的强制制动。它能使行驶中的汽车按照驾驶人的要求进行强制减速甚至停车、使已停驶的汽车稳定驻车、使下坡行驶的汽车速度保持稳定。

制动系统的分类方法很多，具体是：

1）按制动系统的功能不同分为行车制动系统、驻车制动系统、应急制动系统和辅助制动系统。

① 行车制动系统是使行驶中的汽车降低速度甚至停车的制动系统，是在行车过程中经常使用的。

② 驻车制动系统是使已停驶的汽车驻留原地不动的制动系统。

③ 应急制动系统。在行车制动系统失效的情况下，保证汽车仍能实现减速或停车的制动系统，又称为第二制动系统。

④ 辅助制动系统。在行车过程中，降低车速或保持车速稳定，但不能将汽车紧急停止的制动系统。山区用汽车应具备此装置。

上述各制动系统中，行车制动系统和驻车制动系统是每一辆汽车都必须具备的。

2）按制动操纵能源不同分为人力制动系统、动力制动系统和伺服制动系统。

① 人力制动系统。以驾驶人的肌体作为唯一的制动能源的制动系统。

② 动力制动系统。完全依靠由发动机的动力转化而成的气压或液压形式的势能进行制动的制动系统。

③ 伺服制动系统。兼用人力和发动机动力进行制动的制动系统。

3）按传动方式不同分为机械式、液压式、气压式和组合式制动系统。

机械式制动系统用于驻车制动，液压式制动系统用于轿车制动，气压式制动系统用于货车制动。

4）按制动管路的布置方式不同分为单回路制动系统和双回路制动系统。

① 单回路制动系统。其传动装置采用单一的气压或液压回路。这种制动系统中，只要有一处损坏而漏气（油），整个系统即失效。

② 双回路制动系统。所有行车制动器的气压或液压管路分别属于两个彼此隔绝的回路。这样，即使其中一个回路失效，还能利用另一个回路获得较原先小的制动力。现代汽车基本都采用双回路制动系统。

项目九 制动器的构造与拆装

任务2　维护盘式制动器

学习目标

1. 知识目标
1) 了解维护盘式制动器的重要性。
2) 掌握盘式制动器的维护项目及方法。
2. 技能目标
熟练使用设备和工具,按流程规范维护盘式制动器。
3. 情感目标
遵守操作规则,保证质量。

任务描述

一辆桑塔纳2000GSi型轿车进行维护作业时,从轮辐检查孔观察到摩擦片较薄,需拆检进一步检查。因此,需要掌握盘式制动器维护的相关知识,制订工作计划,实施维护盘式制动器任务,并保证工作质量。

知识储备

盘式制动器是靠摩擦片与制动盘之间的摩擦力矩迫使车轮减速或停转,从而实现汽车制动的。摩擦片是压紧旋转的制动盘的摩擦材料,又称为制动器摩擦片。为了保证汽车的行驶安全,必须定期维护制动器。桑塔纳轿车一般按出厂规定每行驶7 500km要进行一次维护,每15 000~30 000km时需要维护特定的项目。如果汽车在不正常的路况或者使用状况下行驶,就必须频繁地维护。制动器的维护项目包括检查制动器摩擦片的厚度、检查制动盘的厚度和圆跳动等。

一、制动器摩擦片厚度的检查

制动器摩擦片厚度的检查如图9-13所示。若制动器摩擦片已拆下,可直接用钢直尺测量。例如桑塔纳2000型轿车的前轮制动器摩擦片的厚度为14mm（不包括底板）,磨损极限为7mm。若车轮未拆下,对外侧的摩擦片,可通过制动钳上的检查孔,用手电筒目测检查;对内侧摩擦片,利用反光镜进行目测。

为确保制动器摩擦片没有不均匀磨损,如果制动器摩擦片的厚度低于磨损极限,那么必须更换制动器摩擦片。

二、制动盘的检查

1. 制动盘厚度的检查

制动盘使用后磨损会使其厚度减小,厚度过小会引起制动踏板振动、制动噪声及颤动。

检查制动盘厚度时,可用千分尺或游标卡尺直接测量,如图9-14所示。桑塔纳

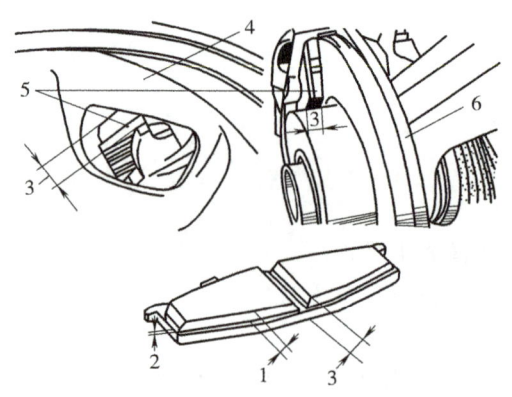

图9-13 制动器摩擦片厚度的检查
1—摩擦片厚度 2—摩擦片磨损极限厚度 3—摩擦片的总厚度 4—轮辐 5—外摩擦片 6—制动盘

2000GSi型轿车前制动盘标准厚度为20mm，磨损极限为17.8mm，低于磨损极限时应予更换。

2. 制动盘端面圆跳动的检查

制动盘端面圆跳动过大会使制动踏板抖动或使制动器摩擦片磨损不均匀。

检查制动盘端面圆跳动可用百分表进行，如图9-15所示。桑塔纳2000GSi型轿车前制动盘端面圆跳动量应不大于0.06mm，若不符合要求，则对其进行精加工（加工后的厚度不得小于磨损极限）或更换。

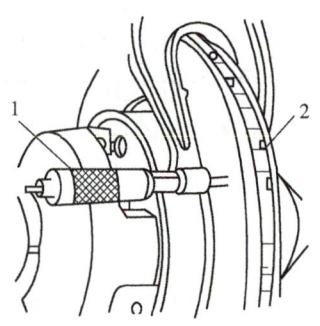 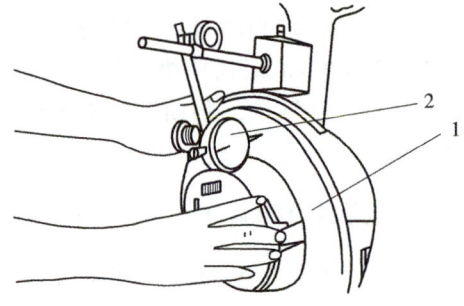

图9-14 制动盘厚度的检查　　图9-15 制动盘端面圆跳动的检查
1—千分尺 2—制动盘　　　　1—制动盘 2—百分表

任务实施

检查、更换盘式制动器

以桑塔纳2000GSi型轿车为例，介绍制动器摩擦片的厚度、制动盘的厚度和端面圆跳动的检查。

一、设备与工具

桑塔纳2000GSi型轿车、举升机、扭力扳手、成套套筒扳手、工具车、千分尺、百分

项目九 制动器的构造与拆装

表、磁力表座及支架和钢直尺。

二、辅助材料

制动器清洁剂、砂纸。

三、技术参数

桑塔纳 2000GSi 型轿车制动系统前轮制动器的技术参数见表 9-2。

表 9-2 桑塔纳 2000GSi 型轿车前轮制动器的技术参数

项　　目	技 术 参 数
摩擦片厚度/mm	14
摩擦片磨损极限/mm	7（包括底板）
制动盘厚度/mm	20
制动盘厚度磨损极限/mm	17.8
制动盘端面圆跳动/mm	0.06
制动器型号	VW Ⅱ

四、操作步骤

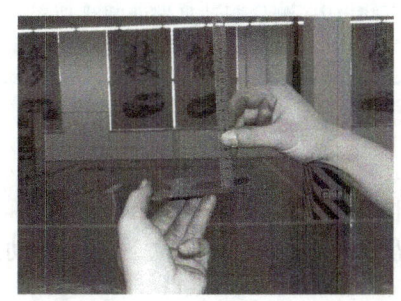

图 9-16 测量制动器摩擦片外侧的厚度

1. 制动器摩擦片厚度的检查与制动器摩擦片的更换

1）按照任务 1 的方法，拆卸前轮制动钳和制动器摩擦片，目视检查摩擦片的磨损情况。

2）如图 9-16 所示，用直尺测量制动器摩擦片外侧的厚度，目视测量摩擦片内侧的厚度。

3）若测量值小于磨损极限，则更换制动器摩擦片。

4）安装制动器摩擦片。

摩擦片及制动盘厚度检查

2. 制动盘厚度和端面圆跳动的检查与制动盘的更换

1）检查制动盘表面是否有刮痕或裂纹，是否不均匀磨损。

2）用砂纸清洁制动盘表面。使用千分尺测量制动盘的厚度，如图 9-17 所示。

图 9-17 测量制动盘的厚度

149

3）使用车轮螺栓临时固定制动盘，如图9-18所示。

百分表的安装

图9-18 临时固定制动盘

4）使用百分表测量制动盘端面圆跳动，如图9-19所示。

5）如果制动盘端面圆跳动量大于规定值，那么更换制动盘。

6）拆下车轮螺栓，安装制动钳总成和车轮，按照交叉顺序和规定的力矩，用扭力扳手拧紧车轮螺栓。

制动盘端面圆跳动检查

图9-19 测量制动盘端面圆跳动

五、质量保证

1）均匀地去除制动盘两边的沉积物，注意保留足够的磨损极限。

2）制动盘厚度的测量位置应在制动器摩擦片与制动盘接触面的中心部位。测量制动盘端面圆跳动时，制动盘至少旋转一周。

工作说明

1）更换磨损的制动器摩擦片时，必须同时更换一个车桥上的所有摩擦片，以免引起制动跑偏。

2）安装时，摩擦副表面不得沾上任何油污。

3）使用磁性支架固定百分表，百分表触头抵住制动盘工作面，轻轻转动制动盘，观察指针偏离值。

4）更换新制动盘时，要用专用的溶剂去除制动盘表面的保护层。如果安装旧的制动盘，那么要用细砂纸打磨制动盘表面，并用制动清洁剂清洁，以去除污物和砂屑。清洁后，请不要用手接触制动盘表面。

项目九 制动器的构造与拆装

拓展与提高

汽车制动器摩擦片安全电子警告系统

现代汽车上装有车轮制动器摩擦片安全电子警告系统,它能自动检测摩擦片的磨损程度。当车轮制动器上的摩擦片磨损到一定厚度时,警告指示灯闪亮,以提醒驾驶人及时更换摩擦片。

电子式制动器摩擦片安全警告系统由摩擦片、警告传感器线束、电子控制器和警告指示灯组成。传感器的跨接线置入摩擦片的一定深度处,当摩擦片磨损到极限厚度时,制动盘便将传感器的跨接线磨破而断路,该断路信号立即被输送到电子控制器,电子控制器便接通警告指示电路,在仪表板上警告指示灯闪亮,发出相关警告信号。

机械式制动器摩擦片警告装置是通过制动盘与铁片发生摩擦,产生刺耳的尖叫声,发出警告。而电子式警告装置是通过电子传感器发出警告的,与机械式相比具有以下优点:

1) 采用图像、文字方式提示,直观、可靠且价格低。
2) 采用电子信号发出警告,无噪声,在嘈杂环境中不会误判。
3) 分层报警,即有预警(预先警告摩擦片磨损程度)和警告两个阶段,提醒及时。
4) 相对铁片而言,传感器与制动盘的磨损较小,制动盘使用寿命长。

所以,现代汽车上广泛使用制动器摩擦片安全电子警告系统,如奔驰、宝马、保时捷、奥迪和通用等轿车。

 拆装鼓式制动器

学习目标

1. 知识目标
1) 能够识别鼓式制动器的功能元件。
2) 掌握鼓式制动器的工作过程。
2. 技能目标
熟练使用设备和工具,按流程规范拆装鼓式制动器。
3. 情感目标
遵守操作规则,保证质量。

任务描述

一辆桑塔纳 2000GSi 型轿车有制动跑偏现象,经检查发现左后轮制动蹄回位弹簧衰损,需更换回位弹簧。因此,需要掌握鼓式制动器的相关知识,制订工作计划,实施拆装鼓式制动器任务,并保证工作质量。

知识储备

<u>鼓式制动器</u>的摩擦副中的旋转元件是以<u>内圆柱面为工作表面的制动鼓</u>,其固定元件是带摩擦片的<u>制动蹄</u>。根据促使制动蹄张开的装置不同,鼓式制动器可以分为<u>轮缸式制动器</u>、凸

轮式制动器和楔式制动器三种。轮缸式制动器主要应用于液压制动系统，凸轮式制动器和楔式制动器主要应用于气压制动系统。本项目只介绍轮缸式制动器。

一、鼓式制动器

1. 鼓式制动器的构造

鼓式制动器主要由制动底板、制动鼓、制动蹄、轮缸（制动分泵）、回位弹簧和支承销等零部件组成，如图 9-20 所示。制动底板由钢板冲压而成，安装在轮毂轴的固定位置上，内侧装有制动蹄、轮缸、回位弹簧和支承销，承受制动时的转矩。每一个制动鼓有一对制动蹄，制动蹄上有摩擦衬片。制动鼓由铸铁（有些是铝合金）制成，形状似鼓状，安装在轮毂上，是随车轮一起旋转的部件。

图 9-20　鼓式制动器
1—轮缸　2—制动底板　3—支承销　4—制动蹄　5—摩擦衬片　6—回位弹簧

2. 鼓式制动器的工作过程

鼓式制动器的工作过程如图 9-21 所示。制动时，驾驶人踩下制动踏板，主缸推杆推动主缸活塞前移，迫使制动液经管路进入制动轮缸，推动轮缸活塞向外移动，使制动蹄克服回位弹簧的拉力绕支承销转动而张开，消除制动蹄与制动鼓之间的间隙后压紧在制动鼓上。此时，不旋转的制动蹄摩擦衬片对旋转的制动鼓就产生一个摩擦力矩，其方向与车轮的旋转方向相反，实现制动。

放松制动踏板，在回位弹簧的作用下，制动蹄与制动鼓的间隙又得以恢复，从而解除制动。

3. 制动蹄的增势和减势作用

汽车前进时制动鼓的旋转方向如图 9-22 箭头所示。在制动过程中，两制动蹄在相等的促动力 F 作用下，分别绕各自的支承点 3 和 4 向外偏转紧压制动鼓。同时，旋转的制动鼓对两制动蹄分别作用法向反力 F_{N1} 和 F_{N2} 以及相应的切向反力 F_{T1} 和 F_{T2}。F_{T1} 切向力使得制动蹄 1 在制动鼓上压得更紧，则 F_{N1} 变得更大，这种情况称为"增势"作用，相应的制动蹄被称为"领蹄"；与此相反，F_{T2} 切向力则使得制动蹄 2 有放松制动鼓的趋势，即 F_{N2} 和 F_{T2} 有减小的趋势，这种情况称为"减势"作用，相应的制动蹄被称为"从蹄"。此时，两制动蹄对制动鼓所施加的制动力矩不相等。

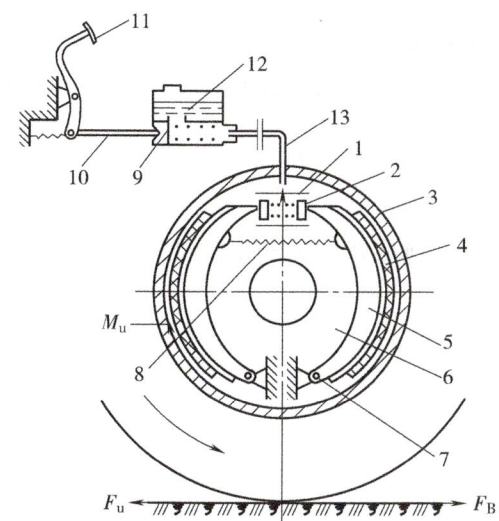

图 9-21 鼓式制动器的工作过程
1—轮缸 2—轮缸活塞 3—制动鼓 4—摩擦衬片
5—制动蹄 6—制动底板 7—支承销
8—回位弹簧 9—主缸活塞 10—主缸推杆
11—制动踏板 12—主缸 13—油管

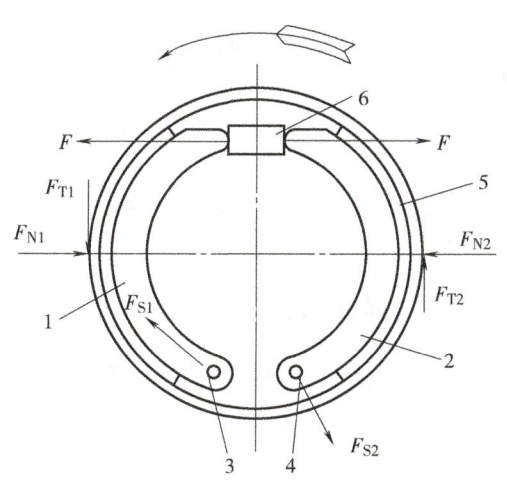

图 9-22 制动蹄的增势和减势作用
1—领蹄 2—从蹄 3、4—支承点
5—制动鼓 6—制动轮缸

二、桑塔纳轿车后轮制动器

桑塔纳轿车后轮制动器是非平衡液压制动轮缸鼓式制动器，如图 9-23 所示，制动底板 7 用螺栓固定在后桥轴端支承座上，制动轮缸 15 用螺钉固定在制动底板上方，支架和止挡板用铆钉紧固在底板下方，以上零件构成了制动底板总成。弹簧座 1 和压簧 2 将制动蹄 17 和 8 紧压在制动底板上，防止制动蹄轴向窜动。制动蹄 8 上固定有楔形件 12，称为带斜楔装置的制动蹄总成。制动蹄 17 上有制动杆 3。制动杆 3 下端做成钩形，与驻车制动拉索相连。制动蹄 17 称为带杠杆装置的制动蹄总成。制动蹄的两端做成圆弧形，与摩擦片铆接在一起。

桑塔纳轿车后轮制动器的制动间隙是由楔形件 12 受弹簧 9 的拉力产生的向下位移来自动调整的。

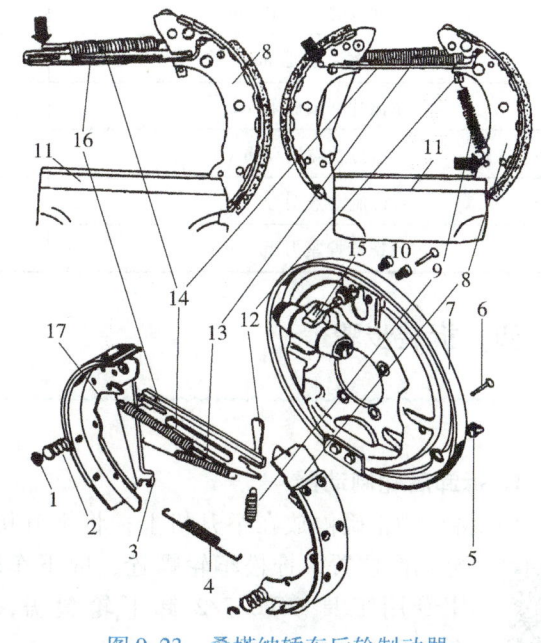

图 9-23 桑塔纳轿车后轮制动器
1—弹簧座 2—压簧 3—制动杆 4—下回位弹簧
5—检查孔盖 6—销钉 7—制动底板 8、17—制动蹄
9—楔形件拉力弹簧 10—螺钉 11—台虎钳 12—楔形件
13—上回位弹簧 14—定位弹簧 15—制动轮缸 16—压力杆

任务实施

拆装轮缸鼓式制动器

桑塔纳轿车的后轮制动器是简单非平衡内张液压制动轮缸鼓式制动器。以桑塔纳 2000GSi 型轿车为例,介绍鼓式制动器的拆装。

一、设备与工具

桑塔纳 2000GSi 型轿车、举升机、一字螺钉旋具、鲤鱼钳、尖嘴钳等常用工具、VW 专用工具一套,钢直尺,台虎钳。

二、辅助材料

高温润滑脂、汽油、DOT4 型制动液、细砂纸。

三、技术参数

桑塔纳 2000GSi 型轿车后轮制动器的技术参数见表 9-3。

表 9-3 桑塔纳 2000GSi 型轿车后轮制动器技术参数

项　目	技 术 参 数
制动鼓直径/mm	200
制动鼓磨损极限/mm	201
摩擦片厚度/mm	5（不包括底板）
摩擦片磨损极限/mm	2.5（不包括底板）
摩擦片宽度/mm	30
制动液型号	FMVSS116DOT4
车轮螺栓拧紧力矩/N·m	110

四、拆装步骤

1. 拆卸后轮制动器

1）将车辆正确停放在举升机上,将举升机升至工作位置,拧松车轮螺栓,取下车轮,用专用工具 VW637/2 卸下轮毂盖,如图 9-24 所示。

鼓式制动器的拆卸

图 9-24　卸下轮毂盖

项目九　制动器的构造与拆装

图 9-25　取下开口销

2）用鲤鱼钳取下开口销，如图 9-25 所示。

图 9-26　旋下后车轮轴承上的六角螺母

3）旋下后车轮轴承上的六角螺母，取出止推垫圈，如图 9-26 和图 9-27 所示。

图 9-27　取出止推垫圈

图 9-28　拉出圆锥滚子轴承

4）拉出圆锥滚子轴承，取下制动鼓，如图 9-28 和图 9-29 所示。

图 9-29 取下制动鼓

5）用鲤鱼钳拆下压簧座圈，如图 9-30 所示。

图 9-30 拆下压簧座圈

6）用一字螺钉旋具和手从下面的支架上提起制动蹄，如图 9-31 所示。

图 9-31 提起制动蹄

7）取出下回位弹簧，如图 9-32 所示。

图 9-32 取出下回位弹簧

图 9-33　取下驻车制动拉索

8）用鲤鱼钳取下制动杆上的驻车制动拉索，如图 9-33 所示。

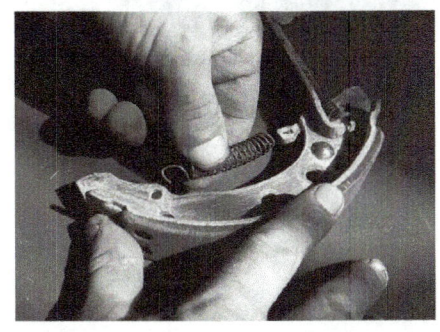

图 9-34　取下楔形件的拉力弹簧

9）取下楔形件的拉力弹簧和上回位弹簧，如图 9-34 和图 9-35 所示。

图 9-35　取下楔形件的上回位弹簧

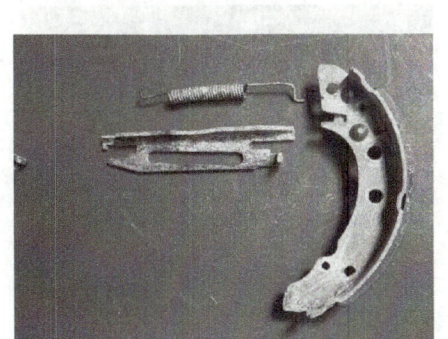

图 9-36　拆下定位弹簧和制动蹄

10）把带有压力杆的制动蹄夹紧在台虎钳上，拆下定位弹簧，取下制动蹄，如图 9-36 所示。

11）如图 9-37 所示，用专用工具在制动底板上拆开制动油管接头，用容器盛接制动液。

图 9-37　拆开制动油管接头

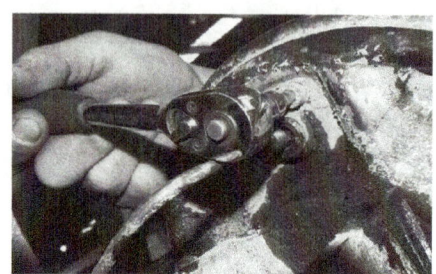

图 9-38　旋出螺钉

12）用专用工具旋出螺钉，拆下制动轮缸，如图 9-38 和图 9-39 所示。

图 9-39　制动轮缸

2. 更换制动蹄摩擦片

1）检查制动蹄摩擦片厚度，如图 9-40 所示。如果测量值小于磨损极限或出现单边不均匀磨损时，应更换摩擦片。

图 9-40　检查制动蹄摩擦片厚度

项目九 制动器的构造与拆装

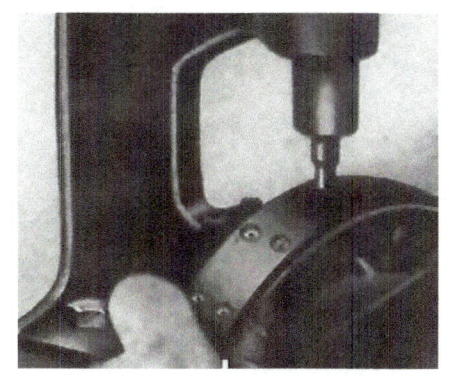

图 9-41 铆接新摩擦片

2）更换摩擦片时，先去掉制动蹄摩擦片上的旧铆钉及孔中的毛刺。铆接新摩擦片时，应从中间向两端铆接，如图 9-41 所示。

图 9-42 安装制动轮缸

3. 安装后制动器

鼓式制动器的安装与拆卸的顺序相反，主要步骤如下：

1）安装制动轮缸，如图 9-42 所示。

图 9-43 接上制动油管

2）用专用工具把制动油管接到制动轮缸上，如图 9-43 所示。

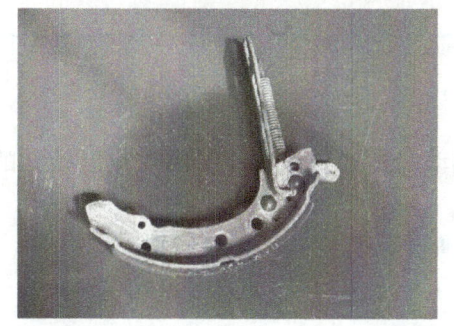

图 9-44 装上定位弹簧、压力杆、楔形件

3）装上定位弹簧，将制动蹄装在压力杆上。装上楔形件，凸块朝制动器底板，如图 9-44 所示。

159

4）如图 9-45 所示，将带有制动杆的制动蹄装在压力杆上，装入上回位弹簧，在制动杆上套上驻车制动拉索。把制动蹄装在制动轮缸的活塞外槽上，装入下回位弹簧，并把制动蹄提起，装到下面的支架上。

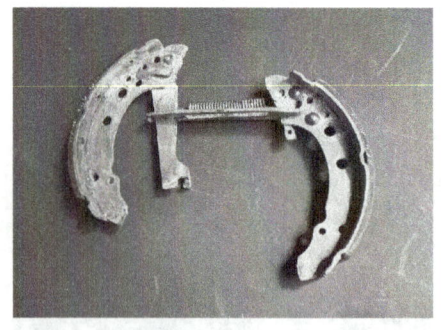

图 9-45　将带有制动杆的制动蹄装在压力杆上

5）装楔形件的拉力弹簧、压簧和弹簧座圈，如图 9-46 所示。

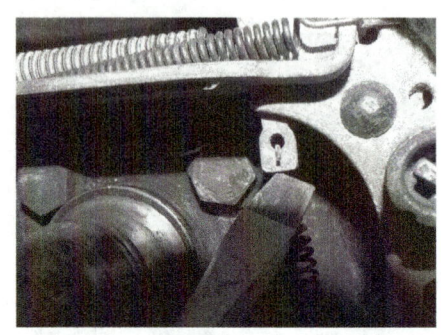

图 9-46　装楔形件的拉力弹簧

6）装上制动鼓、后轮轴承、止推垫圈、螺母、开口销和轮毂盖，如图 9-47 所示。

鼓式制动器的安装

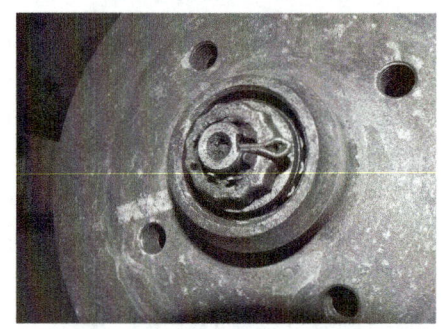

图 9-47　装上制动鼓、后轮轴承、止推垫圈、螺母和开口销

五、质量保证

1）后轮制动器安装后，用力踩制动器踏板，使制动蹄正确到位，使摩擦片与制动鼓的间隙得到自动调整。

2）更换制动器摩擦片必须使用相同型号和质量的摩擦片，应该左、右后轮成套更换。

工作说明

1）拆装时不得在摩擦表面沾上任何油污，若不小心沾上了，则必须用汽油等溶剂清洗干净并用压缩空气吹干,或用细砂纸打磨。

2)拆装制动轮缸时,不能损坏活塞皮碗。检查制动液是否泄漏,若制动液溅出,应立即用水清洗干净,保证安全环保。

3)制动鼓拆下后,不能踩下制动踏板。

4)装配制动蹄时,在制动蹄和制动底板之间的接触面上涂高温润滑脂。

5)检查制动总泵储液罐中的制动液液面,低于规定刻度线时,加注 DOT4 型制动液。

拓展与提高

鼓式制动器的类型

根据制动时两制动蹄对制动鼓的作用力不同,轮缸式制动器可以分为简单非平衡式、平衡式和自增力式三种。

1)非平衡式制动器。其制动鼓受到的来自两制动蹄的法向力不能互相平衡,如图9-22所示。其性能特点是:当汽车倒车制动时,制动蹄1变成从蹄,而制动蹄2变成领蹄,领、从蹄对制动鼓的法向反力不相等,二者差值由车轮的轮毂轴承来承担,而制动效能和汽车前进制动时相同。这种不论制动鼓正向旋转还是反向旋转时,都有一个领蹄和一个从蹄的制动器又被称为领从蹄式制动器。

2)平衡式制动器。其制动鼓受到的来自两制动蹄的法向力互相平衡,又分为单向平衡式制动器和双向平衡式制动器两种。

① 单向平衡式制动器如图9-48所示。其性能特点是:当汽车前进制动时,两蹄均为领蹄,有较强的增力;倒车制动时,两蹄均为从蹄,制动力较小。

② 双向平衡式制动器如图9-49所示。其性能特点是:当汽车前进或倒车制动时,两个制动蹄均为领蹄,均有较强的增力,制动效果好,蹄片磨损均匀。

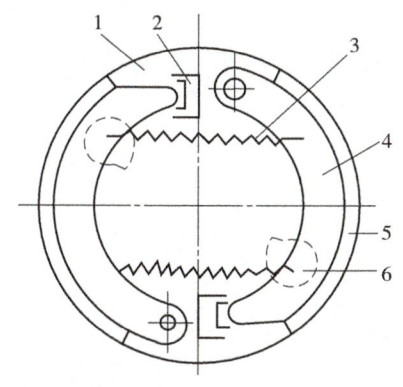

图9-48 单向平衡式制动器
1—制动底板 2—轮缸 3—回位弹簧 4—制动蹄
5—摩擦衬片 6—调整凸轮

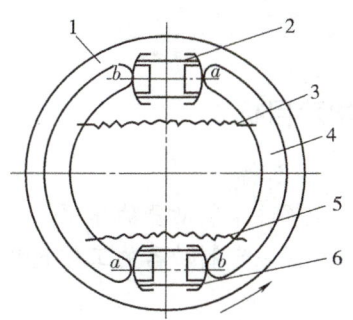

图9-49 双向平衡式制动器
1—制动底板 2、6—轮缸
3、5—回位弹簧 4—制动蹄

3)自增力式制动器。

① 单向自增力式制动器如图9-50所示。其性能特点是:当汽车前进制动时,两制动蹄均为领蹄,制动鼓旋转时能借制动蹄与制动鼓之间的摩擦起自动增力作用,使第二制动蹄的

制动力矩大于第一制动蹄的制动力矩；倒车制动时，第一制动蹄虽为领蹄，但因制动力臂大为减少，而第二制动蹄则不起制动作用，故制动效能很低。

② 双向自增力式制动器如图9-51所示。其工作特点是：制动鼓正向和反向旋转时均能借制动蹄与制动鼓之间的摩擦起自动增力作用。其制动效能高，且制动效能对称，但两制动蹄对制动鼓的法向力和摩擦力是不相等的，属于非平衡式制动器。

在基本结构参数和轮缸工作压力相同的条件下，自增力式制动器的制动效能最好，然后依次为双向平衡式制动器、单向平衡式制动器、非平衡式制动器。但自增力式制动器对摩擦系数的依赖性最大，所以其制动效能的稳定性最差；非平衡式制动器制动效能的稳定性居中；平衡式制动器制动效能的稳定性最好。非平衡式制动器，即领从蹄式制动器发展较早，其制动效能及其稳定性均居中，且结构较简单，故目前仍广泛应用于各种汽车。

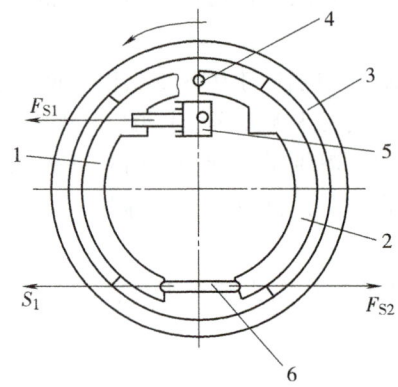

图9-50 单向自增力式制动器
1—第一制动蹄 2—第二制动蹄 3—制动鼓
4—支承销 5—轮缸 6—顶杆

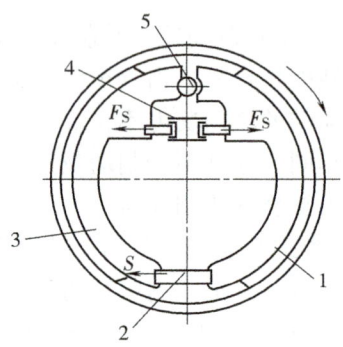

图9-51 双向自增力式制动器
1—前制动蹄 2—顶杆 3—后制动蹄
4—轮缸 5—支承销

任务4　调整驻车制动器

学习目标

1. 知识目标
1) 了解驻车制动器的作用。
2) 掌握驻车制动器的工作过程。
2. 技能目标
熟练使用设备和工具，按流程规范调整驻车制动器。
3. 情感目标
遵守操作规则，保证质量。

任务描述

一辆桑塔纳2000GSi型轿车驻车制动器回位不良，需进行调整驻车制动器。因此，需要掌握驻车制动器的相关知识，制订工作计划，实施调整驻车制动器任务，并保证工作质量。

知识储备

驻车制动器可以防止汽车停车后滑溜，便于坡道起步，当行车制动器制动效能失效后，临时使用或配合行车制动器进行紧急制动，故也称为紧急制动器。该制动器大部分是由驾驶人用手操纵的。按照安装位置的不同，驻车制动器分为中央驻车制动器和车轮驻车制动器。

1）中央驻车制动器。多数汽车的驻车制动器安装在变速器或分动器的后面，其制动力矩作用在传动轴上，称为中央驻车制动器。

2）车轮驻车制动器。目前，轿车在后轮制动器中加装必要的机构，而传动装置互相独立，使之兼作驻车制动器，这种制动器称为复合式制动器，也称为车轮驻车制动器。这类制动器结构简单紧凑，应用广泛，如桑塔纳、奥迪等轿车均采用此类制动器。本项目只介绍车轮驻车制动器。

桑塔纳轿车驻车制动器的传动机构是机械式拉索传动，作用于后轮。它由驻车制动器和操纵机构组成，如图9-52和图9-53所示。

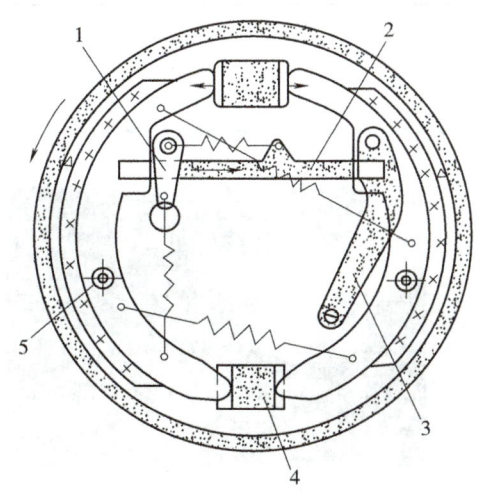
图9-52 桑塔纳轿车带驻车制动的鼓式制动器
1—楔形件 2—压力杆 3—驻车制动杆
4—浮式支承座 5—弹簧座

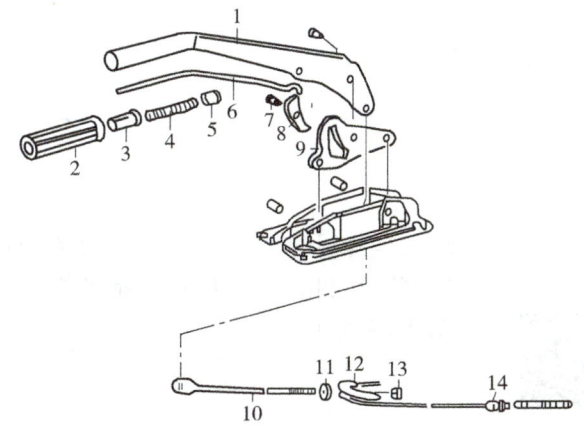
图9-53 桑塔纳轿车驻车制动器的操纵机构
1—制动操纵杆 2—手柄套 3—按钮 4—弹簧 5—套筒
6—棘轮杆 7—螺栓 8—棘爪 9—扇形齿 10—拉杆
11—限位垫圈 12—调整拉杆 13—调整螺母 14—拉索

驻车制动时，驾驶人拉起驻车制动器操纵杆后，操纵力便通过调整拉杆和拉索传到车轮制动器内的驻车制动杆下端，使之绕其上端支点顺时针转动。制动杆转动过程中，其中间支点推动制动器内的压力杆左移，使前制动蹄压向制动鼓。当前制动蹄压向制动鼓后，压力杆停止运动，则驻车制动杆的中间支点变成其继续转动的新支点，于是驻车制动杆的上端右移使后制动蹄压靠到制动鼓上，实现驻车制动。此时，驻车制动操纵杆上的棘爪与扇形齿啮合，驻车制动操纵杆处于锁止状态。

解除制动时，须先将驻车制动操纵杆向上提起些许，再压下驻车制动操纵杆端头的按钮，通过棘轮杆使棘爪与扇形齿脱开，然后将驻车制动操纵杆推到释放位置后松开按钮。与此同时，制动蹄在回位弹簧作用下回位。

任务实施

调整驻车制动器

以桑塔纳 2000GSi 型轿车为例，介绍驻车制动器的调整。

一、设备和工具

桑塔纳 2000GSi 型轿车，举升机，常用工具一套。

二、技术参数

桑塔纳 2000GSi 型轿车制动性能数据见表 9-4。

表 9-4　桑塔纳 2000GSi 型轿车制动性能数据

项　目	技术参数
驻车制动坡度	>30%

三、操作步骤

驻车制动器的检查

1）举升汽车并可靠支承，使车轮脱离地面，并能够转动自如，松开驻车制动操纵杆，如图 9-54 所示。

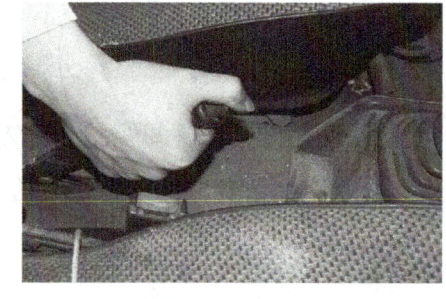

图 9-54　松开驻车制动操纵杆

2）用力踩一下制动踏板，把驻车制动操纵杆拉过两齿。

3）拧紧驻车制动拉索的调整螺母，如图 9-55 所示，直到用手不能转动两个被制动的后车轮为止。

4）松开驻车制动操纵杆时，检查两个后车轮能否转动自如；充分拉起驻车制动操纵杆时，驻车制动器应该处于完全被制动状态，即为调整合适。否则应重复上述调整。

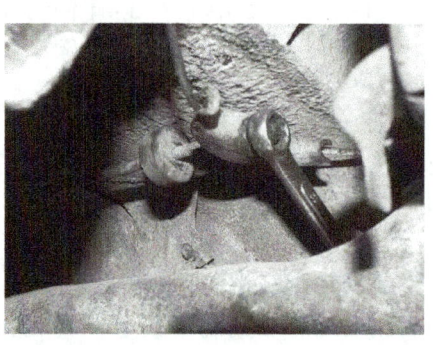

图 9-55　拧紧驻车制动拉索的调整螺母

四、质量保证

停止调整驻车制动器后，放下汽车，松开驻车制动操纵杆，以消除由悬架的应力变形而引起的驻车制动拉索工作长度的改变。再次举升汽车，转动后轮，若驻车制动器对车轮有稍微拖滞，则调整适当，否则重新调整。

工作说明

1) 桑塔纳轿车后轮制动器是自动调节式制动器，一般不需要调整驻车制动器，只有当更换驻车制动器拉索、制动底板或制动器摩擦片后，才需要调整。

2) 操作时，避免尖锐的工具与拉索接触。

拓展与提高

混合制动器控制技术

随着汽车动力和速度以及公路等级的不断提高，自1978年开始就大量使用了防抱死制动系统（Antilock Brake System，ABS），提高了行车的稳定性。但是现代汽车对制动性能的要求越来越高，即使附加了防抱死制动系统，也无法实现最大限度的最佳制动力控制。混合制动器作为一种新型的制动系统可以在很大程度上提高车辆的制动性能。

将防抱死制动系统和离合器操纵控制系统集成发展起来的制动系统，即混合制动器。混合制动器的后轮制动是电控钳盘式装置，前轮制动仍然采用传统的液压制动装置，并且由ABS来调整制动力。当驾驶人踩下制动踏板时，传感器检测到制动信号，传递给电控单元（ECU），ECU接到指令后对后轮电控钳盘系统和前轮液压系统实施制动，并可获得最有效的前后轮制动力分配。

驻车制动是整体式的电控驻车制动器，不再使用液压管道、软管和驻车制动拉索等，同时还取消了驻车制动操纵杆或踏板，扩大了汽车内的乘坐空间。

混合制动器有如下特点：

1) 电动钳盘制动反应更快，制动器摩擦片移动滞后得以改善，制动踏板踩下时感觉良好。后制动钳能调整并实现独立控制，从而可改进前后制动力的平衡。

2) 整车质量减轻，简化了某些车辆的后轮构造。不同型号的汽车可以使用同一驻车制动系统。

3) 取消了后轮制动系统的液压管道、软管和液压驻车制动机构，因此省去对液压系统管道进行放空气和加注制动液的时间，使装配简单快速。

4) 具有以按钮操纵驻车制动器、动态驻车制动、上坡防止汽车后退和制动防抱死等功能。上坡时防退功能能有效地帮助驾驶手动档变速器的汽车驾驶人进行坡道起步。

> 【小资料】
>
> **《五牛图》与奋斗创造精神**
>
> 《五牛图》由唐朝韩滉创作，是中国十大传世名画之一，也是现存最古的纸本中国画，堪称"镇国之宝"，现藏于北京故宫博物院。

进入新时代,中华民族踏上了伟大复兴的新征程。要实现伟大梦想,离不开一往无前的奋斗精神和敢为人先的创造精神,这些精神是老黄牛、拓荒牛所具备的精神。"天问一号"探火成功、"嫦娥五号"返回器携带月球样品安全着陆等科学成就,正是当代人以艰苦奋斗的老黄牛精神一点一滴累积而来的,以创新发展的拓荒牛精神一步一个脚印实践出来的。

　　《五牛图》是经久不衰的中华文化经典,更是中华民族精神的传承。

项目十

液压制动传动装置的构造与拆装

项目描述

汽车制动系统是由驾驶人控制，能产生与汽车行驶方向相反外力的专门装置，包括传动装置、控制装置、供能装置及制动器四部分。液压制动传动装置是利用制动液作为传力介质的。本项目主要围绕液压制动系统放空气工作任务进行学习和训练。

任务 制动系统放空气

学习目标

1. 知识目标
1) 掌握液压制动传动装置的结构和工作过程。
2) 能够识别制动传动回路的布置形式。
2. 技能目标
熟练使用设备和工具，按流程规范操作制动系统放空气。
3. 情感目标
遵守操作规则，保证质量。

任务描述

一辆桑塔纳 2000GSi 型轿车需要给制动系统放空气，并补充制动液。因此，需要掌握液压制动传动装置的相关知识，制订工作计划，实施制动系统放空气任务，并保证工作质量。

知识储备

汽车制动传动装置将驾驶人或其他动力源的作用力传递至制动器，同时控制制动器动作，从而获得所需要的制动力矩实现制动。汽车制动传动装置按动力源不同可分为液压制动传动装置和气压制动传动装置，不同动力源的制动传动装置其特点也不同。

一、液压制动传动装置的基本组成

液压制动传动装置由制动踏板、制动主缸、储液罐、制动管路和制动轮缸等组成，如图10-1所示。

二、液压制动传动装置的工作过程

液压式制动传动装置是利用制动液作为传力介质，其工作过程如图10-2所示，当制动时，驾驶人踩下制动踏板，通过推杆和主缸活塞使缸内油压升高，主缸里的制动液在一定压力下通过制动管路流入轮缸中，在制动液的推动下轮缸活塞使制动摩擦片向旋转的制动盘移动，同时制动卡钳反方向也向制动盘移动，从而内外两块摩擦片压紧在制动盘上，产生摩擦力矩。制动盘的转动受到阻力，产生制动器制动力。当放开制动踏板时，制动液压力降低，内外两块制动摩擦片返回原位，制动力消失。

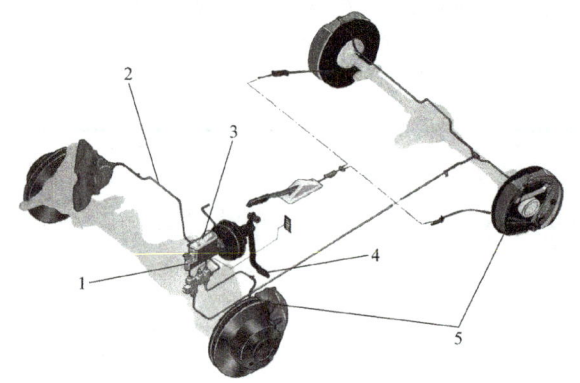

图10-1　液压制动传动装置
1—制动主缸　2—制动管路　3—储液罐
4—制动踏板　5—制动轮缸

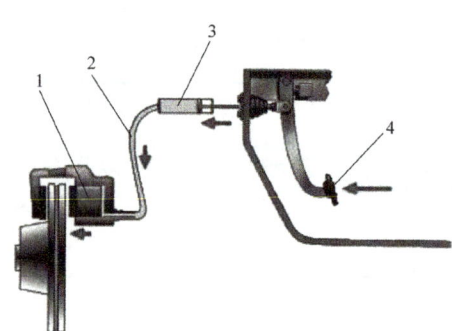

图10-2　液压制动传动装置工作过程
1—制动轮缸　2—制动管路
3—制动主缸　4—制动踏板

三、液压制动回路

液压制动回路就是连接制动主缸和各个制动轮缸的制动管路的布置形式。常见的液压制动回路有单回路和双回路两种。

1. 单回路液压制动回路

单回路液压制动回路是最简单的液压制动回路，如图10-3所示。单回路液压制动回路也是最危险的，一旦在该回路的任何一处发生泄漏，则所有的制动器将都失去制动效能，现已被淘汰。

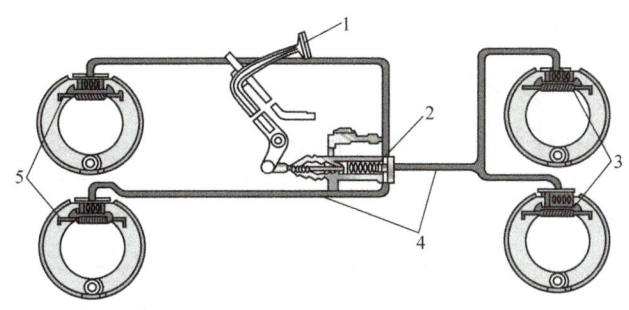

图 10-3　单回路液压制动回路

1—制动踏板　2—制动主缸　3—后轮制动器　4—制动管路　5—前轮制动器

2. 双回路液压制动回路

双回路液压制动回路是利用彼此独立的双腔制动主缸，通过两套独立的制动管路分别控制两桥或三桥的车轮制动器。双回路液压制动回路的优点是两个制动回路都拥有各自独立的液压系统，若一个回路出现了故障，另一个回路也能保持最低限度的制动效能。

常见的双回路液压制动回路的布置形式有前后独立式双回路和交叉式双回路两种。

1）前后独立式双回路液压制动回路由双腔制动主缸通过两套独立的管路分别控制前桥和后桥的车轮制动器，如图 10-4 所示。这种布置形式结构简单，如果其中一套管路损坏漏油，另一套仍能起作用，但会破坏前后桥制动力分配的比例，其主要用于发动机前置后轮驱动的汽车。

2）交叉式双回路液压制动回路由双腔制动主缸通过两套独立的管路分别控制前后桥对角线方向的两个车轮制动器，如图 10-5 所示。这种布置形式在任一管路失效时，仍能保持一半的制动力，且前后桥制动力分配比例保持不变，有利于提高制动方向稳定性，主要用于发动机前置前轮驱动的轿车上。

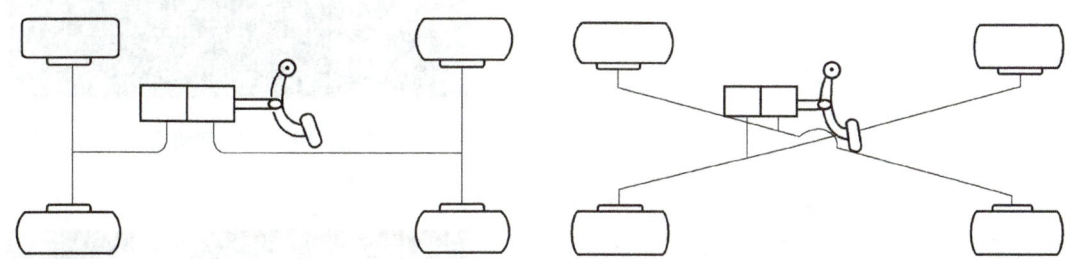

图 10-4　前后独立式双回路液压制动回路简图　　图 10-5　交叉式双回路液压制动回路简图

任务实施

制动系统放空气

以桑塔纳 2000GSi 型轿车为例，介绍制动系统放空气的操作方法。

一、设备与工具

桑塔纳 2000GSi 型轿车、举升机、扳手套件、内六角扳手套件、成套套筒扳手、制动液盛放容器、软管和工具车等。

二、结构参数和技术参数

使用符合 FMVSS116DOT 标准的大众汽车原厂制动液。

三、操作步骤

1）拔下制动器上放气螺塞的防尘罩，将一根软管一端接到放气螺塞上，一头插入容器中，如图 10-6 所示。

制动系统放空气

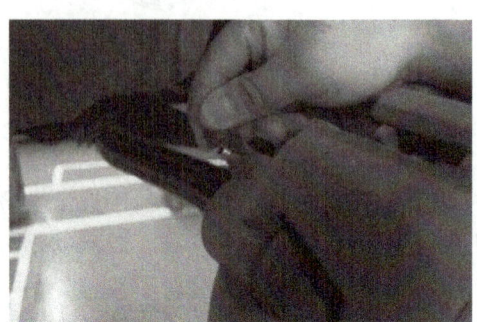

图 10-6　拔下制动器放气螺塞防尘罩

2）车内辅助人员用力迅速踩下并缓慢放松制动踏板，如此反复数次后，踩下制动踏板，并保持不动，如图 10-7 所示。

图 10-7　踩制动踏板

3）车外操作人员拧松放气螺塞，管路中空气随制动液顺着胶管排出制动系统，排出空气后再拧紧放气螺塞，如图 10-8 所示。重复以上步骤多次，直至容器中的制动液里无气泡为止。

图 10-8　排出空气

图 10-9　套上防尘罩

4）取下制动液盛放容器，套上防尘罩，如图 10-9 所示。

图 10-10　添加制动液

5）添加制动液至规定刻度高度，如图 10-10 所示。

四、质量保证

大众车型液压制动装置所用制动液型号是 DOT4，每两年或行驶 50 000km 时应更换制动液。制动液具有毒性和强腐蚀性，使用时要注意。清洁车辆上的污痕，清洁、整理工具，清扫工作场地。

工作说明

应加入规定牌号的制动液，不可随意使用任何牌号的制动液。

拓展与提高

增压制动传动装置

增压制动传动装置是在普通液压制动系统的基础上增加一套动力系统而形成的，即兼用人和发动机作为制动能源的动力装置。在正常情况下，制动能量大部分由动力系统供给，而在动力系统失效时，还可全靠驾驶人供给，即由动力制动转变成人力制动。

按增压制动系统的输出力作用部位和对其控制装置的操纵方式不同，增压制动装置可分为增压式和助力式两类。其中增压式有真空增压式和气压增压式；助力式有真空助力式和气压助力式。

在普通的液压制动系统中，制动压力与踏板力成正比，加装增压装置后，可以帮助驾驶人减轻施加于制动踏板上的力，增加车轮的制动力，达到操纵轻便、制动可靠的目的。

【小资料】

领跑世界的智慧港口

山东青岛港全自动化码头展示了一个科技范十足的场面，无人车来回穿梭运送进出口的集装箱，整个码头空无一人，全靠机器人操作。在2020年第一季度，即使受疫情影响，青岛港货物吞吐量也实现了逆势增长，同时也创造了桥吊作业效率47.6自然箱/h的最新世界纪录，作为全球领先、亚洲首个全自动化无人集装箱码头再次刷新了自己的佳绩。

这些成绩是靠青岛港科研创新团队不断探索创新取得的。青岛港是以5G技术进行通信，集物联感知、通信导航、云计算等技术于一体的智慧港口，给出了漂亮的"中国方案"。青岛港的奇迹，源于青岛港自觉自愿把自己的命运同党的命运、国家的命运紧密联系在一起，团结一致，奋力拼搏，实干兴港。

参 考 文 献

［1］Staudt W. 汽车机电技术（一）学习领域 1~4［M］. 北京：机械工业出版社，2009.
［2］Staudt W. 汽车机电技术（二）学习领域 5~8［M］. 北京：机械工业出版社，2009.
［3］胡胜. 汽车底盘构造与维修［M］. 北京：机械工业出版社，2017.
［4］周林福，封建国. 汽车底盘构造与维修［M］. 4 版. 北京：人民交通出版有限公司，2019.

汽车构造与拆装
（底盘部分）

第 3 版

工 作 页

班 级＿＿＿＿＿＿＿＿＿＿

姓 名＿＿＿＿＿＿＿＿＿＿

学 号＿＿＿＿＿＿＿＿＿＿

机械工业出版社

目　录

工作页一　认识汽车底盘 ··· 1
　　课后测评 ·· 2
工作页二　拆装离合器 ··· 4
工作页三　认识离合器操纵机构 ·· 6
　　课后测评 ·· 7
工作页四　拆装手动变速器 ·· 9
工作页五　拆装自动变速器 ·· 11
　　课后测评 ·· 13
工作页六　拆装球笼式万向传动装置 ··· 16
工作页七　拆装十字轴式万向传动装置 ·· 18
　　课后测评 ·· 19
工作页八　拆装驱动桥 ··· 21
工作页九　拆装主减速器 ·· 23
工作页十　拆装差速器 ··· 25
　　课后测评 ·· 26
工作页十一　拆装车轮总成 ·· 28
工作页十二　拆装轮胎 ··· 30
工作页十三　交换车轮位置 ·· 32
工作页十四　车轮总成动平衡 ··· 34
　　课后测评 ·· 35
工作页十五　拆装悬架总成 ·· 37
工作页十六　拆装非独立后悬架 ··· 39
工作页十七　拆装独立前悬架 ··· 41
　　课后测评 ·· 42

工作页十八　拆装齿轮齿条式转向器 …………………………………………………… 45

工作页十九　拆装循环球式转向器 ……………………………………………………… 47

工作页二十　拆装转向操纵机构 ………………………………………………………… 49

　　课后测评 ………………………………………………………………………………… 50

工作页二十一　拆装盘式制动器 ………………………………………………………… 52

工作页二十二　维护盘式制动器 ………………………………………………………… 54

工作页二十三　拆装鼓式制动器 ………………………………………………………… 56

工作页二十四　调整驻车制动器 ………………………………………………………… 58

　　课后测评 ………………………………………………………………………………… 59

工作页二十五　制动系统放空气 ………………………………………………………… 61

　　课后测评 ………………………………………………………………………………… 62

工作页一　认识汽车底盘

【能力要求】
1. 能辨别传动系统的布置形式。
2. 能描述行驶系统的类型。

任 务 名 称	认识汽车底盘		
班级		姓名	
地点		日期	

一、收集信息

【引导问题】

汽车底盘的作用是支撑、安装_____，成形汽车的整体造型，并接受_____的动力，使汽车产生运动，保证正常行驶。

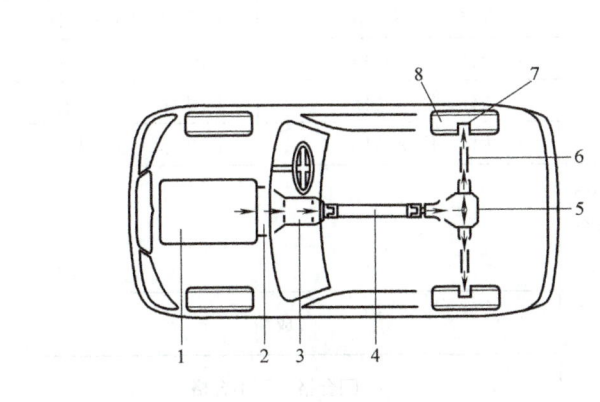

序　号	名　　称
1	发动机
2	
3	
4	
5	
6	
7	
8	

【查阅资料】

桑塔纳 2000GSi 型轿车，是前置_____驱，配有四缸两气门电子控制多点喷射汽油发动机、_____变速器和前轮麦弗逊式独立悬架。

二、计划决策

小组组别	
设备工具	桑塔纳 2000GSi 型轿车、举升机、工具车、三角挡块、_____
组织安排	一组四人：A 拆装及清洁整理；B 传递工具及清洁整理；C 摆放零部件及清洁整理；D 安全检查及记录。各任务间轮换角色
准备工作	检查安全环保措施；熟悉布置工作场景

三、实施检查

作业内容		质量要求	完成情况
认知汽车底盘各系统	认识传动系统的组成		□完成 □未完成
	认识行驶系统的组成		□完成 □未完成
	认识转向系统的组成		□完成 □未完成
	认识制动系统的组成		□完成 □未完成

四、评价反思

在教师的指导下,反思自己的工作方式和工作质量。

<table>
<tr><td colspan="5" align="center">评 价 表</td></tr>
<tr><td>项 目</td><td>评价指标</td><td colspan="2">自 评</td><td>互 评</td></tr>
<tr><td rowspan="3">专业技能</td><td>认识汽车底盘构造及工作要求</td><td colspan="2">□合格 □不合格</td><td>□合格 □不合格</td></tr>
<tr><td>按质量要求完成作业内容</td><td colspan="2">□合格 □不合格</td><td>□合格 □不合格</td></tr>
<tr><td>完整填写工作页</td><td colspan="2">□合格 □不合格</td><td>□合格 □不合格</td></tr>
<tr><td rowspan="3">工作态度</td><td>着装规范,符合职业要求</td><td colspan="2">□合格 □不合格</td><td>□合格 □不合格</td></tr>
<tr><td>正确查阅维修资料和学习材料</td><td colspan="2">□合格 □不合格</td><td>□合格 □不合格</td></tr>
<tr><td>分工明确、配合默契</td><td colspan="2">□合格 □不合格</td><td>□合格 □不合格</td></tr>
<tr><td rowspan="2">能力要求</td><td>能辨别传动系统的布置形式</td><td colspan="2">□达标 □未达标</td><td>□达标 □未达标</td></tr>
<tr><td>能描述行驶系统的类型</td><td colspan="2">□达标 □未达标</td><td>□达标 □未达标</td></tr>
<tr><td>个人反思</td><td>完成任务的安全、质量、时间和6S要求,是否达到最佳程度,请提出个人改进建议</td><td colspan="3"></td></tr>
<tr><td rowspan="2">教师评价</td><td rowspan="2">教师签字
日 期</td><td colspan="3" align="center">成绩</td></tr>
<tr><td colspan="3" align="center">□合格 □不合格</td></tr>
</table>

课后测评

一、选择题

1. 行驶系统一般由汽车的车架、车桥、车轮和（　　）等组成。

　　A. 悬架　　　　　　B. 减振器　　　　　C. 驱动桥　　　　　D. 横梁

2. 汽车转向系统对汽车的（　　）至关重要。

　　A. 通过性能　　　　B. 操控　　　　　　C. 行驶安全　　　　D. 油耗

3. 半轴是（　　）与驱动轮之间传递动力的实心轴。

　　A. 转向系统　　　　B. 制动器　　　　　C. 离合器　　　　　D. 差速器

4. 差速器当左、右驱动轮存在转速差时,差速器分配给慢转驱动轮的转矩（　　）快转驱动轮的转矩。

　　A. 大于　　　　　　B. 等于　　　　　　C. 小于　　　　　　D. 两倍于

5. 目前大、中型客车流行的布置形式是（　　）。

A. 前置前驱　　　　B. 前置后驱　　　　C. 后置后驱　　　　D. 中置后驱
6. 对发动机纵置式的汽车而言，主减速器利用（　　）以改变动力方向。
A. 锥齿轮传动　　　B. 直齿轮传动　　　C. 行星齿轮　　　　D. 万向传动
7. 行驶系统将来自（　　）的转速和转矩转为地面对车辆的牵引力。
A. 发动机　　　　　B. 传动系统　　　　C. 起动机　　　　　D. 操纵系统

二、填空题

1. 汽车主要由_____、底盘、_____和_____四部分组成。
2. 汽车底盘一般由_____系统、_____系统、_____系统和_____系统四部分组成。
3. 制动系统按作用可以分为_____制动系统和_____制动系统。
4. 动力转向系统又可分为_____动力转向系统和_____助力动力转向系统以及_____动力转向系统。
5. 传动系统按照驱动形式不同，可以分为_____驱动式、_____驱动式和_____驱动式。
6. 行驶系统一般由汽车的_____、_____、_____和悬架等组成。

三、判断题

1. 传动系统具有加速、倒车、中断动力、轮间差速和轴间差速等功能。　　　　（　　）
2. 行驶系统的结构形式因品牌和配置的不同而有所差异。　　　　　　　　　　（　　）
3. 全履带式行驶系统可以减少汽车对地面的比压，控制汽车下陷。　　　　　　（　　）
4. 半履带式行驶系统具有很高的通过能力，可用在沙漠地带行驶。　　　　　　（　　）
5. 汽车转向系统和传动系统都是汽车安全必须要重视的两个系统。　　　　　　（　　）
6. 行车制动系统又称为人力制动系统。　　　　　　　　　　　　　　　　　　（　　）

四、简答题

1. 简述传动系统的组成和作用。

2. 简述汽车传动系统常见的布置形式。

3. 比较轮式、履带式、半履式和车轮—履带式行驶系统的特点。

4. 简述转向系统的作用与类型。

5. 简述制动系统的分类。

工作页二　拆装离合器

【能力要求】
1. 能拟定周布弹簧式离合器的拆装方案。
2. 能阐述膜片弹簧式离合器的工作原理。

任务名称	拆装离合器		
班级		姓名	
地点		日期	

一、收集信息
【引导问题】
离合器按压紧弹簧的形式及布置形式可分周布弹簧式和膜片弹簧式两种类型，下图表示_____（周布/膜片）弹簧式离合器。

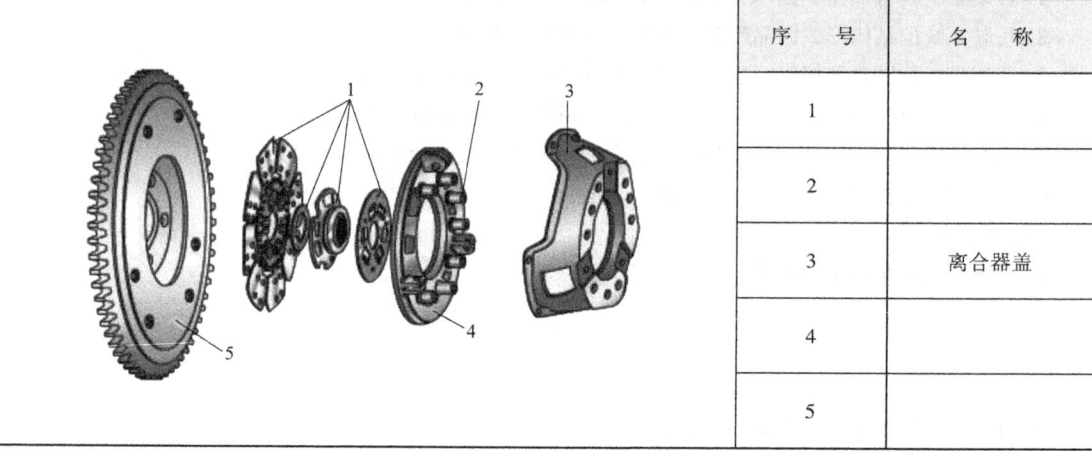

序号	名称
1	
2	
3	离合器盖
4	
5	

【查阅资料】
桑塔纳 2000GSi 型轿车采用的是_____离合器。

二、计划决策

小组组别	
设备工具	桑塔纳 2000GSi 型轿车、工具车、三角挡块、_____
组织安排	一组四人：A 拆装及清洁整理；B 传递工具及清洁整理；C 摆放零部件及清洁整理；D 安全检查及记录。各任务间轮换角色
准备工作	检查安全环保措施；熟悉布置工作场景

三、实施检查

作业内容		质量要求	完成情况
拆卸离合器	压紧离合器壳体		□完成 □未完成
	拆卸弹簧压紧螺母		□完成 □未完成
	分解离合器		□完成 □未完成
	检查各零部件		□完成 □未完成
安装离合器	装配离合器		□完成 □未完成
	压紧离合器壳体,紧固螺母		□完成 □未完成

四、评价反思

在教师的指导下,反思自己的工作方式和工作质量。

评价表			
项目	评价指标	自评	互评
专业技能	认识离合器的结构及工作要求	□合格 □不合格	□合格 □不合格
	按质量要求完成作业内容	□合格 □不合格	□合格 □不合格
	完整填写工作页	□合格 □不合格	□合格 □不合格
工作态度	着装规范,符合职业要求	□合格 □不合格	□合格 □不合格
	正确查阅维修资料和学习材料	□合格 □不合格	□合格 □不合格
	分工明确、配合默契	□合格 □不合格	□合格 □不合格
能力要求	能拟定周布弹簧式离合器的拆装方案	□达标 □未达标	□达标 □未达标
	能阐述膜片弹簧式离合器的工作原理	□达标 □未达标	□达标 □未达标
个人反思	完成任务的安全、质量、时间和6S要求,是否达到最佳程度,请提出个人改进建议		
教师评价	教师签字 日期	成绩	
		□合格 □不合格	

工作页三　认识离合器操纵机构

【能力要求】
1. 能描述离合器操纵机构的工作过程。
2. 能简述离合器操纵机构的注意事项。

任务名称	认识离合器操纵机构		
班级		姓名	
地点		日期	

一、收集信息
【引导问题】
　　液压式离合器操纵机构具有摩擦阻力小、_____、布置方便等优点，并且不受车身车架变形的影响。

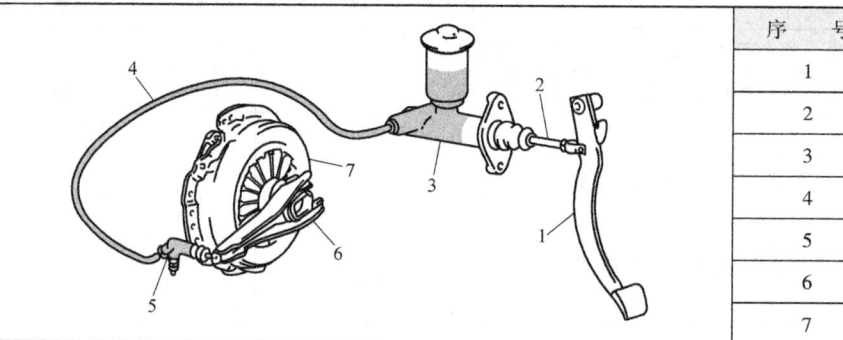

序号	名称
1	离合器踏板
2	
3	
4	
5	
6	
7	离合器壳体

【查阅资料】
　　桑塔纳2000GSi型轿车离合器踏板行程为_____ mm。

二、计划决策

小组组别	
设备工具	桑塔纳2000GSi型轿车、工具车、三角挡块、_____
组织安排	一组四人：A 拆装及清洁整理；B 传递工具及清洁整理；C 摆放零部件及清洁整理；D 安全检查及记录。各任务间轮换角色
准备工作	检查安全环保措施；熟悉布置工作场景

三、实施检查

作业内容		质量要求	完成情况
测量离合器高度	测量离合器高度		□完成　□未完成
调整离合器高度	调整离合器高度		□完成　□未完成

四、评价反思

在教师的指导下,反思自己的工作方式和工作质量。

评 价 表				
项 目	评价指标	自 评		互 评	
专业技能	认识离合器操纵机构的结构及工作要求	□合格	□不合格	□合格	□不合格
	按质量要求完成作业内容	□合格	□不合格	□合格	□不合格
	完整填写工作页	□合格	□不合格	□合格	□不合格
工作态度	着装规范,符合职业要求	□合格	□不合格	□合格	□不合格
	正确查阅维修资料和学习材料	□合格	□不合格	□合格	□不合格
	分工明确、配合默契	□合格	□不合格	□合格	□不合格
能力要求	能描述离合器操纵机构的工作过程	□达标	□未达标	□达标	□未达标
	能简述离合器操纵机构的注意事项	□达标	□未达标	□达标	□未达标
个人反思	完成任务的安全、质量、时间和 6S 要求,是否达到最佳程度,请提出个人改进建议				
教师评价	教师签字 日 期	成绩			
		□合格 □不合格			

课后测评

一、选择题

1. 当发动机的转速很高时,周布弹簧式离合器将受( )的作用严重鼓起而影响工作。
   A. 惯性力　　　　B. 离心力　　　　C. 重力　　　　D. 摩擦力

2. 离合器能传递发动机输出的最大( )。
   A. 热量　　　　　B. 转矩　　　　　C. 功率　　　　D. 运动

3. 离合器的从动盘安装在( )上。
   A. 曲轴　　　　　B. 变速器输入轴　C. 变速器输出轴　D. 飞轮

4. 周布弹簧式离合器的弹簧安装在( )之间。
   A. 压盘与离合器　　　　　　　　　B. 分离叉与分离杠杆
   C. 飞轮与分离轴承　　　　　　　　D. 分离叉与从动盘

5. 普通桑塔纳和捷达等轿车离合器采用( )式操纵机构。
   A. 液力　　　　　B. 绳索　　　　　C. 气动　　　　D. 机械

6. 桑塔纳 2000GSi 型轿车离合器踏板的最大踏板力为( )。
   A. 132.2N　　　　B. 122.5N　　　　C. 123.2N　　　D. 122.2N

7. 离合器踏板高度的测量是从地面到( )的距离。
   A. 离合器总泵　　　　　　　　　　B. 离合器踏板下表面
   C. 离合器踏板上表面　　　　　　　D. 离合器踏板固定螺栓

8. 属于离合器作用的是（　　）。
   A. 快速起步　　　　B. 传递或切断动力　　　　C. 驾驶平稳　　　　D. 减速增扭
9. 属于周布弹簧式离合器压紧弹簧的是（　　）。
   A. 钢板弹簧　　　　B. 螺旋弹簧　　　　C. 扭转弹簧　　　　D. 膜片弹簧
10. 属于液压操纵机构优点的是（　　）。
    A. 摩擦阻力大　　　B. 质量大　　　　C. 接合柔和　　　　D. 安装方便

二、填空题

1. 拆装过程中，应避免在离合器_____表面沾上油污。
2. 拆卸离合器前，必须做好_____。
3. 膜片弹簧既是压紧弹簧又是_____。
4. 周布弹簧式离合器采用若干个_____作为压紧弹簧。
5. 摩擦片工作表面材料主要要求是：摩擦系数大而且稳定，强度_____，能承受冲击；耐_____和导热性能好，热变形小。
6. 离合器是传递或切断_____至变速器动力的重要部件。
7. 离合器主要由_____、_____、离合器盖及压紧装置、分离机构和操纵机构组成。
8. 离合器操纵机构按传动方式，其可分为_____、_____和_____等。
9. 液压式操纵机构主要由离合器主缸、_____、推杆、_____及管路系统组成。
10. 桑塔纳2000GSi型轿车离合器踏板行程为_____mm。

三、判断题

1. 离合器是自动变速器车辆传动系统的重要组成部分。（　　）
2. 离合器是完成传递动力、转矩并改变旋转方向的传动机构。（　　）
3. 车辆正常行驶时，压盘受压紧装置驱动，使摩擦片与飞轮紧密接触。（　　）
4. 按摩擦片的工作性质不同，手动变速器分为干式和湿式两种。（　　）
5. 绳索式操纵机构比液压操纵机构寿命长。（　　）
6. 离合器保证汽车平稳起步，变速换档时减轻变速齿轮的冲击载荷并防止传动系统过载。（　　）
7. 摩擦片是离合器的次要组成元件。（　　）

四、简答题

1. 简述离合器踏板高度的调节方法。

2. 简述离合器的工作过程。

3. 离合器工作时，应满足哪些基本要求？

4. 离合器如何分类？

5. 拆卸周布弹簧式离合器时，应注意哪些事项？

工作页四　拆装手动变速器

【能力要求】
1. 能描述各档动力传递路线。
2. 能规范进行手动变速器的拆装。

任 务 名 称	拆装手动变速器		
班级		姓名	
地点		日期	

一、收集信息

【引导问题】

桑塔纳 2000GSi 型轿车变速器共有_____前进档和_____倒档,内部结构采用两轴式布置,即_____和_____总成,取消了常规的中间轴。桑塔纳 2000GSi 型五档变速器传动机构如下图所示,输入轴三、四档同步器接合套左移,动力传递路线为 1→3→7→8→2。

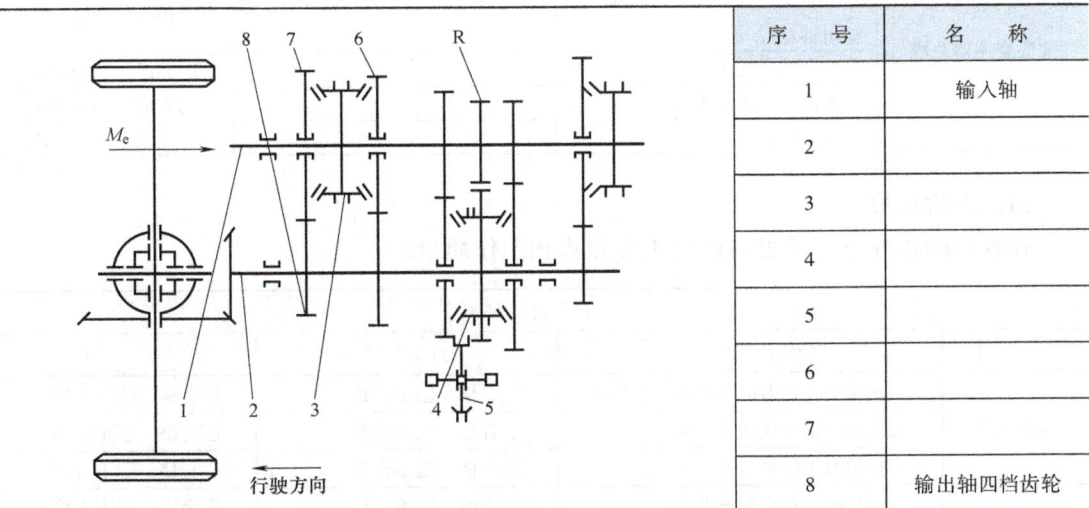

序　号	名　　称
1	输入轴
2	
3	
4	
5	
6	
7	
8	输出轴四档齿轮

【查阅资料】

桑塔纳 2000GSi 型轿车变速器各档传动比见下表:

一档传动比		二档传动比	
三档传动比		四档传动比	
五档传动比		倒档传动比	

齿轮形式:一、二、三、四、五档齿轮为_____,倒档齿轮为_____。变速器润滑油规格为 MIL-L2105 或 API-GL5,牌号为 SAE75W-90 用油容量(L)为_____。

二、计划决策

小组组别	
设备工具	工作台,桑塔纳2000GSi型轿车五档手动变速器,_____
组织安排	一组四人:A 拆装及清洁整理;B 传递工具及清洁整理;C 摆放零部件及清洁整理;D 安全检查及记录。各任务间轮换角色
准备工作	检查安全环保措施;熟悉布置工作场景

三、实施检查

作业内容		质量要求	完成情况
拆卸变速器总成	拆下后盖		□完成 □未完成
	拧松后轴承螺母		□完成 □未完成
	分离前后壳体		□完成 □未完成
	取出三、四档变速杆拨叉		□完成 □未完成
	取出输入轴总成		□完成 □未完成
	拆下倒档齿轮及轴		□完成 □未完成
	取出输出轴总成		□完成 □未完成
	分解输入、输出轴总成		□完成 □未完成
安装变速器总成	组装输入、输出轴总成		□完成 □未完成
	合装变速杆拨叉及轴与输入、输出轴总成		□完成 □未完成
	装合前后壳体		□完成 □未完成
	紧固输出轴后螺母		□完成 □未完成
	安装后盖		□完成 □未完成

四、评价反思

在教师的指导下,反思自己的工作方式和工作质量。

	评 价 表			
项 目	评价指标	自 评		互 评
专业技能	认识手动变速器的结构及工作要求	□合格 □不合格		□合格 □不合格
	按质量要求完成作业内容	□合格 □不合格		□合格 □不合格
	完整填写工作页	□合格 □不合格		□合格 □不合格
工作态度	着装规范,符合职业要求	□合格 □不合格		□合格 □不合格
	正确查阅维修资料和学习材料	□合格 □不合格		□合格 □不合格
	分工明确、配合默契	□合格 □不合格		□合格 □不合格
能力要求	能描述各档动力传递路线	□达标 □未达标		□达标 □未达标
	能规范进行手动变速器的拆装	□达标 □未达标		□达标 □未达标
个人反思	完成任务的安全、质量、时间和6S要求,是否达到最佳程度,请提出个人改进建议			
教师评价	教师签字 日　　期	成绩		
		□合格 □不合格		

工作页五　拆装自动变速器

【能力要求】
1. 能描述自动变速器拆装的内涵。
2. 能拟定自动变速器的拆装方案。

任 务 名 称	拆装自动变速器		
班级		姓名	
地点		日期	

一、收集信息

【引导问题】

自动变速器的品牌、型号很多，外部形状和内部结构也有所不同，但它们的基本组成如下图所示。

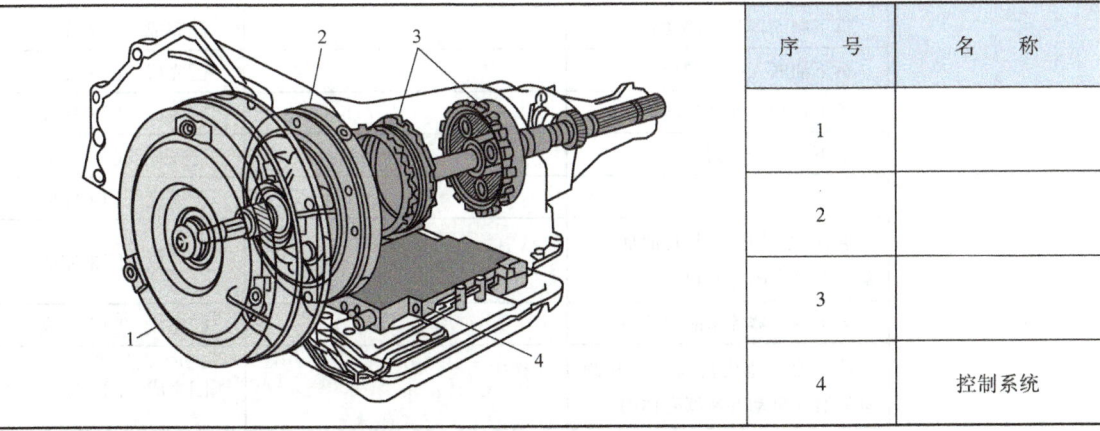

序　号	名　　称
1	
2	
3	
4	控制系统

【查阅资料】

1）桑塔纳 2000GSi 型轿车自动变速器液压泵螺栓拧紧力矩为_____ N·m，螺栓拧紧后需再拧_____。

2）桑塔纳 2000GSi 型轿车自动变速器液压泵与壳体的固定螺栓拧紧力矩为_____ N·m，螺栓拧紧后需再拧_____。

二、计划决策

小组组别	
设备工具	自动变速器、自动变速器拆装台、成套套筒扳手、一字螺钉旋具、_____
组织安排	一组四人：A 拆装及清洁整理；B 传递工具及清洁整理；C 摆放零部件及清洁整理；D 安全检查及记录。各任务间轮换角色
准备工作	检查安全环保措施；熟悉布置工作场景

三、实施检查

作业内容		质量要求	完成情况
分解自动变速器	取下液力变矩器		□完成　□未完成
	旋松自动变速器液压泵的固定螺栓		□完成　□未完成
	在带有螺纹的孔中旋入拆装用长螺栓		□完成　□未完成
	利用拆装螺栓取出自动变速器液压泵总成		□完成　□未完成
	用工具旋下液压泵固定螺栓		□完成　□未完成
	拆开自动变速器液压泵		□完成　□未完成
	依次取出活塞挡圈、外钢片、内摩擦片及弹簧盖和弹簧		□完成　□未完成
	取出所有齿轮变速机构制动器和离合器		□完成　□未完成
	拆下制动器片组隔离管		□完成　□未完成
	拆下油底壳固定螺栓		□完成　□未完成
	拆下自动变速器油滤器		□完成　□未完成
	摘下油底壳密封垫		□完成　□未完成
组装自动变速器	安装油滤器		□完成　□未完成
	套上密封垫，装上油底壳，旋紧油底壳固定螺栓		□完成　□未完成
	装上制动器片组隔离管		□完成　□未完成
	将齿轮变速机构离合器和制动器装入自动变速器壳体内		□完成　□未完成
	依次装入制动器的内摩擦片和外钢片		□完成　□未完成
	安装弹簧和弹簧盖及挡圈		□完成　□未完成
	用工具按力矩要求旋紧自动变速器液压泵紧固螺栓		□完成　□未完成
	把自动变速器液压泵安装到自动变速器壳体内		□完成　□未完成
	用工具按力矩要求拧紧自动变速器固定螺栓		□完成　□未完成
	将液力变矩器装入自动变速器壳体内		□完成　□未完成
	自动变速器安装完整，工具归位，清洁场地		□完成　□未完成

四、评价反思

在教师的指导下,反思自己的工作方式和工作质量。

评价表			
项 目	评价指标	自 评	互 评
专业技能	认识自动变速器的结构及工作要求	□合格 □不合格	□合格 □不合格
	按质量要求完成作业内容	□合格 □不合格	□合格 □不合格
	完整填写工作页	□合格 □不合格	□合格 □不合格
工作态度	着装规范,符合职业要求	□合格 □不合格	□合格 □不合格
	正确查阅维修资料和学习材料	□合格 □不合格	□合格 □不合格
	分工明确、配合默契	□合格 □不合格	□合格 □不合格
能力要求	能描述自动变速器拆装的内涵	□达标 □未达标	□达标 □未达标
	能拟定自动变速器的拆装方案	□达标 □未达标	□达标 □未达标
个人反思	完成任务的安全、质量、时间和6S要求,是否达到最佳程度,请提出个人改进建议		
教师评价	教师签字 日 期	成绩	
		□合格 □不合格	

课后测评

一、选择题

1. 桑塔纳 2000GSi 型轿车手动变速器为两轴式(　　)变速器。
   A. 三档　　　　B. 四档　　　　C. 五档　　　　D. 六档

2. 对于五档变速器而言,传动比最大的前进档是(　　)。
   A. 一档　　　　B. 二档　　　　C. 四档　　　　D. 五档

3. 三轴式变速器的特点是输入轴与输出轴(　　)。
   A. 重合　　　　B. 垂直　　　　C. 平行　　　　D. 斜交

4. 桑塔纳 2000GSi 型轿车手动变速器输出轴上装有可空转的(　　)同步器。
   A. 1/2 档　　　B. 2/3 档　　　C. 3/4 档　　　D. 4/5 档

5. 桑塔纳 2000GSi 型轿车手动变速器输入轴上装有可空转的(　　)同步器。
   A. 1/2 档　　　B. 2/3 档　　　C. 3/4 档　　　D. 4/5 档

6. 无级变速器的英文缩写是(　　)。
   A. DSG　　　　B. AMT　　　　C. DCT　　　　D. CVT

7. 双离合自动变速器的英文缩写是(　　)。
   A. DCT　　　　B. CVT　　　　C. AMT　　　　D. MT

8. 液力变矩器利用(　　)为工作介质。
   A. 发动机润滑油　　　　　　　　B. 自动变速器油液
   C. 制动液　　　　　　　　　　　D. 空气

9. 自动变速器的液压泵一般由（　　）驱动。
A. 变矩器外壳　　B. 变速器齿轮　　C. 电动机　　D. 自动变速器液

10. 装配有自动变速器的车辆减少了（　　）。
A. 制动踏板　　B. 变速杆　　C. 加速踏板　　D. 离合器踏板

二、填空题
1. 变速器的作用之一可在发动机旋转方向_____的情况下，使汽车实现_____行驶。
2. 普通齿轮变速器包括_____机构和_____机构两部分。
3. 变速传动机构由壳体、_____、_____、中间轴、_____、各轴上的齿轮、轴承及同步器等组成。
4. 变速操纵机构组成由变速杆、_____、拨叉轴及_____等组成。
5. 为了保证变速器正常工作，操纵机构中设置了_____、_____及倒档锁等锁止装置。
6. 液力变矩器能在一定范围内自动地改变_____和_____。
7. 自动变速器变速齿轮部分所采用的齿轮一般有_____式和_____式。
8. 自动变速器换档执行元件常有_____、_____和单向离合器三种。
9. 自动变速器的供油系统主要由油箱、滤清器、_____及_____等组成。

三、判断题
1. 变速器的档位越低，传动比越小，汽车的行驶速度越低。（　　）
2. 桑塔纳2000GSi型轿车五档变速器二档动力传递路线为：输入轴→输入轴二档齿轮→输出轴二档齿轮→输出轴。（　　）
3. 变速器在换档时，为避免同时挂入两档，必须装设自锁装置。（　　）
4. 桑塔纳2000GSi型轿车手动变速器由输入轴总成、输出轴总成和中间轴总成组成。（　　）
5. 桑塔纳2000GSi型轿车手动变速器三、四档为超速档。（　　）
6. 液力变矩器的工作完全自动化，无须人工操作。（　　）
7. 自动变速器控制系统能根据发动机负荷和汽车的行驶速度等，按照预设的换档规律，自动地接通或切断换档离合器和制动器的供油油路。（　　）
8. 在发动机运转时，无论汽车是否行驶，自动变速器液压泵始终都在运转。（　　）
9. 自动变速器按照驱动方式不同可以分为后驱动自动变速器和前驱动自动变速器。（　　）
10. 自动变速器可使用手动变速器润滑油。（　　）

四、简答题
1. 简述变速器的作用。

2. 手动变速器是如何分类的？

3. 普通齿轮变速器一般由哪几部分组成？各有什么作用？

4. 三轴式五档变速器的组成主要有哪几部分？

5. 桑塔纳2000GSi型轿车两轴式变速器组成主要有哪几部分？其工作过程是怎样的？

6. 自动变速器变速齿轮组合形式有哪些？

7. 自动变速器的自动换档控制系统的控制方式有哪些？

8. 自动变速器供油系统的作用是什么？

9. 简述自动变速器的工作原理。

10. 自动变速器有哪些优缺点？

工作页六　拆装球笼式万向传动装置

【能力要求】
1. 能描述球笼式万向传动装置拆装的内涵。
2. 能拟定球笼式万向传动装置的拆装方案。

任务名称	拆装球笼式万向传动装置		
班级		姓名	
地点		日期	

一、收集信息

【引导问题】

万向传动装置一般由_____和_____组成。万向传动装置的组成如下图所示。

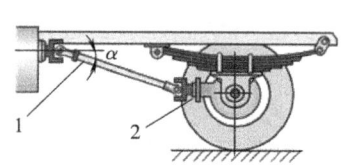

序　号	名　称
1	
2	

【查阅资料】

所有的钢球安装进球笼后保证_____，无_____现象。

二、计划决策

小组组别	
设备工具	桑塔纳2000GSi型轿车万向节、传动轴、_____
组织安排	一组四人：A拆装及清洁整理；B传递工具及清洁整理；C摆放零部件及清洁整理；D安全检查及记录。各任务间轮换角色
准备工作	检查安全环保措施；熟悉布置工作场景

三、实施检查

作业内容		质量要求	完成情况
拆下万向传动装置	固定传动轴和球笼		□完成　□未完成
	松开紧固螺栓，取出卡箍		□完成　□未完成
	拆出球笼		□完成　□未完成
	取出钢球和球笼		□完成　□未完成
	先拆卸弹簧卡环，再敲出内万向节		□完成　□未完成
	取出球笼壳，并清洁		□完成　□未完成
	取出钢球，将各零件清洁，去除油泥		□完成　□未完成
	按顺序放好各零部件		□完成　□未完成

（续）

作业内容		质量要求	完成情况
组装内万向节	对准凹槽		□完成 □未完成
	将球笼和内星轮装入壳体		□完成 □未完成
	安装钢球		□完成 □未完成
	扭转内星轮，使钢球与壳体中的球槽相配合，有足够的间隙		□完成 □未完成
	按压球笼，使内星轮转入外星轮内		□完成 □未完成
	调整内星轮		□完成 □未完成
组装外万向节	将润滑脂注入万向节		□完成 □未完成
	将球笼连同内星轮一起装入外星轮		□完成 □未完成
	对角交替压入钢球		□完成 □未完成
	将弹簧卡环装入内星轮，将润滑脂压入万向节		□完成 □未完成
	检查内星轮		□完成 □未完成

四、评价反思

在教师的指导下，反思自己的工作方式和工作质量。

评价表

项目	评价指标	自评	互评
专业技能	认识球笼式万向传动装置及工作要求	□合格 □不合格	□合格 □不合格
	按质量要求完成作业内容	□合格 □不合格	□合格 □不合格
	完整填写工作页	□合格 □不合格	□合格 □不合格
工作态度	着装规范，符合职业要求	□合格 □不合格	□合格 □不合格
	正确查阅维修资料和学习材料	□合格 □不合格	□合格 □不合格
	分工明确、配合默契	□合格 □不合格	□合格 □不合格
能力要求	能描述球笼式万向传动装置拆装的内涵	□达标 □未达标	□达标 □未达标
	能拟定球笼式万向传动装置的拆装方案	□达标 □未达标	□达标 □未达标
个人反思	完成任务的安全、质量、时间和6S要求，是否达到最佳程度，请提出个人改进建议		
教师评价	教师签字 日　　期	成绩 □合格 □不合格	

工作页七　拆装十字轴式万向传动装置

【能力要求】
1. 能描述十字轴式万向传动装置拆装的内涵。
2. 能拟定十字轴式万向传动装置的拆装方案。

任务名称	拆装十字轴式万向传动装置		
班级		姓名	
地点		日期	

一、收集信息

【引导问题】
十字轴式万向节是汽车上广泛使用的不等速万向节，允许相邻两轴的最大交角为_____。十字轴式万向传动装置结构如下图所示。

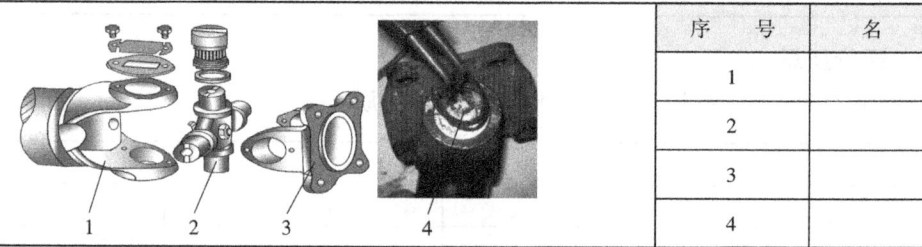

序号	名称
1	
2	
3	
4	

【查阅资料】
十字轴安装时润滑脂嘴应朝向传动轴，且相隔_____。

二、计划决策

小组组别	
设备工具	轻型货车、套筒扳手、梅花扳手、_____
组织安排	一组四人：A 拆装及清洁整理；B 传递工具及清洁整理；C 摆放零部件及清洁整理；D 安全检查及记录。各任务间轮换角色
准备工作	检查安全环保措施；熟悉布置工作场景

三、实施检查

	作业内容	质量要求	完成情况	
拆下十字轴式万向节	拆卸螺栓		□完成	□未完成
	取出螺栓和垫片		□完成	□未完成
	取下传动轴后半段和后万向节总成		□完成	□未完成
	抽出传动轴		□完成	□未完成
	拆卸联接螺母		□完成	□未完成

(续)

作业内容		质量要求	完成情况
拆下十字轴式万向节	拆卸前万向节		□完成 □未完成
	拆除固定十字轴的卡环		□完成 □未完成
	敲出十字轴，分解万向节		□完成 □未完成
装配十字轴式万向节	安装油封、卡箍		□完成 □未完成
	安装卡环		□完成 □未完成
	安装前万向节		□完成 □未完成
	安装传动轴		□完成 □未完成
	安装后万向节		□完成 □未完成

四、评价反思

在教师的指导下，反思自己的工作方式和工作质量。

评价表				
项目	评价指标	自评		互评
专业技能	认识十字轴式万向传动装置及工作要求	□合格 □不合格		□合格 □不合格
	按质量要求完成作业内容	□合格 □不合格		□合格 □不合格
	完整填写工作页	□合格 □不合格		□合格 □不合格
工作态度	着装规范，符合职业要求	□合格 □不合格		□合格 □不合格
	正确查阅维修资料和学习材料	□合格 □不合格		□合格 □不合格
	分工明确、配合默契	□合格 □不合格		□合格 □不合格
能力要求	能描述十字轴式万向传动装置拆装的内涵	□达标 □未达标		□达标 □未达标
	能拟定十字轴式万向传动装置的拆装方案	□达标 □未达标		□达标 □未达标
个人反思	完成任务的安全、质量、时间和6S要求，是否达到最佳程度，请提出个人改进建议			
教师评价	教师签字 日期	成绩		
		□合格 □不合格		

课后测评

一、选择题（有一项或多项正确）

1. 汽车上广泛使用的十字轴式刚性方向节是（　　）。
   A. 不等速万向节　　　B. 等速万向节　　　C. 准等速万向节　　　D. A，B，C均不正确

2. 球笼式等速万向节传力钢球中心始终位于（　　）平分面上。
   A. 两钢球中心　　　B. 两轴交角的　　　C. 外星轮中心　　　D. 内星轮中心

3. 十字轴式不等速万向节,当主动轴转过一周时,从动轴转过(　　)。
   A. 一周　　　　　　B. 小于一周　　　　C. 大于一周　　　　D. 不一定
4. 下面万向节中属于等速万向节的是(　　)。
   A. 球笼式　　　　　B. 双联式　　　　　C. 球叉式　　　　　D. 三销轴式
5. 为了提高传动轴的强度和刚度,传动轴一般都做成(　　)。
   A. 空心的　　　　　B. 实心的　　　　　C. 半空、半实的　　D. 无所谓
6. 主、从动轴具有最大交角的万向节是(　　)。
   A. 球笼式　　　　　B. 球叉式　　　　　C. 双联式　　　　　D. 三销轴式
7. 十字轴式刚性万向节是汽车上广泛使用的不等速万向节,允许相邻两轴的最大交角为(　　)。
   A. 5°~10°　　　　　B. 10°~15°　　　　 C. 15°~20°　　　　 D. 20°~25°
8. 有些十字轴式万向节装有溢流阀的作用是(　　)。
   A. 防止万向节脱落　　　　　　　　　　B. 防止卡环损坏
   C. 防止油压过大,损坏油封　　　　　　D. 防止内部润滑油泄漏
9. 传动轴通常是用来连接变速器(或分动器)和(　　)的。
   A. 驱动桥　　　　　B. 发动机　　　　　C. 离合器　　　　　D. 半轴
10. 自由三销轴万向节为防止润滑脂外露,万向节由(　　)封护,并用卡箍紧固。
    A. 防护罩　　　　　B. 橡胶紧固件　　　C. 垫圈　　　　　　D. 止推块

二、填空题

1. 万向传动装置一般由_____和_____组成,有时还加装上_____。
2. 万向传动装置用来传递轴线_____且相对位置_____的转轴之间的动力。
3. 万向传动装置除用于汽车的传动系统外,还可用于_____和_____。
4. 目前,汽车传动系统中广泛采用的是_____万向节。
5. 普通十字轴式万向传动装置由_____和_____组成。
6. 常见的万向传动装置的安装位置有_____、_____、_____、_____。
7. 万向传动装置的功用是_____。
8. 自由三销轴万向节由_____和_____组成。
9. 球笼式等速万向节的特点是_____。
10. 汽车的驱动桥通过_____与车架相连。

三、简答题

1. 汽车传动系统为什么要采用万向传动装置?该装置由哪几部分组成?

2. 万向传动装置是如何分类的?

3. 万向传动装置的具体作用是什么?试举例说明一种万向传动装置的工作过程。

4. 一般发动机前置前驱和发动机前置后驱的万向传动装置有什么不同?

工作页八　拆装驱动桥

【能力要求】
1. 能制订驱动桥拆装的方案。
2. 能简述驱动桥拆装的注意事项。

任 务 名 称	拆装驱动桥		
班级		姓名	
地点		日期	

一、收集信息
【引导问题】
驱动桥一般由_____、_____、_____和_____、_____等组成。非断开式驱动桥如下图所示。

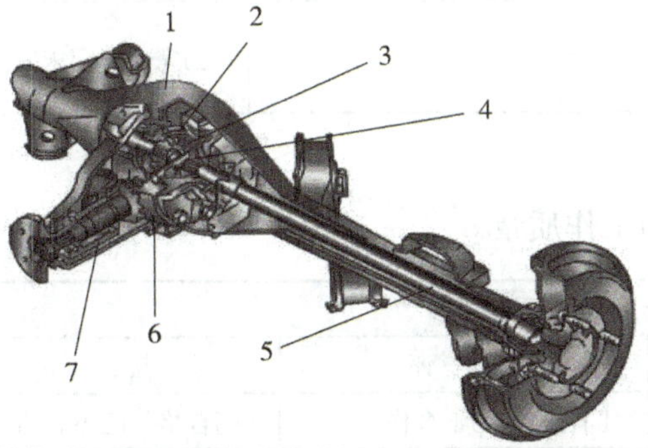

序　号	名　称
1	后桥壳
2	
3	
4	差速器半轴齿轮
5	
6	
7	

【查阅资料】
1）东风 6140 型货车的后驱动桥采用_____类型的驱动桥。
2）桑塔纳 2000GSi 型轿车前驱动桥采用_____类型的驱动桥。

二、计划决策

小组组别	
设备工具	桑塔纳 2000GSi 型轿车前驱动桥四只、东风 6140 型货车后驱动桥四只、_____
组织安排	一组四人：A 拆装及清洁整理；B 传递工具及清洁整理；C 摆放零部件及清洁整理；D 安全检查及记录。各任务间轮换角色
准备工作	检查安全环保措施；熟悉布置工作场景

三、实施检查

作业内容		质量要求	完成情况
拆卸东风 6140 型货车后驱动桥	排放差速器油		□完成　□未完成
	拆下传动轴并做标记		□完成　□未完成

（续）

作业内容		质量要求	完成情况
拆卸东风6140型货车后驱动桥	断开驻车制动拉索、制动管		□完成 □未完成
	拉出半轴		□完成 □未完成
	拆下主减速器总成		□完成 □未完成
安装东风6140型货车后驱动桥	清洁配合面，安装新的衬垫		□完成 □未完成
	安装主减速器总成		□完成 □未完成
	拧紧主减速器壳固定螺母		□完成 □未完成
	更换新的半轴油封		□完成 □未完成
	安装后桥半轴		□完成 □未完成
	安装制动管路，紧固制动器管接头螺母		□完成 □未完成
	排放后部制动管路中的空气		□完成 □未完成
拆卸桑塔纳2000GSi型轿车前驱动桥	取下变速器总成		□完成 □未完成
	取出半轴		□完成 □未完成
	拆卸差速器法兰盘		□完成 □未完成
	取出主减速器及差速器总成		□完成 □未完成
安装桑塔纳2000GSi型轿车前驱动桥	清洗并安装前驱动桥总成		□完成 □未完成

四、评价反思

在教师的指导下，反思自己的工作方式和工作质量。

	评 价 表		
项　目	评价指标	自　评	互　评
专业技能	认识驱动桥的结构及工作要求	□合格 □不合格	□合格 □不合格
	按质量要求完成作业内容	□合格 □不合格	□合格 □不合格
	完整填写工作页	□合格 □不合格	□合格 □不合格
工作态度	着装规范，符合职业要求	□合格 □不合格	□合格 □不合格
	正确查阅维修资料和学习材料	□合格 □不合格	□合格 □不合格
	分工明确、配合默契	□合格 □不合格	□合格 □不合格
能力要求	能制订驱动桥拆装的方案	□达标 □未达标	□达标 □未达标
	能简述驱动桥拆装的注意事项	□达标 □未达标	□达标 □未达标
个人反思	完成任务的安全、质量、时间和6S要求，是否达到最佳程度，请提出个人改进建议		
教师评价	教师签字　　　　　　　　日　　期	成绩　　　　　　　　□合格 □不合格	

工作页九　拆装主减速器

【能力要求】
1. 能制订主减速器的拆装方案。
2. 能简述主减速器齿轮调整方法。

任务名称	拆装主减速器		
班级		姓名	
地点		日期	

一、收集信息
【引导问题】
　　主减速器是一个装置，用于降低来自_____的转动速度，以产生驱动力。主减速器结构如下图所示。

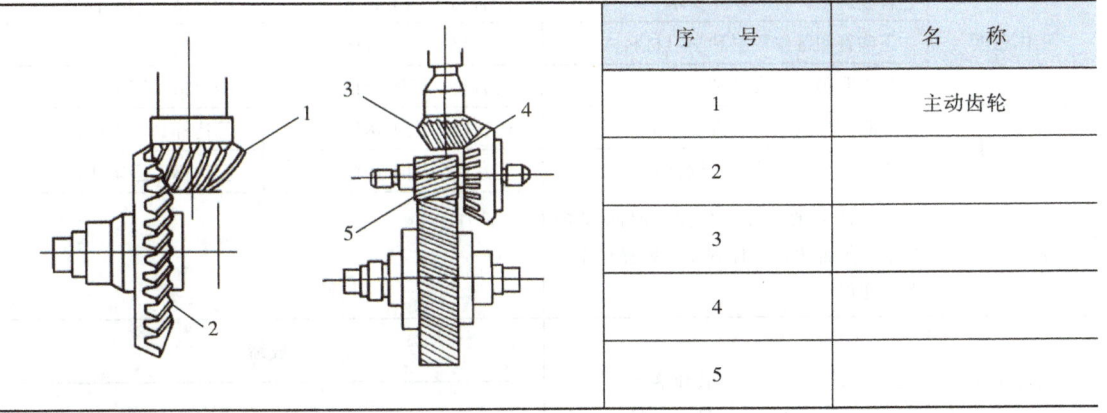

序号	名称
1	主动齿轮
2	
3	
4	
5	

【查阅资料】
1）桑塔纳2000GSi型轿车采用_____类型的主减速器。
2）主从动锥齿轮啮合位置印迹应占齿面宽度的_____%以上。

二、计划决策

小组组别	
设备工具	桑塔纳2000GSi型轿车前驱动桥四只、东风6140型货车后驱动桥四只、_____
组织安排	一组四人；A拆装及清洁整理；B传递工具及清洁整理；C摆放零部件及清洁整理；D安全检查及记录。各任务间轮换角色
准备工作	检查安全环保措施；熟悉布置工作场景

三、实施检查

作业内容		质量要求	完成情况
拆卸桑塔纳 2000GSi 型轿车主减速器	取出主减速器		□完成 □未完成
	拆卸螺栓		□完成 □未完成
	取下标记好的从动锥齿轮		□完成 □未完成
拆卸东风 6140 型货车后驱动桥主减速器	拆卸主减速器轴承		□完成 □未完成
	取下主减速器从动锥齿轮及差速器总成		□完成 □未完成

四、评价反思

在教师的指导下,反思自己的工作方式和工作质量。

评价表			
项目	评价指标	自评	互评
专业技能	认识主减速器的结构及工作要求	□合格 □不合格	□合格 □不合格
	按质量要求完成作业内容	□合格 □不合格	□合格 □不合格
	完整填写工作页	□合格 □不合格	□合格 □不合格
工作态度	着装规范,符合职业要求	□合格 □不合格	□合格 □不合格
	正确查阅维修资料和学习材料	□合格 □不合格	□合格 □不合格
	分工明确、配合默契	□合格 □不合格	□合格 □不合格
能力要求	能制订主减速器的拆装方案	□达标 □未达标	□达标 □未达标
	能简述主减速器齿轮调整方法	□达标 □未达标	□达标 □未达标
个人反思	完成任务的安全、质量、时间和 6S 要求,是否达到最佳程度,请提出个人改进建议		
教师评价	教师签字 日期	成绩	
		□合格 □不合格	

工作页十　拆装差速器

【能力要求】
1. 能制订差速器的拆装方案。
2. 能简述差速器的工作原理。

任务名称	拆装差速器		
班级		姓名	
地点		日期	

一、收集信息

【引导问题】

普通差速器分为_____差速器、_____差速器和_____强制锁止式差速器等。差速器结构如下图所示。

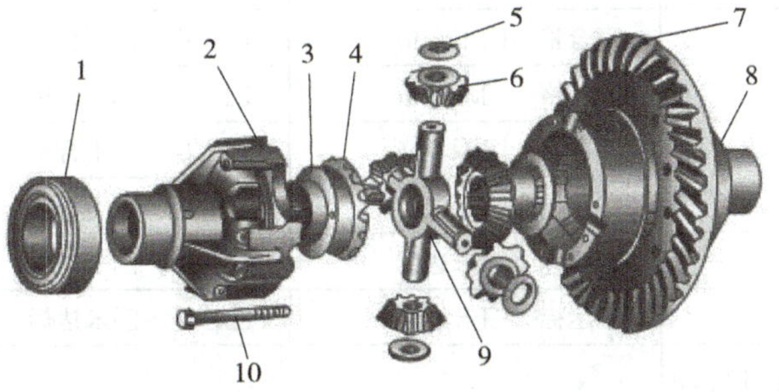

序　号	名　称
1	轴承
2	
3	
4	半轴齿轮
5	
6	
7	
8	
9	
10	螺栓

【查阅资料】

1）桑塔纳 2000GSi 型轿车采用_____类型的差速器。

2）桑塔纳 2000GSi 型轿车可使用的差速器油标号为_____。

二、计划决策

小组组别	
设备工具	桑塔纳 2000GSi 型轿车前驱动桥四只、东风 6140 型货车后驱动桥四只、_____
组织安排	一组四人：A 拆装及清洁整理；B 传递工具及清洁整理；C 摆放零部件及清洁整理；D 安全检查及记录。各任务间轮换角色
准备工作	检查安全环保措施；熟悉布置工作场景

三、实施检查

作业内容		质量要求	完成情况
分解桑塔纳 2000GSi 型轿车差速器	取出差速器行星齿轮轴定位销		□完成　□未完成
	推出差速器行星齿轮轴		□完成　□未完成

（续）

作业内容		质量要求	完成情况
分解桑塔纳2000GSi型轿车差速器	拆卸差速器行星齿轮轴		□完成 □未完成
	取出行星齿轮		□完成 □未完成
	取下半轴		□完成 □未完成
分解东风6140型货车差速器	拆卸差速器壳体		□完成 □未完成
	取下第一个齿轮		□完成 □未完成
	取下垫块、行星齿轮		□完成 □未完成

四、评价反思

在教师的指导下，反思自己的工作方式和工作质量。

评 价 表

项　目	评价指标	自　评	互　评
专业技能	认识差速器的结构及工作要求	□合格 □不合格	□合格 □不合格
	按质量要求完成作业内容	□合格 □不合格	□合格 □不合格
	完整填写工作页	□合格 □不合格	□合格 □不合格
工作态度	着装规范，符合职业要求	□合格 □不合格	□合格 □不合格
	正确查阅维修资料和学习材料	□合格 □不合格	□合格 □不合格
	分工明确、配合默契	□合格 □不合格	□合格 □不合格
能力要求	能制订差速器的拆装方案	□达标 □未达标	□达标 □未达标
	能简述差速器的工作原理	□达标 □未达标	□达标 □未达标
个人反思	完成任务的安全、质量、时间和6S要求，是否达到最佳程度，请提出个人改进建议		
教师评价	教师签字 日　期	成绩 □合格 □不合格	

课后测评

一、选择题

1. 在讨论差速器什么时候起作用时，甲认为"差速器只在汽车转弯时起作用。"乙认为"汽车在直线行驶时，差速器也随时起差速作用。"则（　　）。
   A. 甲对，乙不对　　　B. 甲不对，乙对　　　C. 甲乙都对　　　D. 甲乙都不对

2. 装用普通行星齿轮差速器的汽车，当一个驱动轮陷入泥泞地时，汽车难以驶出的原因是（　　）。
   A. 该轮无转矩作用　　　　　　　　　　B. 好路面上的车轮得到与该轮相同的小转矩
   C. 此时，两车轮转向相反　　　　　　　D. 差速器不工作

3. 如将一辆汽车的后驱动桥架起来，并挂上档，这时转动一侧车轮，另一侧车轮（　　）。
   A. 同向并以相等速度转动　　　　　　　B. 反向并以相等速度转动

26

C. 不转动 D. 反向并以不相等速度转动

4. 差速器的运动规律是，设一个半轴齿轮的转速为 n_1，另一个半轴齿轮的转速为 n_2，差速器壳的转速为 n_0，则（　　）。

A. $n_2 + n_1 = n_0$　　B. $n_2 + n_1 = 2n_0$　　C. $n_2 - n_1 = n_0$　　D. $n_1 - n_2 = n_0$

5. 汽车后桥主减速器的作用是（　　）。

A. 增大功率　　B. 增大转矩　　C. 增大转速　　D. 增大附着力

6. 锥齿轮副的啮合印痕靠近大端，应将（　　）。

A. 主动锥齿轮前移　　B. 主动锥齿轮后移　　C. 从动锥齿轮外移　　D. 从动锥齿轮里移

二、填空题

1. 驱动桥将_____传来的驱动力矩进行_____后，传递给驱动轴从而带动车轮转动，实现车辆的行驶。

2. 驱动桥由_____组成。

3. 差速器的作用是_____，它由_____等组成。

4. 主减速器的齿面啮合印痕正确位置应在_____。

5. 行星齿轮的自转是指_____，公转是指_____。

三、判断题

1. 差速器的主要作用是，汽车在转向行驶时，防止左右两驱动轮以不同转速旋转。（　　）
2. 一般载货汽车的前桥是转向桥，后桥是驱动桥。（　　）
3. 拆卸传动轴之前，需要在传动轴和法兰叉管上做上配合标记，以便安装正确，避免不平衡。（　　）
4. 锥齿轮的啮合调整在保证齿侧间隙下满足啮合印痕。（　　）
5. 锥齿轮副的啮合印痕接近齿轮的大端，是由于主动锥齿轮的前后位置不当所致。（　　）

四、简答题

1. 简述驱动桥在拆装时应注意的安全事项。

2. 若主减速器锥齿轮啮合印痕不正确，将会有哪些不良影响？

3. 如何调整主、从动锥齿轮啮合印痕与齿侧间隙？

4. 差速器如何进行工作？

5. 主减速器主从动锥齿轮的工作条件是何种情况？其工作特性对其材质有何要求？

6. 拆装差速器时，有哪些需要注意的问题？

工作页十一 拆装车轮总成

【能力要求】
1. 能描述车轮总成拆装的内涵。
2. 能拟定车轮总成的拆装方案。

任务名称	拆装车轮总成		
班级		姓名	
地点		日期	

一、收集信息

【引导问题】

车轮是安装轮胎、连接车桥并承受负荷的旋转部件。由轮毂、轮辋和轮辐组成,车轮可以分为辐板式和辐条式两种,下图表示_____(辐板/辐条)式车轮。

序 号	名 称
1	
2	
3	
4	
5	气门嘴伸出口

桑塔纳2000LX型轿车轮辋规格为5.5J×13,"5.5"表示_____,"13"表示_____,轮缘高度代号J,即高度为_____,_____(一件/多件)式深槽轮辋。

【查阅资料】

1)桑塔纳2000GSi型轿车轮辋规格_____,前轮充气压力为_____。

2)桑塔纳2000GSi型轿车车轮螺栓的备件号为_____,拧紧力矩为_____。

二、计划决策

小组组别	
设备工具	桑塔纳2000GSi型轿车、举升机、工具车、三角挡块、_____
组织安排	一组四人:A拆装及清洁整理;B传递工具及清洁整理;C摆放零部件及清洁整理;D安全检查及记录。各任务间轮换角色
准备工作	检查安全环保措施;熟悉布置工作场景

三、实施检查

作业内容		质量要求	完成情况
拆卸车轮总成	取下车轮上的装饰罩		□完成 □未完成
	举升车辆		□完成 □未完成
	拆卸车轮螺栓		□完成 □未完成
	取下车轮		□完成 □未完成

（续）

作业内容		质量要求	完成情况
安装车轮总成	临时安装车轮		□完成 □未完成
	按规定力矩拧紧车轮螺栓		□完成 □未完成

四、评价反思

在教师的指导下，反思自己的工作方式和工作质量。

<table>
<tr><td colspan="5" align="center">评 价 表</td></tr>
<tr><td align="center">项　　目</td><td align="center">评价指标</td><td align="center">自　　评</td><td colspan="2" align="center">互　　评</td></tr>
<tr><td rowspan="3">专业技能</td><td>认识车轮的结构及工作要求</td><td>□合格 □不合格</td><td colspan="2">□合格 □不合格</td></tr>
<tr><td>按质量要求完成作业内容</td><td>□合格 □不合格</td><td colspan="2">□合格 □不合格</td></tr>
<tr><td>完整填写工作页</td><td>□合格 □不合格</td><td colspan="2">□合格 □不合格</td></tr>
<tr><td rowspan="3">工作态度</td><td>着装规范，符合职业要求</td><td>□合格 □不合格</td><td colspan="2">□合格 □不合格</td></tr>
<tr><td>正确查阅维修资料和学习材料</td><td>□合格 □不合格</td><td colspan="2">□合格 □不合格</td></tr>
<tr><td>分工明确、配合默契</td><td>□合格 □不合格</td><td colspan="2">□合格 □不合格</td></tr>
<tr><td rowspan="2">能力要求</td><td>能描述车轮总成拆装的内涵</td><td>□达标 □未达标</td><td colspan="2">□达标 □未达标</td></tr>
<tr><td>能拟定车轮总成的拆装方案</td><td>□达标 □未达标</td><td colspan="2">□达标 □未达标</td></tr>
<tr><td>个人反思</td><td colspan="4">完成任务的安全、质量、时间和6S要求，是否达到最佳程度，请提出个人改进建议</td></tr>
<tr><td rowspan="2">教师评价</td><td rowspan="2" align="center">教师签字
日　　期</td><td colspan="3" align="center">成绩</td></tr>
<tr><td colspan="3" align="center">□合格 □不合格</td></tr>
</table>

工作页十二 拆装轮胎

【能力要求】
1. 能描述轮胎拆装的内涵。
2. 能拟定轮胎的拆装方案。

任务名称	拆装轮胎		
班级		姓名	
地点		日期	

一、收集信息

【引导问题】

轮胎主要由胎面、胎侧、胎体和胎圈四部分组成,按胎体帘线排列方向的不同,充气轮胎分为普通斜交轮胎和子午线轮胎,分别如图1、2所示。

	帘布层与胎面中心线关系	轮胎类型
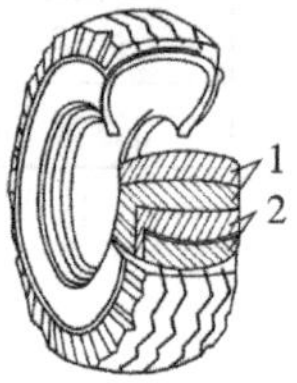 图1		
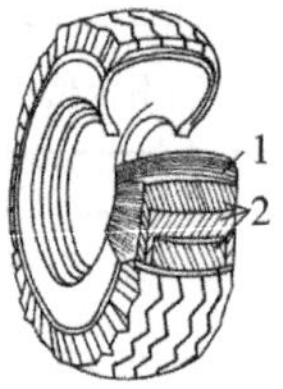 图2		

子午线轮胎 195/60R14 85H 表示_____。

【查阅资料】

桑塔纳2000GSi型轿车前轮充气压力为190kPa,轮辋型号为_____,轮胎规格为_____。

二、计划决策

小组组别	
设备工具量具	桑塔纳2000GSi型轿车、举升机、轮胎拆装机、_____
组织安排	一组四人:A操作设备;B传递工具及辅料;C清洁整理;D检查及记录。各任务间轮换角色
准备工作	检查安全环保措施;熟悉布置工作场景

三、实施检查

作业内容		质量要求	完成情况
拆卸前轮轮胎	释放轮胎内的空气		□完成　□未完成
	把胎圈推向轮辋边缘		□完成　□未完成
	给胎圈涂上护面层		□完成　□未完成
	使轮胎从轮辋凸缘上完全被脱离		□完成　□未完成
	卸下轮胎,更换气门芯		□完成　□未完成
安装轮胎	将轮毂夹紧在轮胎拆装机工作台上		□完成　□未完成
	检查轮胎抓手的调整机构		□完成　□未完成
	降下轮胎安装杆,使安装机械顺时针运动		□完成　□未完成
	操作轮胎机械装置,使胎圈完全套在轮辋上		□完成　□未完成
	给轮胎充气,装上气门芯帽		□完成　□未完成

四、评价反思

在教师的指导下,反思自己的工作方式和工作质量。

评价表			
项　目	评价指标	自　评	互　评
专业技能	认识轮胎的结构及工作要求	□合格　□不合格	□合格　□不合格
	按质量要求完成作业内容	□合格　□不合格	□合格　□不合格
	完整填写工作页	□合格　□不合格	□合格　□不合格
工作态度	着装规范,符合职业要求	□合格　□不合格	□合格　□不合格
	正确查阅维修资料和学习材料	□合格　□不合格	□合格　□不合格
	分工明确、配合默契	□合格　□不合格	□合格　□不合格
能力要求	能描述轮胎拆装的内涵	□达标　□未达标	□达标　□未达标
	能拟定轮胎的拆装方案	□达标　□未达标	□达标　□未达标
个人反思	完成任务的安全、质量、时间和6S要求,是否达到最佳程度,请提出个人改进建议		
教师评价	教师签字 日　　期	成绩	
		□合格　□不合格	

工作页十三　交换车轮位置

【能力要求】
1. 能描述车轮换位的内涵。
2. 能拟定车轮的换位方案。

任 务 名 称	交换车轮位置		
班级		姓名	
地点		日期	

一、收集信息

【引导问题】

车轮换位可以使轮胎磨损均匀，延长其使用寿命，换位方法如下图所示。

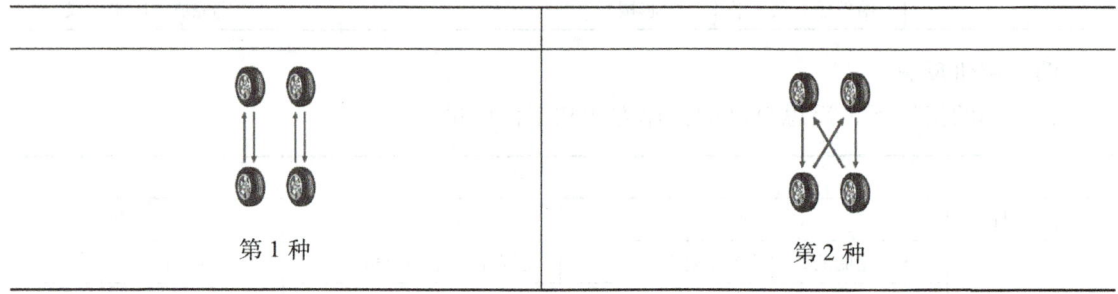

第 1 种　　　　　　　　　　　　　第 2 种

子午线轮胎的车轮换位推荐_____方法。

【查阅资料】

桑塔纳 2000GSi 型轿车车轮	充气压力/ kPa	
	半载	满载
前轮	180	
后轮		
备胎		

二、计划决策

小 组 组 别	
设备工具量具	桑塔纳 2000GSi 型轿车、举升机、冲击扳手、_____
组 织 安 排	一组四人：A 拆装及清洁整理；B 传递工具及清洁整理；C 换位、调整气压及清洁整理；D 安全检查及记录。各任务间轮换角色
准 备 工 作	检查安全环保措施；熟悉布置工作场景

三、实施检查

作业内容		质量要求	完成情况
拆卸车轮	拆卸车轮		□完成 □未完成
	检查轮胎磨损情况		□完成 □未完成
换位	交换车轮安装位置		□完成 □未完成
	记录		□完成 □未完成
安装车轮	安装各车轮		□完成 □未完成
	调整轮胎气压		□完成 □未完成

四、评价反思

在教师的指导下，反思自己的工作方式和工作质量。

评价表			
项目	评价指标	自评	互评
专业技能	认识车轮换位方法及工作要求	□合格 □不合格	□合格 □不合格
	按质量要求完成作业内容	□合格 □不合格	□合格 □不合格
	完整填写工作页	□合格 □不合格	□合格 □不合格
工作态度	着装规范，符合职业要求	□合格 □不合格	□合格 □不合格
	正确查阅维修资料和学习材料	□合格 □不合格	□合格 □不合格
	分工明确、配合默契	□合格 □不合格	□合格 □不合格
能力要求	能描述车轮换位的内涵	□达标 □未达标	□达标 □未达标
	能拟定车轮的换位方案	□达标 □未达标	□达标 □未达标
个人反思	完成任务的安全、质量、时间和6S要求，是否达到最佳程度，请提出个人改进建议		
教师评价	教师签字 日 期	成绩	
		□合格 □不合格	

工作页十四　车轮总成动平衡

【能力要求】
1. 能描述车轮动平衡的内涵。
2. 能拟定车轮的动平衡方案。

任 务 名 称		车轮总成动平衡	
班级		姓名	
地点		日期	

一、收集信息

【引导问题】

车轮总成动平衡，就是沿轮辋_____，抵消车轮总成中较重的那部分。

平衡块又称配重，一般有卡夹式平衡块和_____两种。

【查阅资料】

桑塔纳 2000GSi 型轿车车轮动态不平衡量为_____，轮胎允许不平衡量为_____。

二、计划决策

小组组别	
设备工具量具	桑塔纳 2000GSi 型轿车、轮胎动平衡机、卡夹式平衡块、_____
组织安排	一组四人：A 检测及调整；B 传递工量具；C 清洁整理；D 安全检查及记录。各任务间轮换角色
准备工作	检查安全环保措施；熟悉布置工作场景

三、实施检查

作业内容	质量要求	完成情况	
拆下车轮，取下旧平衡块		□完成	□未完成
安装车轮到动平衡机的转轴上，并锁紧		□完成	□未完成
打开电源，检查指示面板指示正常		□完成	□未完成
测量轮辋边缘到机箱的距离并输入，测量轮辋宽度并输入		□完成	□未完成
输入轮辋直径。按启动键，开始检测		□完成	□未完成
运转停止后，读取车轮内外不平衡信息，在轮辋内侧或外侧装夹平衡块		□完成	□未完成
重新启动，直到车轮动态不平衡量在规定的范围内，关闭电源，取下车轮总成		□完成	□未完成

34

四、评价反思

在教师的指导下,反思自己的工作方式和工作质量。

评 价 表

项 目	评价指标	自 评	互 评
专业技能	认识车轮动平衡方法及工作要求	□合格 □不合格	□合格 □不合格
	按质量要求完成作业内容	□合格 □不合格	□合格 □不合格
	完整填写工作页	□合格 □不合格	□合格 □不合格
工作态度	着装规范,符合职业要求	□合格 □不合格	□合格 □不合格
	正确查阅维修资料和学习材料	□合格 □不合格	□合格 □不合格
	分工明确、配合默契	□合格 □不合格	□合格 □不合格
能力要求	能描述车轮动平衡的内涵	□达标 □未达标	□达标 □未达标
	能拟定车轮的动平衡方案	□达标 □未达标	□达标 □未达标
个人反思	完成任务的安全、质量、时间和6S要求,是否达到最佳程度,请提出个人改进建议		
教师评价	教师签字 日　　期	成绩	
		□合格 □不合格	

课后测评

一、选择题

1. 车轮结构中,用于安装轮胎的是(　　)。

　A. 轮毂　　　　　　B. 轮辐　　　　　　C. 轮辋　　　　　　D. 轮体

2. 轮辋轮廓类型代号 DC 表示(　　)。

　A. 对开式轮辋　　　B. 全斜底式轮辋　　C. 平底式轮辋　　　D. 深槽式轮辋

3. 一般满载时,汽车前轮的充气压力比后轮的充气压力(　　)。

　A. 高　　　　　　　B. 低　　　　　　　C. 相同　　　　　　D. 接近

4. 帘布层帘线与胎面中心线成90°或接近90°角排列,以带束层箍紧胎体的轮胎称为(　　)。

　A. 普通斜交轮胎　　B. 带束斜交轮胎　　C. 子午线轮胎　　　D. 充气轮胎

5. 桑塔纳 2000GSi 型汽车轮辋采用(　　)。

　A. 深槽式轮辋　　　B. 平底式轮辋　　　C. 整体式轮辋　　　D. 对开式轮辋

6. 外胎结构中,起直接承受载荷作用的是(　　)。

　A. 胎面　　　　　　B. 胎圈　　　　　　C. 帘布层　　　　　D. 缓冲层

7. 规格为 185/70 S R14 的轮胎,其中 70 代表(　　)。

　A. 扁平率　　　　　B. 轮辋直径　　　　C. 轮胎宽度　　　　D. 车速

8. 在胎侧标有 H 表示(　　)。

　A. 子午线轮胎　　　B. 无内胎轮胎　　　C. 速度符号　　　　D. 负荷指数

9. 轮辋规格为 6J×15H27812S,其中 15 表示(　　)。

A. 轮辋宽度　　　　　B. 轮辋直径　　　　　C. 平底轮辋　　　　　D. 一件式轮辋

10. 车轮动不平衡会造成（　　）。

A. 充气压力不正确　　B. 轮胎不均匀磨损　　C. 加速不良　　　　　D. 车辆侧滑

二、填空题

1. 车轮一般由_____、_____和_____组成。

2. 按轮辐的结构不同，车轮可以分为_____和_____两种。

3. 桑塔纳轿车轮辋规格为 5.5J×13，其名义宽度为_____。

4. 胎面是轮胎的外表层，包括_____和_____。

5. 根据胎面花纹不同，轮胎可分为_____、_____和_____三种。

6. 根据充气压力不同，轮胎可分为_____、_____和_____三种。

7. 无内胎轮胎的内壁有一层_____层，有的在该层下面还有一层自粘层，能自行将刺穿的孔黏合。

8. 195/70 R14 89H 中 R 表示_____，89 表示_____。

9. 按保持空气方法的不同，充气轮胎分为_____和_____轮胎。

10. 车轮动平衡检测可分为_____和_____两种。

三、判断题

1. 车轮能保证汽车与地面良好的附着性，提高汽车的动力性、制动性和通过性，是制动系统的重要部件。（　　）

2. 轮辋结构形式代号，用符号"×"表示多件式，用"—"表示一件式。（　　）

3. 桑塔纳 2000GSi 型轿车的轮胎是无内胎的子午线轮胎。（　　）

4. 汽车左右车轮的固定螺栓或螺母的螺纹旋向不同，必须按规定力矩拧紧。（　　）

5. 无内胎轮胎摩擦生热少，散热快，适用于高速行驶。（　　）

6. 汽车轮胎的标准充气压力是统一的。（　　）

7. 越野花纹的凹部浅而粗，在软路面上与地面附着性好，越野能力强。（　　）

8. 斜交轮胎帘布层的帘线排列方向与轮胎横断面一致。（　　）

9. 汽车轮胎维修后，车轮总成的动平衡不会受到影响，无须检测动平衡。（　　）

10. 车轮在装配后必须进行动平衡试验后再使用。（　　）

四、简答题

1. 汽车轮胎有什么作用？

2. 与斜交轮胎相比，子午线轮胎有哪些优点和缺点？

3. 为保证工作质量，拆装轮胎时，应注意哪些问题？

4. 轮胎换位有哪些方法？对斜交轮胎和子午线轮胎分别采用哪种方法进行换位？换位操作时应该注意什么？

5. 车轮动不平衡的影响有哪些？

工作页十五　拆装悬架总成

【能力要求】
1. 能描述悬架总成拆装的内涵。
2. 能拟定悬架总成的拆装方案。

任 务 名 称		拆装悬架总成	
班级		姓名	
地点		日期	

一、收集信息

【引导问题】

悬架是_____与_____之间的一切传力连接装置的总称。悬架的组成如图所示。

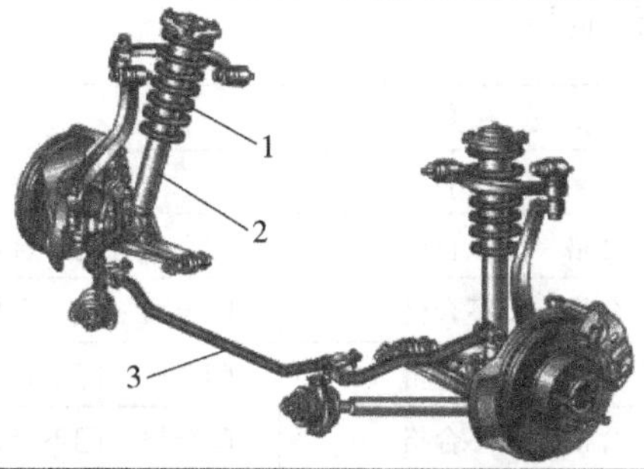

序　号	名　称
1	弹性元件
2	
3	

悬架系统常用的弹性元件有钢板弹簧、油气弹簧、_____、_____和_____等。

【查阅资料】

桑塔纳2000GSi型轿车前悬架减振器螺母盖旋紧力矩为_____N·m，活塞杆上锁紧螺母力矩为_____N·m。

二、计划决策

小组组别	
设备工具	桑塔纳2000GSi型轿车前悬架总成、减振器拆装套筒VW524、_____
组织安排	一组四人：A 拆装及清洁整理；B 传递工具及清洁整理；C 摆放零部件及清洁整理；D 安全检查及记录。各任务间轮换角色
准备工作	检查安全环保措施；熟悉布置工作场景

三、实施检查

作业内容	质量要求	完成情况	
压紧螺旋弹簧		□完成	□未完成
减振器拆装专用套筒对准减振器上端开槽螺母		□完成	□未完成

（续）

作业内容	质量要求	完成情况
使97102与内六角螺母正确配合		□完成　□未完成
旋动开槽螺母		□完成　□未完成
旋下并取出开槽螺母		□完成　□未完成
取下弹簧座		□完成　□未完成
取下弹簧座护圈		□完成　□未完成
取下螺旋弹簧		□完成　□未完成
从支柱内取出减振器		□完成　□未完成
旋下减振器螺母盖		□完成　□未完成
取下螺母盖后，取出单根减振器		□完成　□未完成
减振器装配		□完成　□未完成

四、评价反思

在教师的指导下，反思自己的工作方式和工作质量。

评 价 表

项目	评价指标	自评	互评
专业技能	认识悬架总成及工作要求	□合格　□不合格	□合格　□不合格
	按质量要求完成作业内容	□合格　□不合格	□合格　□不合格
	完整填写工作页	□合格　□不合格	□合格　□不合格
工作态度	着装规范，符合职业要求	□合格　□不合格	□合格　□不合格
	正确查阅维修资料和学习材料	□合格　□不合格	□合格　□不合格
	分工明确、配合默契	□合格　□不合格	□合格　□不合格
能力要求	能描述悬架总成拆装的内涵	□达标　□未达标	□达标　□未达标
	能拟定悬架总成的拆装方案	□达标　□未达标	□达标　□未达标
个人反思	完成任务的安全、质量、时间和6S要求，是否达到最佳程度，请提出个人改进建议		
教师评价	教师签字 日　　期	成绩	
		□合格　□不合格	

工作页十六 拆装非独立后悬架

【能力要求】
1. 能描述非独立悬架拆装的内涵。
2. 能拟定非独立悬架的拆装方案。

任务名称	拆装非独立后悬架		
班级		姓名	
地点		日期	

一、收集信息

【引导问题】

汽车悬架分为非独立悬架和_____。非独立悬架的结构如图所示。

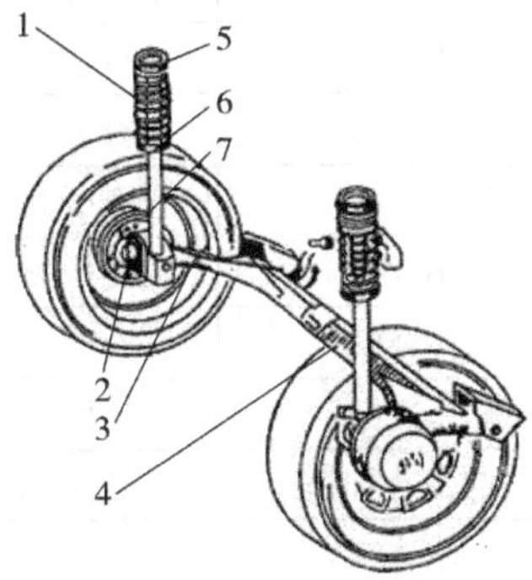

序号	名称
1	螺旋弹簧
2	轮毂短轴
3	
4	
5	
6	
7	

【查阅资料】

桑塔纳 2000GSi 型轿车后悬架属于_____悬架。

二、计划决策

小组组别	
设备工具	桑塔纳轿车、专用工具 3017A、_____
组织安排	一组四人：A 拆装及清洁整理；B 传递工具及清洁整理；C 摆放零部件及清洁整理；D 安全检查及记录。各任务间轮换角色
准备工作	检查安全环保措施；熟悉布置工作场景

三、实施检查

作业内容		质量要求	完成情况
拆卸非独立后悬架	将驻车制动拉索从拉杆上吊出，分开轴体上的制动管和制动软管		□完成 □未完成
	松开车身上的支承座，仅留一个螺母支承		□完成 □未完成
	用工具撑住后桥横梁		□完成 □未完成

(续)

作业内容		质量要求	完成情况
拆卸非独立后悬架	固定住减振器活塞杆，旋下自锁螺母		□完成　□未完成
	拆卸车身上的整个支承座		□完成　□未完成
	将后桥从车身下面拆出		□完成　□未完成
安装非独立后悬架	将后桥装到车身上		□完成　□未完成
	将减振器支承杆座装入车身的支架中		□完成　□未完成
	更换所有自锁螺母，按规定力矩拧紧		□完成　□未完成

四、评价反思

在教师的指导下，反思自己的工作方式和工作质量。

评 价 表

项　　目	评价指标	自　评	互　评
专业技能	认识非独立后悬架总成及工作要求	□合格　□不合格	□合格　□不合格
	按质量要求完成作业内容	□合格　□不合格	□合格　□不合格
	完整填写工作页	□合格　□不合格	□合格　□不合格
工作态度	着装规范，符合职业要求	□合格　□不合格	□合格　□不合格
	正确查阅维修资料和学习材料	□合格　□不合格	□合格　□不合格
	分工明确、配合默契	□合格　□不合格	□合格　□不合格
能力要求	能描述非独立悬架拆装的内涵	□达标　□未达标	□达标　□未达标
	能拟定非独立悬架的拆装方案	□达标　□未达标	□达标　□未达标
个人反思	完成任务的安全、质量、时间和6S要求，是否达到最佳程度，请提出个人改进建议		
教师评价	教师签字 日　　期	成绩	
		□合格　□不合格	

工作页十七　拆装独立前悬架

【能力要求】
1. 能描述独立悬架拆装的内涵。
2. 能拟定独立悬架的拆装方案。

任务名称	拆装独立前悬架		
班级		姓名	
地点		日期	

一、收集信息

【引导问题】

独立悬架能够使两侧车轮＿＿＿＿＿与车架弹性连接。按车轮的运动形式分为横臂式独立悬架、＿＿＿＿＿、＿＿＿＿＿和＿＿＿＿＿。

【查阅资料】

桑塔纳2000GSi 轿车轮毂与传动轴的紧固螺母力矩为＿＿＿＿＿N·m，稳定杆的紧固螺栓力矩为＿＿＿＿＿N·m。防护剂D6涂抹厚度为＿＿＿＿＿mm。

二、计划决策

小组组别	
设备工具	桑塔纳2000GSi 轿车、专用压力顶出工具 V.A.G1389、
组织安排	一组四人：A 拆装及清洁整理；B 传递工具及清洁整理；C 摆放零部件及清洁整理；D 安全检查及记录。各任务间轮换角色
准备工作	检查安全环保措施；熟悉布置工作场景

三、实施检查

作业内容	质量要求	完成情况
拆下车轮		□完成　□未完成
旋下制动钳紧固螺栓，旋下制动盘		□完成　□未完成
取下制动软管支架		□完成　□未完成
压下转向横拉杆接头		□完成　□未完成
旋下稳定杆的紧固螺栓		□完成　□未完成
压出传动轴		□完成　□未完成
从车身上方撬下罩盖，并支撑减振器支柱下部，旋下活塞杆螺母		□完成　□未完成
从车上取下减振器总成		□完成　□未完成
安装前悬架总成		□完成　□未完成

四、评价反思

在教师的指导下，反思自己的工作方式和工作质量。

评 价 表			
项　　目	评价指标	自　　评	互　　评
专业技能	认识独立前悬架总成及工作要求	□合格　□不合格	□合格　□不合格
	按质量要求完成作业内容	□合格　□不合格	□合格　□不合格
	完整填写工作页	□合格　□不合格	□合格　□不合格
工作态度	着装规范，符合职业要求	□合格　□不合格	□合格　□不合格
	正确查阅维修资料和学习材料	□合格　□不合格	□合格　□不合格
	分工明确、配合默契	□合格　□不合格	□合格　□不合格
能力要求	能描述独立悬架拆装的内涵	□达标　□未达标	□达标　□未达标
	能拟定独立悬架的拆装方案	□达标　□未达标	□达标　□未达标
个人反思	完成任务的安全、质量、时间和6S要求，是否达到最佳程度，请提出个人改进建议		
教师评价	教师签字 日　　期	成绩	
		□合格　□不合格	

课后测评

一、选择题

1. 哪一个元件不是悬架的组成部分。（　　）
    A. 弹性元件　　　B. 减振器　　　C. 差速器　　　D. 横向稳定器
2. 悬架把车架与车轮（　　）地联系起来。
    A. 刚性　　　B. 弹性　　　C. 塑性　　　D. 任意
3. 属于非独立悬架的是（　　）。
    A. 麦弗逊式悬架　　　B. 双横臂式悬架　　　C. 多连杆式悬架　　　D. 拖拽臂式悬架
4. 非独立悬架车辆在转弯时车身倾角（　　）。
    A. 大　　　B. 很大　　　C. 几乎没有　　　D. 小
5. 非独立悬架车辆轮胎的磨损相对（　　）。
    A. 较少　　　B. 较多　　　C. 严重　　　D. 多很多
6. 哪种弹簧是利用本身的弹性来起作用的弹性元件。（　　）
    A. 钢板　　　B. 螺旋　　　C. 油气　　　D. 橡胶
7. 油气弹簧以（　　）作为弹性介质，（　　）作为传力介质。
    A. 气体、油液　　　B. 油液、气体　　　C. 气体、气体　　　D. 油液、油液
8. 钢板弹簧由多片（　　）长和（　　）曲率的钢板叠合而成。
    A. 等、不等　　　B. 不等、不等　　　C. 等、等　　　D. 不等、等

9. 哪种悬架是车轮沿摆动的主销轴线上下移动的悬架。（　　）
   A. 双横臂式　　　　　B. 双纵臂式　　　　　C. 烛式　　　　　D. 麦弗逊式
10. 装有电控悬架系统的汽车，在水平路面上高速行驶时（　　）。
    A. 车身会变高，弹簧会变软　　　　　B. 车身会变低，弹簧会变软
    C. 车身会变高，弹簧会变硬　　　　　D. 车身会变低，弹簧会变硬

二、填空题

1. 悬架是_____与_____之间的一切传力连接装置的总称。
2. 现代汽车的悬架一般都由_____、_____和_____三部分组成。
3. 汽车悬架可分为两大类：_____和_____。
4. 油气弹簧以_____作为弹性介质，_____作为传力介质。
5. 减振器按工作过程分为_____式减振器和_____式减振器。
6. 非独立悬架中大多采用_____作为弹性元件。
7. 独立悬架按车轮的运动形式分为_____、_____和_____。
8. 独立悬架常采用_____弹簧和_____弹簧作为弹性元件。
9. 车轮沿主销轴线移动的悬架，有_____悬架和_____悬架。
10. 麦弗逊悬架由_____、_____、_____和_____等组成。

三、判断题

1. 悬架把车架与车轮弹性地联系起来。（　　）
2. 钢板弹簧由多片等长和等曲率的钢板叠合而成。（　　）
3. 钢板弹簧除具有缓冲作用外，还有减振作用，但不具有导向传力的作用。（　　）
4. 橡胶弹簧可以承受压缩载荷和扭转载荷。（　　）
5. 非独立悬架当一侧车轮因路面不平等原因相对于车架位置发生改变时，另一侧车轮的位置不发生改变。（　　）
6. 非独立悬架结构简单，零部件少，工作可靠性差，易于维修，但寿命短。（　　）
7. 非独立悬架相对不容易产生偏摆等现象。（　　）
8. 在拆装悬架过程中，遇到较难拆卸的大型零件时，可以用铁锤敲击，以帮助拆卸。（　　）
9. 独立悬架的车辆由于各自车轮相对独立，所以车辆行驶的平顺性较差。（　　）
10. 拆装专用螺栓等应使用专用工具，没有专用工具可用其他工具代替。（　　）

四、简答题

1. 一般汽车的悬架由哪些主要部件组成？各自的功用是什么？

2. 悬架在汽车中所起的作用是什么？

3. 减振器的作用是什么？

4. 减振器的类型有哪些？

5. 减振器的工作过程是什么？

6. 常用的弹性元件有哪几种？

7. 汽车悬架分为哪几类？

8. 独立悬架与非独立悬架的特点各是什么？

9. 独立悬架常采用的弹性元件是什么？

10. 电控悬架的优点有哪些？

工作页十八　拆装齿轮齿条式转向器

【能力要求】
1. 能描述齿轮齿条式转向器拆装的内涵。
2. 能拟定齿轮齿条式转向器的拆装方案。

任务名称	拆装齿轮齿条式转向器		
班级		姓名	
地点		日期	

一、收集信息
【引导问题】
转向装置可以改变汽车的_____和保持汽车的_____。机械转向装置的组成如图所示。

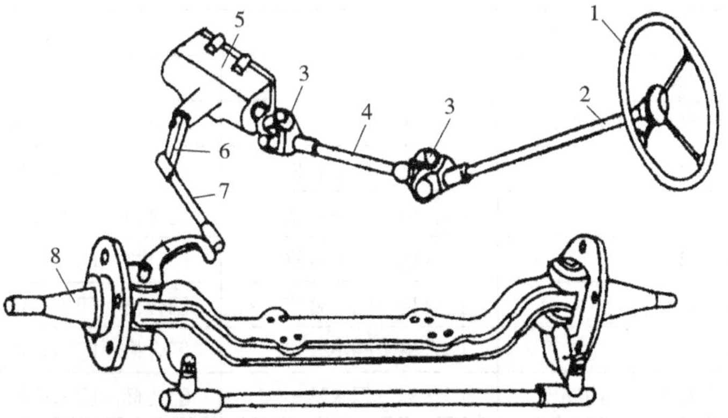

序号	名称
1	
2	
3	转向万向节
4	
5	
6	转向摇臂
7	
8	左转向节

【查阅资料】
转向齿条的直线度不得大于_____mm。

二、计划决策

小组组别	
设备工具	上海桑塔纳轿车 2000GSi 型、举升机、_____
组织安排	一组四人：A 拆装及清洁整理；B 传递工具及清洁整理；C 摆放零部件及清洁整理；D 记录。各任务间轮换角色
准备工作	检查安全环保措施；熟悉布置工作场景

三、实施检查

作业内容		质量要求	完成情况
拆下转向器	拆下横拉杆		□完成　□未完成
	在齿条端部和连接处打上标记		□完成　□未完成
	拆卸小齿轮和轴承		□完成　□未完成

（续）

作业内容		质量要求	完成情况
拆下转向器	拆卸拉杆接头分总成		□完成　□未完成
	取下调整螺塞、弹簧		□完成　□未完成
	拆卸转向齿轮，抽出齿条		□完成　□未完成
装配和调整转向器	装入齿条、齿条壳总成，装上螺塞及油封		□完成　□未完成
	装入转向齿条压块、弹簧、螺塞及螺母		□完成　□未完成
	装回转向齿条接头分总成、拉杆接头分总成、小齿轮和轴承		□完成　□未完成
	调整齿轮齿条间隙		□完成　□未完成

四、评价反思

在教师的指导下，反思自己的工作方式和工作质量。

评 价 表

项　目	评价指标	自　评	互　评
专业技能	认识齿轮齿条式转向器结构及工作要求	□合格　□不合格	□合格　□不合格
	按质量要求完成作业内容	□合格　□不合格	□合格　□不合格
	完整填写工作页	□合格　□不合格	□合格　□不合格
工作态度	着装规范，符合职业要求	□合格　□不合格	□合格　□不合格
	正确查阅维修资料和学习材料	□合格　□不合格	□合格　□不合格
	分工明确、配合默契	□合格　□不合格	□合格　□不合格
能力要求	能描述齿轮齿条式转向器拆装的内涵	□达标　□未达标	□达标　□未达标
	能拟定齿轮齿条式转向器的拆装方案	□达标　□未达标	□达标　□未达标
个人反思	完成任务的安全、质量、时间和6S要求，是否达到最佳程度，请提出个人改进建议		
教师评价	教师签字 日　　期	成绩 □合格　□不合格	

工作页十九 拆装循环球式转向器

【能力要求】
1. 能描述循环球式转向器拆装的内涵。
2. 能拟定循环球式转向器的拆装方案。

任务名称		拆装循环球式转向器	
班级		姓名	
地点		日期	

一、收集信息

【引导问题】

循环球式转向器是通过_____带动_____转动，从而使转向摇臂轴产生摆动，使汽车转向。循环球式转向器的结构如图所示。

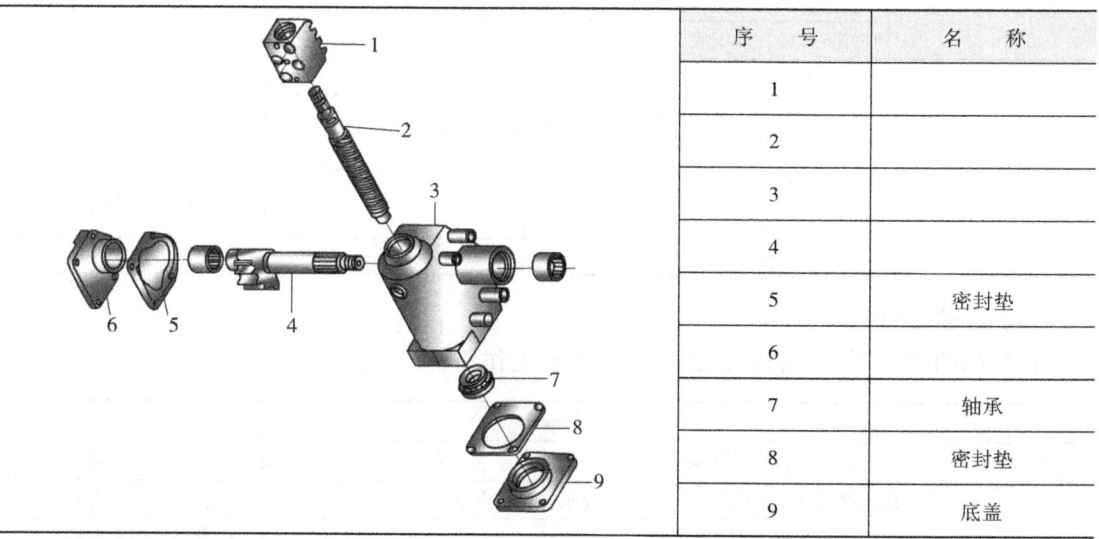

序号	名称
1	
2	
3	
4	
5	密封垫
6	
7	轴承
8	密封垫
9	底盖

【查阅资料】
1）拆装和调整过程中，装复时花键处应用_____盖住，以防划伤油封刃口，造成漏油。
2）转向器的传动副处于_____位置。

二、计划决策

小组组别	
设备工具	解放汽车循环球式转向器、台虎钳、扭力扳手、一字螺钉旋具、_____
组织安排	一组四人：A拆装及清洁整理；B传递工具及清洁整理；C摆放零部件及清洁整理；D安全检查及记录。各任务间轮换角色
准备工作	检查安全环保措施；熟悉布置工作场景

三、实施检查

作业内容		质量要求	完成情况
拆下转向器	拧下通气塞，放出润滑油		□完成 □未完成
	转动转向臂轴至中间位置		□完成 □未完成
	取下底盖、调整垫片和轴承		□完成 □未完成
	取出转向螺杆及转向螺母总成		□完成 □未完成
	分解转向螺杆及螺母		□完成 □未完成
	清洗		□完成 □未完成
装配转向螺杆螺母总成	将螺母套在螺杆上，再把螺母放在滚道一端		□完成 □未完成
	放入钢球，转动螺杆		□完成 □未完成
	压上导管夹，紧固螺钉		□完成 □未完成
	压轴承内圈到螺杆两端		□完成 □未完成
装配转向螺杆螺母总成与壳体	压入轴承外圈		□完成 □未完成
	放入螺杆螺母总成，装上壳体		□完成 □未完成
	转动转动螺杆，调整间隙		□完成 □未完成
	拧下螺栓，取下底盖		□完成 □未完成
装配转向臂轴	装入调整螺栓		□完成 □未完成
	装上密封垫，将转向臂轴装入壳体		□完成 □未完成
	装入螺杆油封和转向臂轴油封		□完成 □未完成
	调整齿扇与转向螺母齿条啮合间隙后，拧紧锁紧螺母		□完成 □未完成
	加入新润滑油		□完成 □未完成

四、评价反思

在教师的指导下，反思自己的工作方式和工作质量。

评价表			
项 目	评价指标	自 评	互 评
专业技能	认识循环球式转向器结构及工作要求	□合格 □不合格	□合格 □不合格
	按质量要求完成作业内容	□合格 □不合格	□合格 □不合格
	完整填写工作页	□合格 □不合格	□合格 □不合格
工作态度	着装规范，符合职业要求	□合格 □不合格	□合格 □不合格
	正确查阅维修资料和学习材料	□合格 □不合格	□合格 □不合格
	分工明确、配合默契	□合格 □不合格	□合格 □不合格
能力要求	能描述循环球式转向器拆装的内涵	□达标 □未达标	□达标 □未达标
	能拟定循环球式转向器的拆装方案	□达标 □未达标	□达标 □未达标
个人反思	完成任务的安全、质量、时间和6S要求，是否达到最佳程度，请提出个人改进建议		
教师评价	教师签字 日　　期	成绩	
		□合格 □不合格	

工作页二十　拆装转向操纵机构

【能力要求】
1. 能描述转向操纵机构拆装的内涵。
2. 能拟定转向操纵机构的拆装方案。

任务名称	拆装转向操纵机构		
班级		姓名	
地点		日期	

一、收集信息

【引导问题】
转向操纵机构的作用是产生足够的_____驱动转向器_____。转向操纵机构组成如图所示。

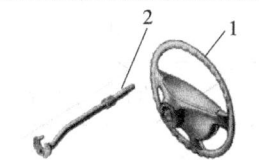

序　号	名　称
1	
2	

【查阅资料】
拆装前后车轮均应处于_____位置，转向指示灯开关应处于_____位置。

二、计划决策

小组组别	
设备工具	桑塔纳2000GSi型轿车、转向盘拆装器、
组织安排	一组四人：A拆装及清洁整理；B传递工具及清洁整理；C放置摆放零部件及清洁整理；D安全检查及记录。各任务间轮换角色
准备工作	检查安全环保措施、熟悉布置工作场景

三、实施检查

作业内容		质量要求	完成情况
拆卸转向操纵机构	拆卸转向盘盖板，拔下喇叭线		□完成　□未完成
	取下转向盘		□完成　□未完成
	拆卸组合开关，拆下护罩		□完成　□未完成
	拔下插接件		□完成　□未完成
	取下组合开关，拆仪表盘饰板		□完成　□未完成
	拧下紧固螺栓		□完成　□未完成
	取下转向盘锁圈及转向柱套管		□完成　□未完成
	拆下转向轴下段		□完成　□未完成
装配	按与拆卸的相反顺序进行		□完成　□未完成

四、评价反思

在教师的指导下,反思自己的工作方式和工作质量。

评 价 表					
项　　目	评价指标	自　　评		互　　评	
专业技能	认识转向操纵机构结构及工作要求	□合格	□不合格	□合格	□不合格
	按质量要求完成作业内容	□合格	□不合格	□合格	□不合格
	完整填写工作页	□合格	□不合格	□合格	□不合格
工作态度	着装规范,符合职业要求	□合格	□不合格	□合格	□不合格
	正确查阅维修资料和学习材料	□合格	□不合格	□合格	□不合格
	分工明确、配合默契	□合格	□不合格	□合格	□不合格
能力要求	能描述转向操纵机构拆装的内涵	□达标	□未达标	□达标	□未达标
	能拟定转向操纵机构的拆装方案	□达标	□未达标	□达标	□未达标
个人反思	完成任务的安全、质量、时间和6S要求,是否达到最佳程度,请提出个人改进建议				
教师评价	教师签字 日　　期	成绩			
		□合格	□不合格		

课后测评

一、选择题

1. 循环球式转向器,有(　　)级传动副。
   A. 二　　　　　　　B. 三　　　　　　　C. 四

2. 应用蜗杆曲柄指销式转向器的车型是(　　)。
   A. EQ1090E　　　　B. CA1092　　　　C. 上海桑塔纳轿车

3. 机械转向装置主要由转向操纵机构、(　　)和转向传动机构三部分组成。
   A. 转向盘　　　　　B. 转向轴　　　　　C. 转向器

4. 汽车按驾驶人所需要的方向行驶,必须有一整套用来控制汽车行驶方向的机构即(　　)。
   A. 汽车转向机构　　B. 转向传动机构　　C. 转向操纵机构

5. 转向系统的作用是改变汽车的行驶方向和保持汽车稳定的(　　)行驶。
   A. 直线　　　　　　B. 方向　　　　　　C. 要求

6. 转向操纵机构的作用是产生足够的(　　)以驱动转向器。
   A. 力矩　　　　　　B. 力　　　　　　　C. 力臂

7. 转向传动机构的作用是将(　　)传递的力传给转向车轮,以实现汽车转向。
   A. 转向器　　　　　B. 横拉杆　　　　　C. 纵拉杆

8. 转向传动机构一般包括转向垂臂、(　　)、直拉杆臂以及转向节臂、横拉杆和前轴。
   A. 转向直拉杆　　　B. 转向横拉杆　　　C. 转向纵拉杆

二、填空题

1. 汽车通过_____和_____将发动机的动力转变为驱动汽车行驶的牵引力。

2. 转向装置的作用是_____汽车的行驶方向和保持汽车稳定的_____行驶。
3. 转向装置由_____、_____和_____三大部分构成。
4. 我国的交通规则规定，右侧通行，故转向盘都安置在驾驶室的_____。
5. 汽车按_____所需要的方向行驶，必须有一整套用来控制汽车行驶方向的机构即_____。
6. 通常转向器按结构形式可分为_____、_____和_____三种。
7. 轿车齿轮齿条式转向器主要由_____、_____、转向器壳体及调整螺钉等组成。
8. 转向传动机构的作用是将_____传递的力传给转向车轮，以实现_____。

三、判断题

1. 转向装置的作用是保证汽车转向。　　　　　　　　　　　　　　　　　（　　）
2. 汽车在转弯时，内转向轮和外转向轮滚过的距离是不相等的。　　　　　（　　）
3. 齿轮齿条式转向器结构简单轻巧，加工方便，传力杆件少，维修方便，操纵灵敏。（　　）
4. 循环球式转向器两个循环道内的钢球不要混在一起。　　　　　　　　　（　　）
5. 转向操纵机构由转向盘和转向管柱组成，其作用是产生足够的力以驱动转向器转动。（　　）
6. 操纵机构在拆卸前必须将蓄电池的电源线断开，转向指示灯置于关闭位置，并将车轮置于直线行驶位置。（　　）
7. 转向柱不能进行焊接修理。　　　　　　　　　　　　　　　　　　　　（　　）
8. 拆装转向器操纵机构时，车轮均应处于直线行驶位置，转向指示灯开关应处在中间位置。（　　）
9. 循环球式转向器的正传动效率高，操纵方便，且使用寿命长，故应用广泛。（　　）
10. 调整转向器传动副的啮合间隙，应呈无间隙啮合，按相关要求锁紧调整螺钉。（　　）

四、简答题

1. 简述循环球式转向器的工作过程。

2. 转向传动机构由哪几部分组成？

3. 转向操纵机构是怎样工作的？

4. 转向装置的功用是什么？它有哪些类型？

5. 转向器按结构形式可分为哪几种？

6. 为什么齿轮齿条式转向器的应用越来越广泛？

工作页二十一　拆装盘式制动器

【能力要求】
1. 能描述盘式制动器拆装的内涵。
2. 能拟定盘式制动器的拆装方案。

任务名称	拆装盘式制动器		
班级		姓名	
地点		日期	

一、收集信息

【引导问题】

钳盘式制动器由制动盘和制动钳组成。按制动钳固定安装在支架上的结构形式不同，可分为定钳盘式和浮钳盘式两种，下图表示_____（定/浮）钳盘式制动器。

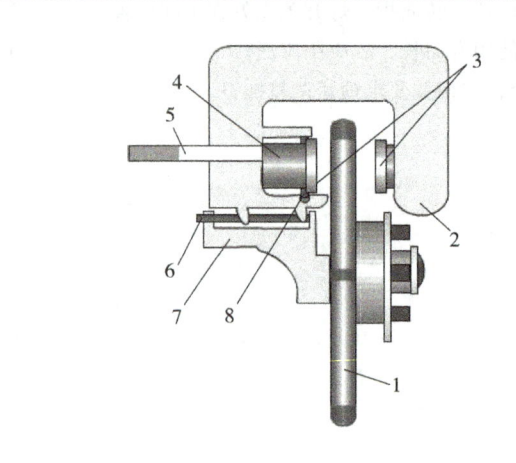

序　号	名　　称
1	
2	
3	
4	
5	进油口
6	
7	车桥
8	

桑塔纳轿车前轮制动器采用_____制动器。

【查阅资料】

1）桑塔纳 2000GSi 型轿车车轮螺栓的拧紧力矩为_____。

2）制动钳支架紧固螺栓拧紧力矩为_____，制动钳壳体上下定位螺栓_____。

二、计划决策

小组组别	
设备工具	桑塔纳 2000GSi 型轿车、举升机、工具车、_____
组织安排	一组四人：A 拆装及清洁整理；B 传递工具及清洁整理；C 摆放零部件及清洁整理；D 安全检查及记录。各任务间轮换角色
准备工作	检查安全环保措施；熟悉布置工作场景

三、实施检查

作业内容		质量要求	完成情况
拆卸前轮制动器	举升车辆		□完成 □未完成
	拆卸车轮		□完成 □未完成
	拆卸上、下定位螺栓		□完成 □未完成
	取下制动钳壳体		□完成 □未完成
	取下制动器上的制动摩擦片		□完成 □未完成
	拆卸制动钳支架		□完成 □未完成
	取下制动盘		□完成 □未完成
安装前轮制动器	安装制动盘、制动钳支架和制动摩擦片		□完成 □未完成
	安装制动钳壳体,紧固定位螺栓		□完成 □未完成

四、评价反思

在教师的指导下,反思自己的工作方式和工作质量。

	评 价 表			
项 目	评价指标	自 评	互 评	
专业技能	认识钳盘式制动器结构及工作要求	□合格 □不合格	□合格 □不合格	
	按质量要求完成作业内容	□合格 □不合格	□合格 □不合格	
	完整填写工作页	□合格 □不合格	□合格 □不合格	
工作态度	着装规范,符合职业要求	□合格 □不合格	□合格 □不合格	
	正确查阅维修资料和学习材料	□合格 □不合格	□合格 □不合格	
	分工明确、配合默契	□合格 □不合格	□合格 □不合格	
能力要求	能描述盘式制动器拆装的内涵	□达标 □未达标	□达标 □未达标	
	能拟定盘式制动器的拆装方案	□达标 □未达标	□达标 □未达标	
个人反思	完成任务的安全、质量、时间和6S要求,是否达到最佳程度,请提出个人改进建议			
教师评价	教师签字 日　　期	成绩 □合格 □不合格		

工作页二十二　维护盘式制动器

【能力要求】
1. 能描述盘式制动器维护的内涵。
2. 能拟定盘式制动器的维护方案。

任务名称	维护盘式制动器		
班级		姓名	
地点		日期	

一、收集信息

【引导问题】

为了保证汽车的行驶安全，必须定期维护制动器，维护项目包括检查制动器摩擦片的厚度、检查制动盘的厚度和圆跳动等，如图1、图2、图3所示。

	检查项目	所需量具
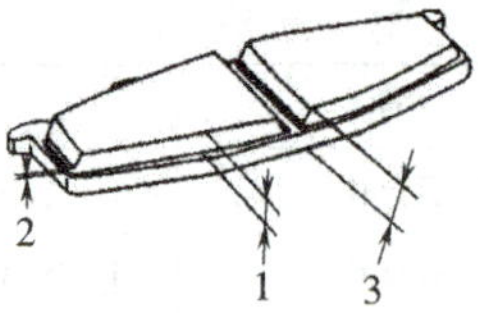 图1	摩擦片厚度	
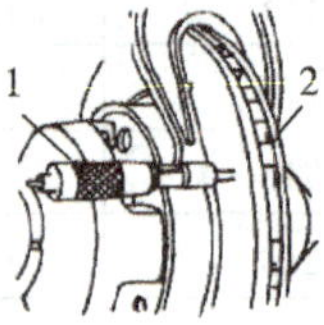 图2	制动盘厚度	
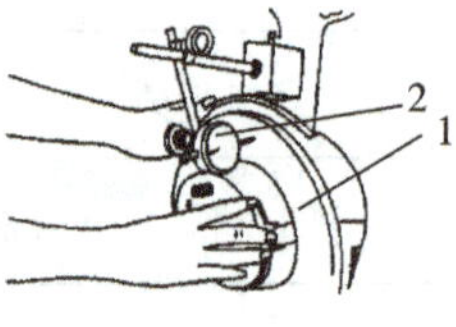 图3	制动盘端面圆跳动	

【查阅资料】

1) 桑塔纳2000GSi型轿车前轮制动器摩擦片厚度为_____，磨损极限为_____。

2) 制动盘厚度为_____，磨损极限为_____，端面圆跳动为_____。

二、计划决策

小组组别	
设备工具量具	桑塔纳2000GSi型轿车、举升机、工具车、_____ _____
组织安排	一组四人：A检查及清洁整理；B传递工量具及清洁整理；C拆装零部件及清洁整理；D安全检查及记录。各任务间轮换角色
准备工作	检查安全环保措施；熟悉布置工作场景

三、实施检查

作业内容		质量要求	完成情况
制动器摩擦片厚度的检查与更换	拆卸前轮制动钳和制动器摩擦片		□完成 □未完成
	目视检查摩擦片的磨损情况		□完成 □未完成
	测量制动器摩擦片外侧的厚度		□完成 □未完成
	安装制动器摩擦片		□完成 □未完成
制动盘厚度和端面圆跳动的检查与更换	检查制动盘表面		□完成 □未完成
	清洁制动盘表面		□完成 □未完成
	测量制动盘厚度		□完成 □未完成
	测量制动盘端面圆跳动		□完成 □未完成
	安装制动钳总成和车轮		□完成 □未完成

四、评价反思

在教师的指导下，反思自己的工作方式和工作质量。

	评 价 表		
项　　目	评价指标	自　　评	互　　评
专业技能	认识盘式制动器维护方法及工作要求	□合格 □不合格	□合格 □不合格
	按质量要求完成作业内容	□合格 □不合格	□合格 □不合格
	完整填写工作页	□合格 □不合格	□合格 □不合格
工作态度	着装规范，符合职业要求	□合格 □不合格	□合格 □不合格
	正确查阅维修资料和学习材料	□合格 □不合格	□合格 □不合格
	分工明确、配合默契	□合格 □不合格	□合格 □不合格
能力要求	能描述盘式制动器维护的内涵	□达标 □未达标	□达标 □未达标
	能拟定盘式制动器的维护方案	□达标 □未达标	□达标 □未达标
个人反思	完成任务的安全、质量、时间和6S要求，是否达到最佳程度，请提出个人改进建议		
教师评价	教师签字 日　期	成绩	
		□合格 □不合格	

工作页二十三　拆装鼓式制动器

【能力要求】
1. 能描述鼓式制动器拆装的内涵。
2. 能拟定鼓式制动器的拆装方案。

任 务 名 称	拆装鼓式制动器		
班级		姓名	
地点		日期	

一、收集信息

【引导问题】

鼓式制动器可以分为轮缸式制动器、凸轮式制动器和楔式制动器三种。轮缸式制动器主要应用于_____（液压/气压）制动系统，如图所示。

序　号	名　称
1	
2	制动底板
3	
4	制动蹄
5	
6	

桑塔纳轿车后轮制动器采用_____制动器。

【查阅资料】

1）桑塔纳2000GSi型轿车制动鼓摩擦片厚度为_____，磨损极限为_____。

2）制动鼓直径为_____，磨损极限为_____；制动液型号为_____。

二、计划决策

小 组 组 别	
设备工具量具	桑塔纳2000GSi型轿车、举升机、台虎钳、_____
组 织 安 排	一组四人：A拆装及清洁整理；B传递工具及清洁整理；C摆放零部件及清洁整理；D安全检查及记录。各任务间轮换角色
准 备 工 作	检查安全环保措施；熟悉布置工作场景

三、实施检查

作业内容		质量要求	完成情况	
拆卸后轮制动器	举升车辆		□完成	□未完成
	拆卸车轮		□完成	□未完成
	取下制动鼓		□完成	□未完成
	提起制动蹄,取出下回位弹簧		□完成	□未完成
	取下驻车制动拉索		□完成	□未完成
拆卸后轮制动器	拆下定位弹簧,取下制动蹄		□完成	□未完成
	拆开制动油管接头		□完成	□未完成
	拆下制动轮缸		□完成	□未完成
更换制动蹄摩擦片	检查制动蹄摩擦片厚度		□完成	□未完成
	更换摩擦片		□完成	□未完成
安装后轮制动器	安装制动轮缸		□完成	□未完成
	安装制动蹄到支架上		□完成	□未完成
	安装制动鼓		□完成	□未完成

四、评价反思

在教师的指导下,反思自己的工作方式和工作质量。

评价表				
项目	评价指标	自评		互评
专业技能	认识鼓式制动器结构及工作要求	□合格 □不合格		□合格 □不合格
	按质量要求完成作业内容	□合格 □不合格		□合格 □不合格
	完整填写工作页	□合格 □不合格		□合格 □不合格
工作态度	着装规范,符合职业要求	□合格 □不合格		□合格 □不合格
	正确查阅维修资料和学习材料	□合格 □不合格		□合格 □不合格
	分工明确、配合默契	□合格 □不合格		□合格 □不合格
能力要求	能描述鼓式制动器拆装的内涵	□达标 □未达标		□达标 □未达标
	能拟定鼓式制动器的拆装方案	□达标 □未达标		□达标 □未达标
个人反思	完成任务的安全、质量、时间和6S要求,是否达到最佳程度,请提出个人改进建议			
教师评价	教师签字 日 期	成绩		
		□合格 □不合格		

工作页二十四　调整驻车制动器

【能力要求】
1. 能描述驻车制动器调整的内涵。
2. 能拟定驻车制动器的调整方案。

任务名称	调整驻车制动器		
班级		姓名	
地点		日期	

一、收集信息

【引导问题】

车轮驻车制动器是在_____中加装必要的机构，而传动装置互相独立，使之兼作驻车制动器，又称为_____。

桑塔纳轿车驻车制动器的传动机构是_____传动，作用于后轮，主要由_____和_____组成。

【查阅资料】

桑塔纳 2000GSi 型轿车驻车制动坡度为_____。

二、计划决策

小组组别	
设备工具	桑塔纳 2000GSi 型轿车、举升机、_____
组织安排	一组四人：A 调整及清洁整理；B 传递工具及清洁整理；C 操作举升机；D 安全检查及记录。各任务间轮换角色
准备工作	检查安全环保措施；熟悉布置工作场景

三、实施检查

作业内容	质量要求	完成情况
举升车辆		□完成　□未完成
拧紧驻车制动拉索的调整螺母		□完成　□未完成
松开驻车制动操纵杆，检查两个后车轮能否旋转自如		□完成　□未完成
拉起驻车制动操纵杆，检查驻车制动器是否处于完全被制动状态		□完成　□未完成

四、评价反思

在教师的指导下，反思自己的工作方式和工作质量。

评 价 表			
项 目	评 价 指 标	自 评	互 评
专业技能	认识驻车制动器结构及工作要求	□合格 □不合格	□合格 □不合格
	按质量要求完成作业内容	□合格 □不合格	□合格 □不合格
	完整填写工作页	□合格 □不合格	□合格 □不合格
工作态度	着装规范，符合职业要求	□合格 □不合格	□合格 □不合格
	正确查阅维修资料和学习材料	□合格 □不合格	□合格 □不合格
	分工明确、配合默契	□合格 □不合格	□合格 □不合格
能力要求	能描述驻车制动器调整的内涵	□达标 □未达标	□达标 □未达标
	能拟定驻车制动器的调整方案	□达标 □未达标	□达标 □未达标
个人反思	完成任务的安全、质量、时间和6S要求，是否达到最佳程度，请提出个人改进建议		
教师评价	教师签字 日　　期	成绩	
		□合格 □不合格	

课后测评

一、选择题

1. 任何一辆汽车都必须具有行车制动系统和（　　）。
   A. 应急制动系统　　B. 驻车制动系统　　C. 第二制动系统　　D. 辅助制动系统
2. 盘式制动器摩擦副中的旋转元件的工作表面是（　　）。
   A. 端面　　B. 圆柱面　　C. 圆球面　　D. 中心平面
3. 桑塔纳2000GSi型轿车前轮所采用的制动器为（　　）。
   A. 浮钳型盘式制动器　　　　　　B. 定钳型盘式制动器
   C. 全盘式制动器　　　　　　　　D. 鼓式制动器
4. 旋转元件固定在车轮上，制动力矩直接作用在车轮上的制动器为（　　）。
   A. 中央制动器　　B. 驻车制动器　　C. 车轮制动器　　D. 辅助制动器
5. 鼓式车轮制动器的旋转元件是（　　）。
   A. 制动蹄　　B. 制动鼓　　C. 摩擦片　　D. 制动蹄背板
6. 下列（　　）制动器是非平衡式制动器。
   A. 双从蹄式　　B. 双领蹄式　　C. 双向双领蹄式　　D. 领从蹄式
7. 桑塔纳2000GSi型轿车的驻车制动器是采用（　　）。
   A. 鼓式　　B. 凸轮张开式　　C. 自动增力式　　D. 盘式
8. 属于盘式制动器的零部件为（　　）。
   A. 制动蹄　　B. 制动底板　　C. 制动钳　　D. 制动轮缸
9. 盘式制动器的抗衰退能力比鼓式制动器（　　）。
   A. 差　　B. 好　　C. 不同　　D. 相同
10. 鼓式制动器加注润滑油的位置是（　　）。

A. 衬片与制动鼓接触面　　　　　　　　　　B. 底板与蹄片接触面
C. 衬片表面　　　　　　　　　　　　　　　D. 制动鼓与后桥法兰接触面

二、填空题

1. 任何制动系统都由_____、_____、_____和_____四个基本部分组成。
2. 车轮制动器主要由_____、_____、_____和_____四部分组成。
3. 车轮制动器主要分为_____和_____两类。
4. 制动器的领蹄具有_____作用,从蹄具有_____作用。
5. 由制动盘和制动钳组成的制动器,称为_____。
6. 鼓式制动器按张开装置不同,有_____、_____和楔式制动器。
7. 制动盘主要检查_____、_____及_____。
8. 桑塔纳 2000GSi 型轿车制动器,前轮为_____制动器,后轮为_____制动器。
9. 驻车制动器按其安装位置不同,有_____和_____两种。
10. 桑塔纳 2000GSi 型轿车前轮制动器摩擦片(包括底板)极限为_____,若小于此值,则必须更换。

三、判断题

1. 无论制动鼓正向还是反向旋转时,领从蹄式制动器的前蹄都是领蹄,后蹄都是从蹄。　　(　　)
2. 简单非平衡式车轮制动器在汽车前进或后退时,制动效能相同。　　(　　)
3. 桑塔纳 2000GSi 型轿车前轮制动盘采用实心结构。　　(　　)
4. 汽车防抱死制动系统简称为 ASR。　　(　　)
5. 拆装制动器时,若制动液溅到车身表面上,应立即用清水冲洗干净,并用干净擦布擦干。(　　)
6. 目前轿车车轮制动器广泛采用鼓式制动器。　　(　　)
7. 完成制动作用的部件是制动踏板。　　(　　)
8. 驻车制动器的主要作用是配合行车制动器进行紧急制动。　　(　　)
9. 桑塔纳 2000GSi 型轿车的驻车制动装置是机械式的。　　(　　)
10. 汽车制动的最佳状态是出现完全抱死的滑移现象。　　(　　)

四、简答题

1. 汽车制动系统的作用是什么?

2. 对制动系统的要求是什么?

3. 什么是摩擦制动器?它是如何分类的?各类型的结构特点是什么?

4. 简述浮钳盘式车轮制动器的工作过程。

5. 盘式制动器与鼓式制动器比较,有哪些优缺点?

工作页二十五　制动系统放空气

【能力要求】
1. 能描述制动系统放空气操作的内涵。
2. 能拟定制动系统放空气的操作方案。

任务名称		制动系统放空气	
班级		姓名	
地点		日期	

一、收集信息
【引导问题】
　　汽车制动传动装置将驾驶人或其他动力源的作用力传递至制动器，同时控制制动器动作，从而获得所需要的_____，实现制动。汽车制动传动装置按动力源不同可分为液压制动传动装置和气压制动传动装置，下图表示_____（液压/气压）制动传动装置。

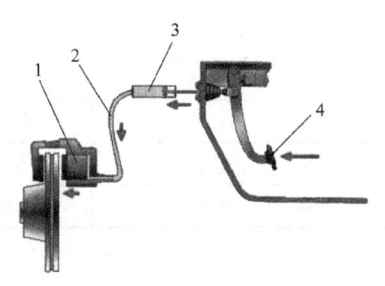

序　号	名　称
1	制动轮缸
2	
3	
4	

【查阅资料】
　　桑塔纳2000GSi型轿车制动传动装置使用符合_____标准的制动液。

二、计划决策

小组组别	
设备工具	桑塔纳2000GSi型轿车、举升机、工具车、扳手套件、_____
组织安排	一组四人：A拆装及清洁整理；B传递工具及清洁整理；C摆放零部件及清洁整理；D安全检查及记录。各任务间轮换角色
准备工作	检查安全环保措施；熟悉布置工作场景

三、实施检查

作业内容		质量要求	完成情况
制动系统放空气	拔下防尘罩，接上软管		□完成 □未完成
	反复数次踩下、放松制动踏板后，踩下制动踏板保持不动		□完成 □未完成
	重复拧松放气螺塞，排出制动系统中的空气		□完成 □未完成
	取下制动液盛放容器，套上防尘罩		□完成 □未完成
	添加制动液至规定刻度高度		□完成 □未完成

四、评价反思

在教师的指导下，反思自己的工作方式和工作质量。

评价表			
项 目	评价指标	自 评	互 评
专业技能	认识液压制动传动装置的结构及工作要求	□合格 □不合格	□合格 □不合格
	按质量要求完成作业内容	□合格 □不合格	□合格 □不合格
	完整填写工作页	□合格 □不合格	□合格 □不合格
工作态度	着装规范，符合职业要求	□合格 □不合格	□合格 □不合格
	正确查阅维修资料和学习材料	□合格 □不合格	□合格 □不合格
	分工明确、配合默契	□合格 □不合格	□合格 □不合格
能力要求	能描述制动系统放空气操作的内涵	□达标 □未达标	□达标 □未达标
	能拟定制动系统放空气的操作方案	□达标 □未达标	□达标 □未达标
个人反思	完成任务的安全、质量、时间和6S要求，是否达到最佳程度，请提出个人改进建议		
教师评价	教师签字 日　　期	成绩	
		□合格 □不合格	

课后测评

一、选择题

1. 液压制动传动装置是利用（　　）作为传力介质。
   A. 机油　　　　　B. 空气　　　　　C. 润滑油　　　　　D. 制动液

2. 液压制动传动装置产生制动压力的装置是（　　）。
   A. 制动轮缸　　　B. 制动主缸　　　C. 制动管路　　　　D. 制动摩擦片

3. 桑塔纳2000GSi型轿车每（　　）年或行驶（　　）km时应更换制动液。

A. 一、50000　　B. 两、20000　　C. 两、50000　　D. 五、50000

4. 交叉式双回路液压制动传动装置采用（　　）。

A. 单腔制动主缸　　B. 双腔制动主缸　　C. 双腔制动轮缸　　D. 三腔制动轮缸

5. 当驾驶人放开制动踏板时，制动液压力（　　），内外两块制动摩擦片返回原位，制动力消失。

A. 升高　　B. 降低　　C. 保持不变　　D. 不确定

二、填空题

1. 汽车制动系统一般由传动装置、控制装置、_____及_____四部分组成。
2. 汽车制动传动装置按动力源不同可分为_____制动传动装置和_____制动传动装置。
3. 液压制动回路就是连接_____和_____的制动管路的布置形式。
4. 常见的液压制动回路有_____式和_____式。
5. 双回路液压制动回路的布置形式有_____式和_____式。

三、判断题

1. 汽车制动系统是由驾驶人控制，能产生与汽车行驶方向相同外力的专门装置。（　　）
2. 车辆应加入规定牌号的制动液，不可随意更换。（　　）
3. 单回路液压制动回路一旦在该回路的任何一处发生泄漏，其仍具有一定的制动效能。（　　）
4. 液压制动传动装置的制动力主要来自于驾驶人。（　　）
5. 液压制动传动装置放空气只需要放一次。（　　）

四、简答题

1. 液压制动传动装置由哪些基本部分组成？

2. 液压制动传动装置放空气的目的是什么？

3. 简述液压制动传动装置放空气的操作步骤。